그런 깨달음은 없다

The Mystique of Enlightenment

그런 깨달음은 없다

1판 1쇄 발행 2015. 2. 28.
1판 8쇄 발행 2023. 12. 29.

지은이 U.G. 크리슈나무르티
옮긴이 김훈

발행인 고세규
편집 김동현 | **디자인** 안희정
발행처 김영사
등록 1979년 5월 17일(제406-2003-036호)
주소 경기도 파주시 문발로 197(문발동) 우편번호 10881
전화 마케팅부 031)955-3100, 편집부 031)955-3200 | 팩스 031)955-3111

번역 ⓒ 김훈, 2015
이 책은 저작권법에 의해 보호를 받는 저작물이므로
저자와 출판사의 허락 없이 내용의 일부를 인용하거나 발췌하는 것을 금합니다.

값은 뒤표지에 있습니다.
ISBN 978-89-349-7030-9 03200

홈페이지 www.gimmyoung.com   블로그 blog.naver.com/gybook
인스타그램 instagram.com/gimmyoung   이메일 bestbook@gimmyoung.com

좋은 독자가 좋은 책을 만듭니다.
김영사는 독자 여러분의 의견에 항상 귀 기울이고 있습니다.

그런 깨달음은 없다

The Mystique of Enlightenment

U.G. 크리슈나무르티
Uppaluri Gopala Krishnamurti

김 훈 옮김

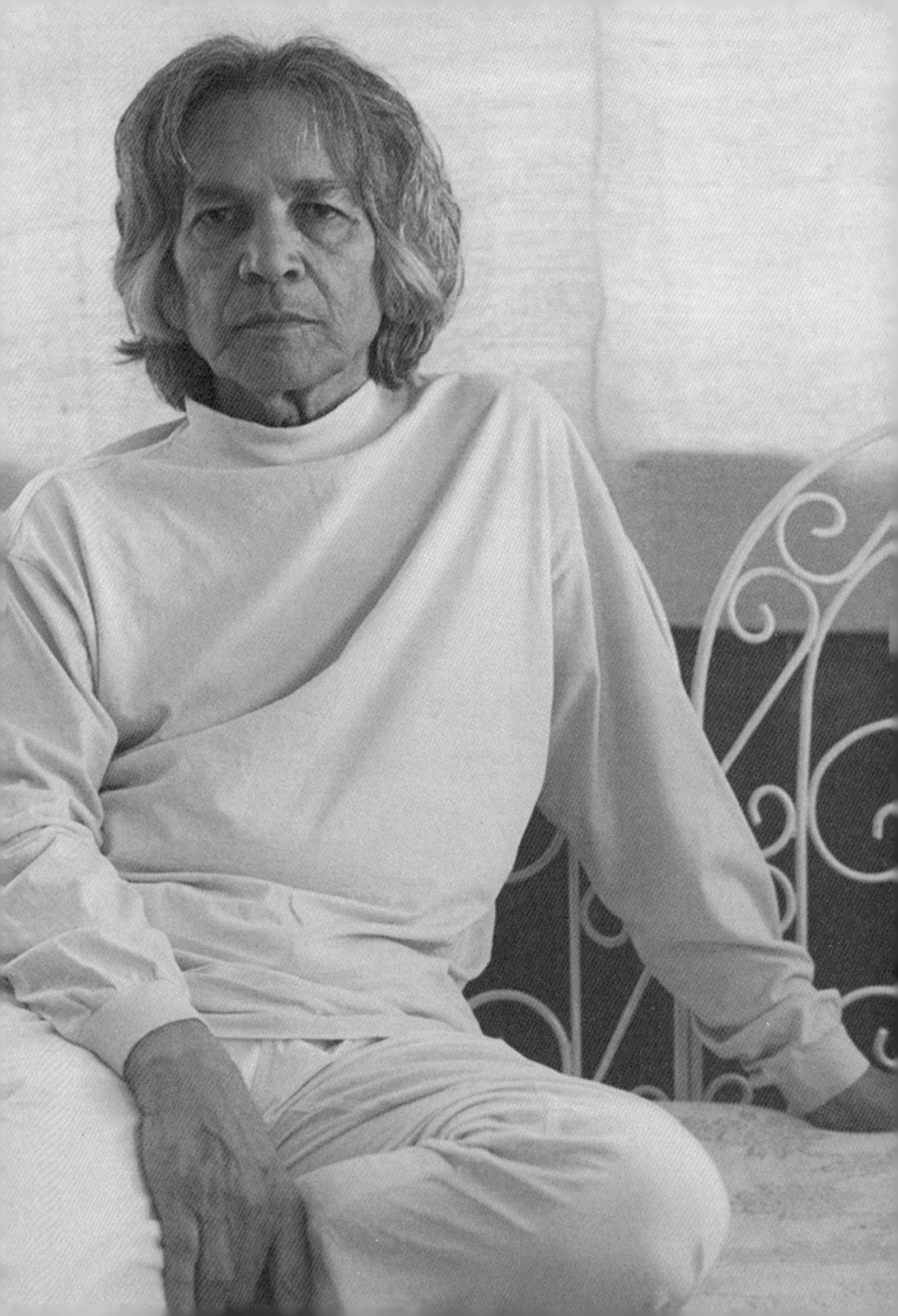

내 가르침(여러분이 쓰고 싶은 말이 이것이라면)에는 저작권이 설정되어 있지 않다. 그러니 누구든 마음대로 이것을 찍어서 배포해도 좋다. 제 마음대로 전하거나 잘못 전해도 좋고, 멋대로 왜곡하거나 뜯어고쳐도 좋다. 뭐든 마음 내키는 대로 하시라. 내 동의나 다른 누구의 허락 없이 이것을 자신이 말한 것이라고 주장해도 상관없다.

번역 ⓒ 김훈, 2015

들어가며

U.G. 크리슈나무르티는 1918년, 인도 브라만 집안에서 태어나 고전적인 힌두 문헌들을 중심으로 한 엄격한 교육을 받았다. 그의 집안사람들은 그가 전생에 깨달음에 근접했다고 믿었기에 지두 크리슈나무르티[1](U.G.는 그의 인척이 아니다)의 경우와 마찬가지로 그를 장차 구루가 될 사람으로 키웠다. 그는 다양한 영적 스승들과 함께 공부하고, 요가와 명상을 하고, 자신이 접한 수행들과 가르침들을 비판적인 자세로 검토하면서 청소년기를 보냈다.

그 후 U.G.는 마드라스 대학에 들어가 심리학, 자연과학, 철학 등을 폭넓게 공부했다. 그때까지 그는 깨달음enlightenment의 상태에 관해서 줄곧 들어온 터라 어떻게 해서든 그것이 정말 어떤 것인지 알아내기로 결심했다. 그는 동양의 영적 지혜를 서구에 소

---

1 **지두 크리슈나무르티**Jiddu Krishnamurti(1895~1986): 20세기의 가장 탁월한 영적 스승 중 한 사람으로 평가되는 인도 태생의 사상가. 14세 때 신지학협회에 의해 '세계의 스승'이 될 재목으로 선택되어 다양한 교육을 받았지만, 32세에 스스로 교단을 해산한 후 어떠한 종교적 관념이나 가르침에도 의존하지 않고 '선택 없는 알아차림choiceless awareness'에 의해 스스로 자유와 진리를 찾을 수 있음을 역설하면서 60년간 세계를 돌아다니며 강연함.

개하는 단체로 1875년에 블라바츠키 부인이 창설한 신지학협회 Theosophical Society의 인기 강연자가 되었다. U.G.의 외할아버지는 그 협회와 강한 유대관계를 갖고 있었고, U.G.의 젊은 시절에 그 창설자들과 회원들은 외할아버지의 집을 자주 찾아오곤 했다.

U.G.는 25세에 결혼을 해서 슬하에 네 자녀를 뒀다.

1940년대 후반에, 그는 지두 크리슈나무르티를 만났다. 지두는 14세 때 신지학협회 회장인 애니 베전트의 양자가 되었으며, 애니 베전트는 지두가 세계의 스승이 될 운명을 타고 났다고 확신한 터라 그에 따른 교육을 받게 했고, 그의 그런 소명을 뒷받침해주기 위한 단체를 결성했다. 두 크리슈나무르티 모두 어렸을 때부터 장차 구루가 되도록 키워진 이들이었지만 두 사람이 대면할 즈음에는 이미 구루 역할을 맡기를 거부했다. 두 사람은 7년 동안 매일 만나 진리의 본성을 밝히기 위해 애썼고, 그 문제에서 드러난 서로의 차이점을 해결하지 못한 채 헤어졌다.

U.G.는 세계 전역에서 강연활동을 계속했다. 그러다 1961년에 이르러 자기가 더 이상 자기 삶을 통제하지 못하고 있다고 느끼기 시작했다. 그는 아무 목적도 없이, 뚜렷한 생계방편을 마련하지도 않은 채 가족의 곁을 떠나 런던으로 갔다. 그때의 상황을 본인은 이렇게 설명했다. "나는 아무것도 알지 못하는 상태에서 몇몇 사람의 도움으로 살아가는 부랑자나 다름없었습니다. 내게는 아무 의지도 없었습니다. 내가 뭘 하고 있는지도 알지 못했습니다. 나는 미친 거나 다름없었습니다."

표면상으로는 아무 목적도, 목표도 없어 보였던 이 시기는 6년간 계속되었으며, 그는 '그 상태는 뭐지?'라는 의문에 대한 강렬한 관심에 빠져 들었다. 그는 모든 위대한 영적 스승들, 샹카라, 붓다, 예수가 설명한 그 상태를 이해하려고 필사적으로 노력했다. 결국 그는 자신이 그 상태에 들었다고 믿었다.

마흔아홉 살이 되던 해 U.G.는 스위스 자넨의 한 공원 벤치에서 마침내 그가 '재난calamity'이라 부르곤 하는 현상을 체험했다. '내가 그 상태라는 것을 내가 어떻게 알지?'라는 의문이 한동안 그를 사로잡았다. 정좌하고 앉아 그 의문에 관해 명상했을 때, 그는 그것에 대한 답이 없다는 것을 깨달았다. 그 의문은 완전히 사라졌다.

그 뒤 신체적인 변화가 일어나기 시작해서 일주일간 지속되었고, 그는 그 변화가 몸의 모든 세포에 영향을 미쳤다고 말했다. 그는 자신의 감각들이 극도로 민감해진 과정을, 그리고 생각의 연속성에 대한 환상과 아울러 자기라는 중심체에 대한 감각the sense of a center을 상실한 과정을 다음과 같이 자세히 설명했다. "그 후 생각들이 서로 연결되지 않았습니다… 생각이 일어날 때마다 매번 폭발explode합니다. 따라서 생각의 연속성은 끊어지고, 생각은 자체의 자연스러운 리듬에 따라 흐릅니다."

U.G.는 이것을 인간의 자연스러운 상태the natural state of man라 부른다. 그는 그것을 깨달음과 같은 것으로 보지 않는다. 그는 '깨달음'을 우리 문화가 만들어낸 하나의 환상으로 설명한다. 그는 우리가 그 '자연스러운 상태'에 이르기 위해 할 수 있는 게 아무것도

없다는 점을 단호하게 역설하고 있다. 사실, 그런 상태를 지향하는 모든 움직임이 우리를 그것으로부터 분리시킨다고 한다.

영적인 기법과 스승과 개념과 단체가 무수히 널려 있는 세상에서, 그는 거의 혼자서 그 모든 것을 거부하는 입장에 서 있다. "나는 사람들에게 이런 상태를 자세히 설명해줘서, '영적인 사업holy business'을 하는 사람들이 모든 것에 덮어씌워 놓은 신비화의 장막을 걷어내 버리는 데만 관심이 있을 뿐입니다. 내가 할 수 있는 일이라고는 그저 자신의 상상 속에서만 존재하는 상태를 찾는 일에 많은 시간과 에너지를 쏟지 말라고 당부하는 일 정도에 불과할 겁니다… 그런 자연스러운 상태는 인과因果와는 무관합니다. 그것은 그냥 일어납니다."

그 '재난'을 겪은 뒤 그는 세계 곳곳을 여행하면서 친구들 집에서 머물거나 한 번에 몇 달씩 셋집에 머물면서 시간을 보내곤 했다. 그는 공개 강연은 전혀 하지 않지만 자기를 보러 오는 사람들과는 만난다. 그가 전하는 메시지는 간단하다. 자신은 사람들에게 전할 어떤 메시지도 갖고 있지 않다는 것. 그럼에도 그의 말은 사람들로 하여금 자신들이 싸안고 있는 가설들이나 깨닫고자 하는 욕구들과 과감히 직면하도록, 그리고 세상에서 유일무이한 자기만의 의문에 이르도록 격려하고 고무해줄 수 있다.

Sentient Publications
영문판 발행인

차례

들어가며   6

chapter 1   U.G.   13

chapter 2   깨달음의 신비   89

chapter 3   우리 외부에는 어떤 힘도 존재하지 않는다   127

chapter 4   당혹과 이해 사이에서   169

옮긴이의 글   남의 노래를 부르지 말라   331
찾아보기   340

chapter 1

U.G.

1973년에서 1976년 사이에
인도와 스위스에서 대화한 내용을 엮음

THE MYSTIQUE OF ENLIGHTENMENT

사람들은 나를 '깨달은 사람'이라고 합니다만 나는 그런 식의 표현을 아주 싫어합니다. 그들은 내가 기능하는 방식을 적절하게 서술할 만한 다른 말을 찾을 수 없어서 그렇게 말합니다. 한데 나는 깨달음 같은 것은 없다는 점을 지적하고 싶습니다. 나는 깨달은 사람이 되고 싶어 평생 깨달음enlightenment을 좇아왔고 그런 것은 존재하지 않는다는 사실을 발견했기에 이렇게 말하는 것입니다. 따라서 특정한 어떤 사람이 깨달았는가 깨닫지 못했는가 하는 따위의 의문은 전혀 갖고 있지 않습니다. 나는 BC 6세기의 인물인 붓다에게 아무 관심도 없으며, 이 시대에 우리 주위에 존재하는, 자칭 깨달았다고 하는 모든 이들에게는 더더욱 그러합니다. 그런 자들은 사람들의 어리석음에 기대어 먹고 사는 사기꾼들입니다. 우리 외부에는 어떤 힘도 존재하지 않습니다. 인간은 두려움에 몰려서 신God을 만들어냈습니다. 그러므로 문제는 신이 아니라 두려움fear입니다.

나는 깨달아야 할 나란 존재하지 않는다는 사실을 스스로 깨우쳤습니다. 내가 말하는 깨달음은 바로 이것입니다. 그것은 엄청난 폭풍우, 벼락처럼 닥쳐옵니다. 평생, 자각self-realization이라는 한 가지 목표에 모든 것을 다 걸어보지만 결국에는 발견해야 할 나, 깨달아야 할 자아란 존재하지 않는다는 사실을 깨닫게 될 뿐입니다. 그럴 때 우리는 개탄해마지 않습니다. "맙소사, 이날 평생토록 무슨 짓을 해왔던 거지?" 그러면서 우리는 망연자실해합니다.

내게는 온갖 일이 다 일어났으며 참을 수 없는 육체적인 고통도 따라 일어났습니다. 바로 그 때문에 나는 여러분이 진정으로 이런 걸 원하지는 않을 것이라고 말하는 겁니다. 마음 같아서는 여러분이 조금이라도 그런 경험을 맛보게 하고 싶습니다. 그러고 나면 여러분은 추호도 그런 것과 접하고 싶어 하지 않을 겁니다. 여러분이 추구하는 것 같은 것은 존재하지 않습니다. 그런 것은 한갓 신화myth에 불과합니다. 진실을 안다면 여러분은 그런 것과 관련된 그 어떤 것도 원치 않을 겁니다.

UG ── 나는 깨달음, 자유, 해탈, 해방이라는 말들을 쓰고 싶지 않아요. 이 말들은 제각기 대단히 많은 고유한 내용을 담고 있는 말들입니다. 이런 경지는 노력을 통해서 얻어지는 것이 아닙니다. 그냥 일어납니다. 어째서 어떤 사람에게는 그런 일이 일어나고 또 어떤 사람에게는 일어나지 않는지는 나도 모릅니다.

질문자 그럼, 선생님에게는 그런 일이 일어났나요?

── 일어났죠.

언제 일어났나요?

── 내 나이 마흔아홉 살 때. 하지만 여러분이 무엇을 추구(진리 혹은 궁극적 실체 같은 것을)하든 간에 그런 방향으로 하는 모든 노력은 늘 있는 그대로의 아주 자연스러운 상태에서 벗어나게 만듭니다.

그것it은 여러분이 노력한 결과로 얻거나 도달하거나 성취할 수 있는 것이 아닙니다. 내가 '인과와는 무관한acausal'이라는 말을 쓰는 이유는 바로 거기에 있어요. 그것은 어떤 원인의 작용에 의해서 일어나는 것이 아니며, 아무튼 일단 일어나면 찾아다니는 일은 끝납니다.

그것이 추구의 결과로 오는 게 아니라고 생각하신단 말씀인가요? 제가 듣기로 선생님은 철학을 공부했고 영적 수행을 하는 분들과 어울리셨다고 해서 이렇게 질문드리는 겁니다.

── 추구search는 여러분을 자기 자신으로부터 멀어지게 만듭니다. 정반대 방향으로 가게 하죠. 그러니 추구해봤자 아무 소용없어요.

그렇다면 추구했기 때문이 아니라 추구했음에도 불구하고 그런 일이 일어났다는 뜻인가요?

── '추구했음에도 불구하고'라… 그래요, 딱 맞는 말이네요. 여러분이 하는 모든 행위는 이미 존재하는 것이 드러나는 것을 불가능하게 만듭니다. 이미 존재하기 때문에 나는 이것을 '여러분의 자연스러운 상태natural state'라고 부르는 겁니다. 추구는 이미 존재하는 그것이 자체의 고유한 방식으로 드러나는 것을 방해합니다. 찾으려는 노력은 항상 잘못된 방향으로 가게 하기 때문에, 여러분이 아주 심오하고 성스럽다고 여기는 모든 것은 의식에 달라붙은

때에 불과합니다. '때'라는 표현이 마음에 들지 않을 수도 있습니다만 아무튼 여러분이 성스럽다, 거룩하다, 심오하다고 여기는 모든 것은 지저분한 때 같은 것입니다.

그러니 여러분이 할 수 있는 일은 아무것도 없어요. 그것은 여러분의 뜻에 따라 좌우되는 게 아닙니다. 나는 '은총'이라는 표현을 과히 좋아하지 않습니다. 은총grace이라는 말을 들을 때는 대뜸 '누구에 대한 은총이란 말인가?'라는 의문이 떠오르기 때문입니다. 여러분은 특별히 선택된 사람들이 아님에도 불구하고 그것을 갖추고 있습니다. 어째서 그런지는 나도 잘 모릅니다.

나는 남을 도울 수만 있다면 기꺼이 그렇게 할 용의가 있는 사람입니다. 그런데 이것은 내가 줄 수 없는 것입니다. 누구나 다 이미 갖추고 있기 때문이죠. 그러니 내가 여러분에게 그것을 줘야 할 이유가 어디 있겠어요? 그리고 자신이 이미 갖추고 있는 것을 남에게 달라고 요구하는 것도 어리석은 짓이죠.

한데 선생님은 그것it을 느끼셔도 저는 느끼지 못합니다.

─── 그것은 느끼거나 느끼지 못하는 것과는 무관한 겁니다. 알고 모르고와도 무관하구요. 여러분은 결코 알지 못할 겁니다. 그것은 저절로 드러나기 시작하기 때문에 여러분의 힘으로 그걸 알 방도는 없습니다. 나로서는 그걸 뭐라고 표현할 방법이 없네요. 내가 남들과 다르다는 생각 같은 것은 한 번도 일어난 적이 없습니다.

처음부터 그랬습니까? 자아의식이 싹트고 난 이래로?

── 아니, 그렇지는 않아요. 나도 종교적인 환경에서 성장한 여느 사람들처럼 뭔가를 추구했습니다. 뭔가를 찾아다녔고. 그러므로 그런 질문에 답하기는 쉽지 않네요. 답하려면 내가 이제까지 살아온 얘기를 죄다 해야 하니까. 얘기가 잘 풀려나갈지 잘 모르겠네요. (웃음)

그저 나치케타[1]처럼 호기심 때문에 그런데요, 저는 선생님에게 그런 일이 어떻게 일어났는지 아주 궁금합니다. 선생님이 그것에 관해 어느 정도까지 알고 계시는지도 궁금하구요.

── 얘기가 아주 길어요. 간단하지가 않아요.

기꺼이 듣고 싶습니다.

── 내 전 생애에 관해서 이야기해야하기 때문에 시간이 한참 걸릴 거예요. 내 라이프 스토리는 어느 한 시점까지 죽 이어지다가 딱 멈춰요. 그 뒤에 개인사는 더 이상 없습니다.

내 전기를 쓰는 작가가 둘 있는데 접근방식이 서로 달라요. 한 작가는 내가 한 일들이, 즉 사다나sadhana(영적인 수행)와 교육, 그

---

[1] **나치케타**Nachiketa: 서사시 형식의 인도 경전인 《카타Katha 우파니샤드》에서, 죽음의 신 야마 다르마라자Yama Dharmaraja의 온갖 유혹을 물리치고 야마에게 궁극의 진리와 죽음에 대해 집요한 질문을 던져 마침내 해탈을 얻은 소년의 이름. 지혜를 추구하는 사람을 상징.

밖의 온갖 이력이 나를 그 경지에 이르게 했다고 서술하고 있어요. 나는 그 모든 것에도 불구하고 그렇게 됐다고 말했는데도. (웃음) 또 한 작가는 두꺼운 책 한 권을 쓸 만한 자료가 부족해서 그런지 '그 모든 것에도 불구하고'라는 내 말에 별 관심을 보이지 않더군요. (웃음) 그 사람들은 내가 한 일들에 관심이 더 많아요. 출판업자들도 마찬가지고. 사람들은 원인과 결과의 관계가 늘 작동하는 장field에서 움직이고 있으니 그들이 그러는 건 아주 자연스러운 일이죠. 여러분이 원인을 찾아내는 데 관심을 갖는 이유도 역시 마찬가지구요. 여러분은 어떻게 해서 이런 일이 일어났는가 하는 데 관심을 가집니다. 그러니 번번이 얘기가 원점으로 다시 돌아가게 되죠. 우리는 여전히 '어떻게 해서how'에 관심을 갖고 있습니다.

내 삶의 이력은 그다지 중요하지 않아요. 우리 각자의 이력이 다 독특하고 고유한 것이기 때문에 내 이력은 어느 누구의 모델도 되어줄 수 없습니다. 여러분 각자의 삶에서 일어난 모든 사건은 그 나름으로 고유한 겁니다. 각자가 처한 삶의 조건, 환경, 성장배경을 포함한 그 모든 것이 다 다릅니다. 여러분의 삶에서 일어난 모든 사건이 다 달라요.

저는 이 세상 모든 사람에게 제시해줄 수 있는 어떤 보편적인 모델을 구하는 게 아닙니다. 그런 관점에서 질문을 드리는 게 아니에요. 우리가 각각의 상황에 따라 별을 보기도 하고 해를 보기도 하고 달을 보기도 하고 그러는 것

처럼 그저 선생님의 예를 알고자 할 뿐입니다. 선생님의 예를 모방하려는 게 아니에요. 또 압니까, 선생님의 답변이 의미 있는 것이 될지? 제가 지금 나치케타와 같은 심정이라고 말씀드린 것은 그 때문입니다. 선생님에게 일어난 일의 진상을 알지 못하고서는 이 자리를 떠나고 싶지 않습니다.

── 당신의 질문에 답해줄 야마 다르마라자 같은 이가 필요하겠군요.

선생님이 야마 다르마라자가 되어주시면 좋겠습니다.

── 그럴 용의는 있습니다만 나를 좀 도와줘야겠어요. 좀 난감한 입장이라. 어디서부터 얘기를 시작해야 좋을지 모르겠네요. 한데 어디서 끝내야할지는 잘 압니다. (웃음) 아무래도 내 전 생애를 다 이야기해야할 것 같네요.

기꺼이 경청하겠습니다.

── 입이 잘 안 떨어지네.

기운을 북돋워드려야겠네요.

── 내게는 그런 도움이 필요치 않아요. 내 쪽에서 남의 기운을 북돋워주는 일도 잘 못하는 편이고. 댁의 호기심을 채워주기 위해 내 삶의 이면, 겉만 번드르한 부분을 얘기해야겠군요.

UG는 1918년 7월 9일, 남부 인도의 중상류 브라만 집안에서 태

chapter 1 : U.G. **21**

어났다. 그의 성은 우팔루리Uppaluri, 이름은 고팔라 크리슈나무르티Gopala Krishnamurti다. 어머니가 그를 낳은 직후에 사망한 터라 그는 마술리파탐 부근에 있는 구디바다의 외조부모 슬하에서 자라났다.

나는 종교적인 분위기가 짙은 환경에서 성장했습니다. 우리 외할아버지는 아주 교양 있는 분이었지요. 그분은 블라바츠키[2]와 올코트[3]하고 친분이 있었고, 나중에는 2, 3세대의 신지학협회 회원들과 가까이 지냈죠. 그 모든 분이 우리 집에 찾아오곤 했어요. 외할아버지는 뛰어난 변호사에 아주 부유하고 교양 있는 분이었고, 아주 특이하면서도 또 아주 보수적인 분이었죠. 상반된 요소들이 뒤섞인 분이었어요. 한편으로는 인습적이고 전통적이면서 다른 한편으로는 그와 정반대되는 신지학 같은 것에 빠져 있었으니까. 외할아버지는 그 상반되는 요소들을 조화시키지 못했어요. 그게 바로 내가 안고 있는 문제의 출발점이 되었죠.

UG는 그의 어머니가 사망하기 직전에 그가 "어마어마하게 고귀

---

2 헬레나 블라바츠키Helena Blavatsky(1831~1891): 영적 신비를 추구하는 서구인들의 모임인 '신지학협회Theosophical Society'를 창시한 러시아 태생의 신비사상가.

3 헨리 스틸 올코트Henry Steel Olcott(1832~1907): 블라바츠키와 함께 1875년 신지학협회를 창시한 미국의 군인(대령). 스리랑카에 불교를 다시 부흥시켰고, 해변에서 만난 지두 크리슈나무르티를 미래의 영적 지도자로 발굴했다.

한 사람이 될 운명을 타고난 아이"라고 했다는 얘기를 종종 들었다. 그의 외할아버지는 딸의 얘기를 아주 진지하게 받아들인 나머지 UG의 양육과 교육에 전념하기 위해 변호사 일을 그만 뒀다. 외조부모와 그들의 친구들은 UG가 전생에 깨달은 상태에 아주 근접했던 사람을 뜻하는 요가 브라쉬타 yoga bhrashta의 환생이라고 확신했다.

우리 아버지는 신지학협회 사람들의 부추김을 받아 나를 위해 경건한 분위기를 조성하려 애썼고 나를 바른 길로 이끌어주기 위해 학자들을 고용해서 열심히 가르치게 하는 일에 전념했습니다. 그 모든 이야기를 자세히 이야기하고 싶지는 않군요. 아무튼 그래서 매일 새벽 그런 사람들이 우리 집에 와서 오전 네 시에서 여섯 시까지 《우파니샤드》《판차다시 Panchadasi》[4] 《나이시카르미아 싯디 Nyshkarmya Siddhi》 같은 경전들, 그 경전들에 대한 논평, 논평에 대한 재논평 같은 것들을 읽어줬습니다. 그 바람에 대여섯 살밖에 되지 않은 어린아이는 어쩔 수 없이 그 온갖 헛소리를 잠자코 들어야 했죠. 그런 것들을 하도 많이 들은 나머지 일곱 살쯤 됐을 때는 《판차다시》《나이시카르미아 싯디》 같은 데 나오는 구절들의 대부분을 줄줄 외울 수 있을 정도가 되었어요.

---

4 **판차다시**: 14세기경 인도의 철학자인 비드야라냐Vidyāraṇya(통칭, 마다바Mād-hava)에 의해 저술된 불이일원론 베단타 철학에 관한 15개의 논문집.

많은 성자들이 우리 집에 드나들었습니다. 라마크리슈나[5]의 제자들이나 그 밖의 사람들이. 이름을 대면 누구나 다 알 만한 사람들이었죠. 우리 집은 모든 성자들이 자유롭게 드나들 수 있는 집이었어요. 그렇게 해서 나는 아주 어렸을 때 이미 그 사람들이 하나같이 위선자들이라는 사실을 알게 되었죠. 그들은 그럴싸한 온갖 이야기를 늘어놓고 그럴싸한 온갖 믿음을 가졌지만, 그들의 삶은 얄팍하기 그지없었어요. 그 바람에 나는 추구의 길로 나서기 시작했습니다.

외할아버지는 명상을 즐겨 하는 분이었죠. 이미 돌아가신 분이라 그분에 관해 부정적인 얘기를 할 마음은 추호도 없습니다만 어쩔 수 없이 얘기를 해야겠네요. 할아버지는 매일 따로 마련된 명상방에서 한두 시간씩 명상을 했습니다. 그런데 어느 날 한 살 반이나 두 살쯤 된 아기가 무슨 이유에서인가 울기 시작했습니다. 그러자 할아버지가 뛰어나오더니 아기를 마구 때리기 시작했고 아기는 금방 새파랗게 질렸습니다. 매일 두 시간씩 명상을 한다는 분이 그런 짓을 한 겁니다.

그때 나는 생각했어요. '아니, 어떻게 이런 짓을 할 수가 있지?'

---

5 **라마크리슈나**Ramakrishna(1836~1886): 인도의 신비주의적 종교가. 힌두교·이슬람교·그리스도교 등 다양한 종교에 대한 깊은 이해에 이르렀고, 모든 종교에 동일한 진실성이 있으며 진리는 종교의 구별을 초월한 곳에 귀결한다고 설파. 붓다, 샹카라와 더불어 인도의 3대 성자로 손꼽히기까지 했으며, 사후에 '라마크리슈나 선교회'가 설립되어 모든 종교의 조화를 이야기하는 그의 가르침이 세계로 전파됨.

그 사건은 내게 일종의 트라우마 같은 것을 안겨줬어요. 나로서는 이런 심리학적인 용어를 쓰고 싶지 않습니다만 이 경우에는 어쩔 수 없습니다. 이어서 나는 생각했습니다. '명상이라는 것은 참 우스꽝스러운 짓거리로군. 그런 걸 한다는 사람들의 삶은 얄팍하고 공허해. 입으로는 온갖 근사하고 아름다운 말을 주워섬기지만 그 사람들의 삶의 실상은 과연 어떻지? 그 사람들의 삶에는 이런 식의 신경증적인 두려움이 내재해 있어. 입으로는 온갖 좋은 소리를 늘어놓지만 실제 삶에서는 그런 말이 아무 힘도 발휘하지 못해. 도대체 뭐가 잘못된 거지?' 그분들을 비난하려고 이런 얘기를 하는 건 아닙니다.

그런 사례는 거듭 반복되어서 나는 자연히 이런 생각에 빠져들었습니다. '붓다와 예수를 비롯한 위대한 스승들이 말한 것들이 모두 진짜일까? 모두가 해탈과 해방, 자유를 이야기하는데 그런 게 도대체 뭐지? 내 힘으로 그걸 알아내고 싶어. 명상을 한다는 인간들은 하나같이 하릴없는 인간들이지만 이 세상 어딘가에는 그런 가르침을 온몸으로 구현하고 실천하는 분이 분명 있을 거야. 그런 분이 있다면 꼭 찾아내고 싶어.'

그러고 나서 아주 많은 일이 일어났습니다. 그 무렵 시바난다 사라스와티Sivananda Saraswati라는 힌두교 설법사가 있었습니다. 여기서 얘기할 만한 가치가 없는 사건들은 그냥 생략하고 넘어가기로 하죠. 아무튼 나는 열네 살에서 스물한 살 때까지 그 분을 자주 찾아가 온갖 고행을 다 했습니다. 나이는 아직 어렸지만 해탈

moksha이라는 것이 정말 있다고 한다면 꼭 그 경지에 이르자고 결심했습니다. 내 힘으로 그 경지에 이르고 싶었죠. 나는 해탈을 이룬 사람들에게는 위선이 있을 수 없다는 것을 나 자신과 다른 모든 사람에게 입증해 보이고 싶었습니다. 나는 요가도 하고, 명상도 하고, 그 밖의 온갖 공부를 다 했습니다. 그리고 책들에 나오는 온갖 체험을 다 해봤습니다. 사마디(삼매三昧), 슈퍼 사마디, 니르비칼파 사마디(무상無想삼매) 같은 것들을 두루 거쳤죠.

그리고 나서 저는 혼자 중얼거렸습니다. "생각은 우리가 원하는 어떤 경험이든 다 만들어낼 수 있다. 엄청난 기쁨, 지복, 무아지경, 무無로 녹아 사라지는 등 온갖 신비체험들을. 그러니 이런 것은 해탈이 될 수 없다. 나는 여전히 같은 사람이고, 이런 체험들은 생각에 따라 자동적으로 일어날 뿐이니까. 명상은 내게 무가치하다. 명상은 나를 어디로도 인도해주지 못한다."

그 즈음, 내게 섹스가 엄청나게 큰 문제로 다가왔습니다. 혈기왕성한 젊은이었으니까요. '이것은 인간의 몸에서 일어나는 자연스러운 충동이요, 생리적인 작용이다. 그런데 어째서 이 사람들은 하나같이 뭔가 다른 것을 얻기 위해 섹스를 부정하고 지극히 자연스러운 현상, 전체의 일부를 억누르려 하는 거지? 내게는 이것이 해탈과 해방 같은 것들보다 더 생생하고 중요한 것인데. 이것은 있는 그대로의 진실이야. 나는 신들과 여신들에 관해 생각하고, 몽정夢精을 하기도 한다. 그렇다고 해서 내가 왜 죄의식을 느껴야 하지? 그건 자연스러운 일인데. 나는 이런 현상을 내 마음대로 통제하지 못해. 명상, 탐구, 수행 같은 것을 해도 이런 현상은 어쩌지 못해. 소금은 일절 먹지 않았고, 고추나 그 밖의 양념들도 도통 입에 대지 않았잖아.'

그러던 어느 날 나는 시바난다가 문을 꼭 걸어 잠그고 망고 피클을 먹고 있는 광경을 봤습니다. '이 사람은 뭔가를 얻고 싶어 온갖 것을 다 끊고 살더니만 결국은 제 욕망을 억제하지 못하는군. 이 사람은 위선자야.' 나로서는 그 분을 헐뜯고 싶지 않습니다. 아무튼 그때 저는 이렇게 생각했습니다. '이런 식의 삶은 내게 맞지 않아.'

열네 살에서 스물한 살이 될 때까지 강렬한 성적 충동을 느끼셨군요. 그러고 나서 결혼하셨나요?

── 아니, 결혼을 서두르진 않았어요. 그런 충동이 일어나도 그저 가만 내버려뒀죠. 나는 성적 충동과 그대로 직면하고 싶었어요. '이걸 가만 내버려두면 어떻게 될까?' 나는 섹스와 관련된 모든 것을 제대로 이해하고 싶었어요. '어째서 나는 이렇게 저절로 일어나는 성욕에 탐닉하고 싶어 하는 것일까? 섹스에 관해서는 아무것도 아는 것이 없는데 어째서 온갖 성적 이미지들이 떠오르는 거지?' 나는 이렇게 스스로에게 물었고, 그런 것들이 내 명상 주제가 되었습니다. 물론, 가부좌를 틀고 앉거나 물구나무서서 명상을 한 건 아니었어요.

'어떻게 내가 그런 이미지들을 떠올릴 수 있는 것일까?' 나는 생전 영화관에 간 적이 없었고 영화를 본 적도 없었는데 온갖 성적 이미지들이 저절로 떠오르는 겁니다. '어떻게 해서 이런 일이 일어날까? 이것은 외부에서 주입된 게 아니라 내면에서 일어나는 거야. 바깥 세상은 자극적이고, 따라서 자극은 외부에서 들어와. 하지만 내면에서 올라오는 또 다른 종류의 자극이 있어. 내게는 이것이 더 중요해. 외부에서 들어오는 온갖 자극은 얼마든지 끊을 수 있어. 하지만 내면에서 올라오는 이런 자극은 어떻게 끊을 수 있지?' 나는 그걸 알고 싶었습니다.

그러고 나서 나는 실제로 섹스를 할 때의 느낌이 어떨지 알아보고 싶어졌습니다. 그때까지 실제로 섹스를 해본 적은 없었지만 상상을 하다 보면 그 느낌이 어떨지 대략 알 것도 같았습니다. 나는 자주 그런 상상에 빠져들었습니다. 나는 하루빨리 여자와 섹스를 해보려고 서두르지 않고 그저 모든 것을 자연스러운 흐름에 내맡겼습니다. 그 당시는 결혼을 하고 싶어 하지 않을 때였거든요. 수행자나 성직자 같은 이가 되려는 목적을 갖고 있어서 결혼할 생각은 없었죠.

하지만 나는 여러 가지 일을 겪으면서 이렇게 생각했습니다. '성적 충동을 만족시켜주는 게 문제라면 결혼을 해도 괜찮잖아? 사회라는 게 존재하는 것도 다 그 때문인데. 그런데도 굳이 여자를 찾아가서 섹스를 해야 할 필요가 뭐 있겠어? 결혼을 하면 섹스는 자연히 따라오는 거구만.'

스물한 살이 되었을 때 나는 붓다와 예수, 스리 라마크리슈나를 비롯한 온갖 스승이 스스로를 속이거나 기만하고 더 나아가 모든 사람을 기만했다는 느낌에 사로잡혔습니다.

물론 그럴 리야 없지만 그 당시 나는 그렇게 생각했죠. '이런 사람들이 말하고 서술한 상태가 도대체 어디 있단 말이야? 그런 내용은 나하고는, 나라는 존재가 기능하는 방식과는 무관한 것 같구만. 그런 사람들은 하나같이 '화내지 말라'고 이야기하는데 나는 늘 화가 나 있는 걸. 내 안에 야수 같은 에너지가 가득 차 있는 걸 보면 그런 말들은 몽땅 거짓말이야. 이 사람들이 나더러 이러저러해야 한다고 말한 내용은 죄다 잘못된 거야. 그게 죄다 거짓말이니 내가 그대로 했다가는 잘못된 길로 빠져들고 말 거야. 나는 거짓된 삶을 살고 싶지 않아. 나는 탐욕스러운데 그 사람들은 무욕無慾을 이야기해. 그러니 뭔가 잘못된 거야. 내 안의 탐욕은 아주 생생하고 자연스러워 보이는 데 반해서 그 사람들이 이야기하는 내용은 부자연스러워 보여. 그러니 뭔가 잘못된 거야. 무욕의 상태에 이르기 위해서 나 자신을 변화시키거나 오도하고 싶지 않아. 나한테는 내 탐욕이 있는 그대로의 진실이야.'

나는 입만 열면 그런 말들을 끝없이 늘어놓는 사람들 속에서 살고 있었습니다. 분명히 이야기하지만 그 사람들은 하나같이 거짓된 사람들이었어요. 그 바람에 실존주의적 구토(그 당시에는 이런 용어를 쓰지 않았으나 지금은 이것을 알게 되어서 씁니다)라고 부를 만한 것이, 거룩하고 성스러운 모든 것에 대한 거부감이 생겨났고 따라서 모든 것을 부정하게 되었습니다.

"사구게⁶도, 종교도, 수행도 다 집어치우자. 그런 것들은 무의미한 것들이다. 지금 내 안에 있는 것들이 자연스러운 것들이다. 나는 야수다. 괴물이다. 나는 폭력성으로 가득 차 있다. 그것이 진실이다. 나는 욕망으로 가득 차 있다. 욕망 없음과 분노 없음은 내게 아무 의미도 없는 말들이다. 그것들은 모두 거짓말이다. 거짓말일 뿐만 아니라 나를 잘못된 방향으로 이끄는 말이다. 이제는 그 모든 것과 작별이다." 하지만 잘 알다시피 그것이 그렇게 간단한 문제는 아니죠.

그 즈음 어떤 친구와 만나 그런 모든 문제에 관해 이야기를 나눴습니다. 그 친구는 내가 무신론자나 다름없어서 모든 걸 다 회의하고 이단적이기까지 하다는 사실을 알았죠. 그 친구는 말했습니다. "마드라스 주 티루반나말라이에 라마나 마하리쉬⁷라는 분이 있는데 함께 가서 그 분을 만나보자. 그 분이야말로 힌두 전통의 살아 있는 구현체라 할 만한 분이거든."

나는 어떤 성자도 만나고 싶지 않았습니다. 한 사람을 보면 나

---

6 **사구게** sloka: 주로 네 구절씩 구성된 힌두교의 시, 경구, 기도의 형태.

7 **라마나 마하리쉬** Ramana Maharshi(1879~1950): 현대의 가장 대표적인 성자로 손꼽히는 인도의 구루. 17세 때 갑작스런 체험을 통해 진아를 깨달은 후 인도 남부 티루반나말라이의 아루나찰라Arunachala 산에 머물면서 "나는 누구인가Who am I?"를 파고드는 '자아 탐구'의 가르침을 펼침. 찾아온 사람들에게 침묵, 바라봄, 함께 있는 것만으로도 깊은 영향을 주었다고 하며, 그들과의 문답이나 일화를 엮은 책들이 여러 권 발간됨. 1930년대 초 영국인 폴 브런튼의 저서 《Search in Secret India》에 소개되어 널리 알려지면서 이후 세계인들이 영적 탐구를 위해 인도를 찾게 되는 데 큰 계기가 됨.

머지 모두를 다 본거나 마찬가지 아니겠어요. 스승들은 하나같이 "같은 것을 거듭 반복하라. 그러면 뜻한 바를 이룰 것이다"라고 하는 사람들이니 나는 괜히 스승을 찾아 여기저기 돌아다니면서 기웃거리고 그런 이들의 발치에 앉아 뭔가를 배우는 짓은 하고 싶지 않았습니다. 그런 이들에게서 내가 얻은 것은 체험뿐이었습니다. 그런 체험들은 영속되어야 하는데 영속되는 체험 같은 것은 없습니다.

나는 이렇게 말했습니다. "성자들이라고 하는 사람들은 죄다 사기꾼들이야. 그 사람들은 그저 경전들에 나오는 이야기만 읊어댈 뿐이야. 그런 건 나도 읽을 수 있어. '같은 것을 거듭 반복하라.' 한데 나는 그러고 싶지 않아. 나는 체험하기를 원치 않아. 그 사람들은 체험을 나하고 공유하려고 해. 나는 체험 따위에는 아무 관심도 없는데. 내게는 종교적 체험이나 섹스 체험, 혹은 그 밖의 체험들이 다르지 않아. 종교적인 체험도 여타 체험들과 하등 다르지 않아. 나는 브라흐만[8]을 체험하는 일에, 실체나 진리를 체험하는 일에 아무 흥미도 없어. 나는 같은 짓을 거듭하는 것에 아무 흥미도 없어. 이제껏 해온 것만으로 충분해. 학교에서 수학문제를 풀고 싶어 하는 학생은 거듭거듭 문제풀이를 하지. 한데 수학문제를 풀다 보면 문제 속에 답이 있다는 사실을 발견하게 돼. 그러니 문제를 풀려고 애쓴다는 게 웃기는 짓 아니겠어? 문제를 풀려고 끙끙

---

[8] 브라흐만 Brahman : 우주의 근본적 실재 혹은 원리. 한자로는 '梵'으로 표기.

거릴 게 아니라 차라리 답이 뭔지 알아보는 게 더 쉬운 일이지."

하지만 그 친구가 하도 권하는 바람에 나는 마음이 내키지 않는 상태에서 마지못해 라마나 마하리쉬를 만나러 갔습니다. 그 친구는 이렇게 말하더군요. "일단 한번 가봐. 그러면 무슨 일인가가 일어날 거야." 그러면서 내게 폴 브런튼Paul Brunton이 쓴《신비로운 인도에서의 구도여행Search in Secret India》이라는 책⁹을 건네줘서 나는 마하리쉬와 관련된 내용을 읽어봤습니다.

"좋아, 정 그렇다면 한번 가서 보도록 하지."

그곳에 가보니 그 사람은 자리에 앉아 있었습니다. 막상 그를 만나자 이런 느낌이 들었습니다. '허 참! 이런 사람이 나를 어떻게 도울 수 있을까? 연재만화를 읽고 야채를 다듬고 이런저런 걸 즐기는 이 사람이 어떻게 나를?' 아무튼 나는 자리에 앉았습니다. 그리고 아무 일도 일어나지 않았습니다. 나는 그 사람을 쳐다봤고 그 사람도 나를 쳐다봤죠.

"그 분과 대면할 때 고요함을 느낀다. 질문은 사라지고, 그가 바라보는 것만으로 나는 변화된다." 내게 이런 식의 일화들은 한갓 허황된 이야기들에 불과했습니다.

그 사람 앞에 앉아 있는 동안 내 내면에서는 많은 의문, 온갖 어리석은 의문이 일어났습니다. 그래서 "제 안에서 의문들이 사라지지 않습니다. 여기서 두 시간이나 앉아 있었는데도 여전히 여러 가

---

9 폴 브런튼,《인도 명상여행》, 이균형 옮김, 정신세계사, 1992.

지 의문이 남아 있습니다. 선생님께 몇 가지 여쭤보고 싶습니다"라고 말했습니다. 그 당시 나는 해탈을 간절히 원했거든요. 그것은 내가 오래도록 찾던 것이었죠. 나는, "선생님을 해탈하신 분으로 알고 있습니다"라는 식으로 말하지 않았어요. 그 대신, "선생님이 갖고 계신 걸 제게 주실 수 있습니까?"라고 물었죠.

그 사람은 아무 대답도 하지 않았습니다. 잠시 후 나는 같은 질문을 반복했습니다. "뭐가 갖고 계시다면 그걸 제게 주실 수 있나요?"

그 사람은 말했습니다. "줄 수 있지. 하지만 자네가 그걸 받을 수 있을까?"

맙소사! 그 사람은 처음으로 입을 열어 본인이 뭔가를 갖고 있고 나는 그걸 받을 수 없다고 말하는 겁니다. 그때까지 "네게 줄 수 있다"고 말한 사람은 한 번도 만나본 적이 없었는데, 그 사람은 "네게 줄 수 있다, 한데 너는 받을 수 있겠느냐?"고 말했어요.

내 내면에서는 이런 생각이 스쳐갔습니다. '나는 7년간 많은 수행sadhana 을 해왔으니 이 세상에 그걸 받을 수 있는 사람이 있다면 그 사람은 바로 나지. 저 사람은 내가 그걸 받을 수 없다고 생각할지 모르지만 나는 받을 수 있어. 내가 받을 수 없다면 도대체 누가 받을 수 있겠어?' 그 당시 내 마음가짐이 그랬습니다. 나는 자만심에 가득 차 있었죠.

나는 그 사람 곁에 있었던 적이 없었고 그 사람의 책도 읽은 적이 없습니다. 그래서 몇 가지를 더 물었습니다. "사람이 어떤 때는 자유로울 수 있고, 또 어떤 때는 자유롭지 못할 수가 있나요?"

그 사람은 말했습니다. "자유롭거나 자유롭지 못하거나 둘 중의 하나지." 그러고 나서 나는 다시 질문을 했는데 그 질문 내용은 기억이 나질 않아요. 아무튼 그 사람은 아주 이상한 대답을 해줬습니다. "자네를 그리로 인도해주는 계단 같은 것은 없어." 나는 그런 답변을 무시해버렸습니다. 질문 자체가 내게 절실한 게 아니어서 답변을 들어도 건성으로 들어 넘기고 말았습니다.

하지만 "자네가 받을 수 있을까?"라는 반문은 더없이 오만하게 느껴졌습니다. 그래서 자연히, '그게 뭔지 모르겠지만 어째서 내가 받을 수 없다는 거야? 당신이 갖고 있다는 게 대체 뭔데?'라는 생각이 일어나면서 저절로 다음 생각이 꼬리를 물고 일어났습니다. '붓다와 예수를 비롯한 온갖 성인 나부랭이들이 이른 상태라는 게 뭐지? 라마나도 그런 상태라고 하는 것 같은데, 난 잘 모르겠어. 하지만 이 인간은 나랑 비슷한 인간인데. 이 인간이 나랑 뭐가 다르다는 거야? 온갖 성인들이 말하는 것이나 이 사람이 말하는 것은 내게 아무 의미도 없어. 그가 하고 있는 것은 누구나 다 할 수 있어. 거기에 뭐가 있는데? 이 사람은 나하고 크게 다른 사람일 리가 없어. 이 사람도 부모에게서 태어났잖아. 이 사람은 근원적인 문제에 대해 자기 나름의 독특한 견해를 갖고 있어. 어떤 사람들은 이 사람에게 뭔가 특별한 일이 일어났다고 말하지만, 이 사람이 나하고 어떻게 다르다는 거야? 그 상태란 게 대체 어떤 건데?'

마지막 의문이야말로 내 의문의 핵심이었습니다. 그 의문은 계속 꼬리를 물고 이어졌습니다. '그 상태가 뭔지 기필코 알아내고 말거야. 누구도 내게 그런 상태를 안겨줄 수 없어. 내 힘으로 이르러야지. 나는 나침반도, 배도, 뗏목도 없는 상태에서 이 미지未知의 바다를 헤쳐 나가야 해. 나는 이 사람이 이르렀다는 상태가 뭔지 내 힘으로 밝혀낼 거야.' 나는 그 상태에 이르기를 간절히 바랐고, 그렇지 못할 경우에는 더 이상 살고 싶지가 않았습니다.

여기서 준다, 받는다는 뜻이 뭔지 모르겠습니다.

—— "나는 줄 수 있지만 자네가 그걸 받을 수 있을까?"라는 말의 참뜻이 뭔지 나로서는 말할 수 없습니다. 하지만 그 말은 내가 나 자신의 의문을 명확히 하는 데 도움이 됐습니다. 지금 누군가가 내게 그 분처럼 반문한다면 나는 남한테서 받을 수 있는 건 없다고 잘라 말할 겁니다. 내가 어떻게 여러분에게 그걸 줄 수 있단 말입니까? 여러분은 내가 가진 걸 이미 갖고 있는데요. 우리 모두가 산니디 25번가에 있는데 여러분이 내게 "산니디 25번가가 어디냐?"고 묻는다면 나는 내가 그곳에 있다는 걸 안다고 말하지 않고, 여러분이 이미 그곳에 와 있다고 말할 겁니다. 여러분은 자신이 어디 있는지 알고 싶어서 그렇게 묻고 있는 거니까.

> UG는 그 후 다시는 라마나나 '그런 종교적인 사람들'을 찾아다니지 않았고, 철학 시험을 볼 준비를 할 때 말고는 어떤 종교서적도 들춰보지 않았다고 한다.

그러고 나서 내 진짜 탐구가 시작되었습니다. 종교적인 탐구의 이력은 충분히 갖추고 있었기에 나는 가뿐하게 추구의 여행길에 나섰습니다. 몇 년 동안 나는 심리학과 동서양 철학, 갖가지 신비주의, 현대과학을 비롯한 인간 지식의 모든 영역을 공부했습니다. 나는 스승에게 의지하지 않고 주체적으로 탐구하기 시작했습니다. 탐구는 거듭되었고, 그 과정에서 줄곧, '그 상태란 게 뭐지?'라는 의문을 강력한 화두처럼 붙잡고 있었습니다.

그런데 어느 때부터인가, '이 모든 지식은 나를 만족시켜주지 못하는데 어째서 이런 것들을 읽고 있지?' 하는 회의가 일었습니다. 석사학위 과정을 밟을 때 내가 이수해야 할 과목 중의 하나가 심리학이었고, 그렇게 회의할 당시 공교롭게도 심리학 과목도 시간표에 끼어 있었습니다. 나는 마음이라는 것에 늘 끌리고 있다는 단순한 이유만으로 심리학에 관심을 갖고 있었습니다. '이 마음mind이라는 건 대체 어디 있지? 난 그걸 알고 싶은데 여기 이 내면에서는 마음이 보이질 않아. 하지만 이 모든 책들은 하나같이 마음에 관해서 이야기해. 서구 심리학자들이 얘기하는 마음이 대체 뭔지 좀 알아봐야겠어.'

어느 날 나는 담당교수에게 물었습니다. "우리는 노상 마음에 관해 이야기하고 있습니다. 한데 선생님은 마음이 뭔지 알고 계십니까? 우리는 많은 책을 공부하고 있습니다. 프로이트, 융, 아들러 등등이 쓴 책들을. 그래서 그 내용을 웬만큼은 꿰고 있습니다. 저는 그런 책들에 나오는 온갖 정의定議와 서술을 다 읽어봤습니다. 그런데 선생님은 마음에 관해 뭔가 알고 계신 게 있습니까?"

교수가 말했습니다. "그렇게 불편한 질문은 하지 말아줘. (웃음) 그런 건 아주 위험한 질문이야. 시험을 통과하고 싶다면 그저 내가 얘기한 내용을 잘 받아 적고 외웠다가 답안지에 그대로 적기나 하게. 그러면 학위를 얻을 수 있을 거야."

"저는 학위를 얻는 데는 관심이 없고 마음에 관한 진실을 밝혀내는 데 관심이 있는 걸요."

> 외할아버지가 돌아가시자 UG는 석사학위 과정을 마치지 않고 마드라스 대학을 떠났다. 1943년 그는 결혼을 했다.

그리고 나서 나는 내 출신배경 때문에 신지학협회 일에 관여하게 되었습니다. 나는 외할아버지로부터 신지학협회와 지두 크리슈나무르티를 상속받았고, 많은 돈도 물려받았으며, 그 덕에 살아가기가 편해졌습니다. 당시 5~6만 달러는 거액이어서 나는 온갖 것을 다 할 수 있었습니다. 나는 신지학협회 강사로 활동(결국 UG는 인도 신지학협회의 공동 사무총장으로 선출되었다)했지만 그 일에 마음이 깊이 실리지는 않았습니다.

'내가 말하는 모든 내용은 간접적인 정보에 불과하다. 그런데 무엇 하러 이렇게 강연을 하고 다니지?' 그 당시 나는 아주 뛰어난 강연자였지만, 그저 그 정도에 불과했습니다. 나는 일류 강사여서 온 데를 다 다니며 강연을 했습니다. 인도에 있는 대학치고 안 다

녀본 데가 없을 정도였죠. '이런 건 생생한 삶이 아니야. 뇌를 가진 사람이라면 누구나 다 이런 정보를 그러모아 사방에 뿌려댈 수 있어. 내가 지금 뭘 하고 있는 거지? 왜 하릴없이 시간을 허비하고 있는 거지? 이건 생계수단도 아니잖아. 먹고 살려고 이런다면 이해해줄 수도 있어. 한데 나는 앵무새처럼 같은 말을 반복하면서 돈을 벌고 있어. 이런 걸로 먹고 사는 것도 아니면서. 하지만 이 일에는 뭔가 흥미로운 구석이 있어. 나는 이런 종류의 일에 관심이 있어.'

그 무렵(UG가 신지학협회에서 일하던 시기가 끝날 무렵인 1940년대 말경), 지두 크리슈나무르티가 등장했습니다. 그 사람은 그때 미국에서 막 돌아왔어요.

지두 크리슈나무르티의 친척이신가요?

—— '크리슈나무르티'는 성이 아니라 이름입니다. 그 사람의 성은 지두Jiddu죠. 크리슈나무르티라는 이름은 아주 흔한 이름입니다.

나는 그 사람과 얽혀들었습니다. 7년에 걸쳐서 그 사람이 인도에 올 때마다 강연을 들었습니다. 개인적으로 그를 따로 만난 적은 없습니다. 사람들이 그 사람을 '세계의 스승World Teacher'으로 떠받드는 게 어쩐지 뜨악해서였죠. '어떻게 세계의 스승을 만들어낼 수가 있지? 세계의 스승들은 만들어지는 게 아니라 본래 그렇게 태어나는 건데.' 나야말로 그렇게 키워진 사람이어서, 그런 인물을 만들어내는 과정을 잘 알고 있었습니다.

나는 신지학협회의 중심인물이 아니었습니다. 늘 그 변두리에 머물러 있었어요. 그 단체에 깊이 빠져들고 싶지 않았습니다. 그 단체 사람들도 역시 삶이 공허하다는 의미에서 위선적인 사람들이었습니다. 그 협회의 학자들, 지도자들, 저명인사들은 하나같이 얄팍했습니다. '이게 뭐지? 이 배후에는 대체 뭐가 있지?'

그럴 때 크리슈나무르티가 등장했고, 7년이 지난 뒤 여러 정황이 겹쳐서 그 사람과 가까워졌습니다. 나는 매일 그 사람을 만났습니다. 우리는 온갖 이야기를 나눴습니다. 그 사람이 제시하는 추상적 개념들에는 전혀 흥미가 없었습니다. 그 사람의 가르침에도 흥미가 없었구요. 한번은 그 사람에게 이렇게 말했습니다. "선생님은 이 시대의 심리학적 용어들을 그러모으고 그런 용어들을 통해서 뭔가를 표현하려고 합니다. 분석적인 방식을 채용해서 분석으로는 이를 수 없는 곳에 이르려고 합니다. 그런 식의 분석은 사람을 질리게 해서 아무 도움도 주지 못합니다. 그런 건 저 역시도 질리게 만듭니다."

나는 그 사람에게도 다른 이들에게 품었던 것과 같은 의문을 품었습니다. '당신이 갖고 있는 건 대체 뭐지? 당신이 내게 쏟아내는 추상적인 개념들에는 아무 흥미도 없어. 그런 개념들의 배후behind에는 어떤 것이 있을까? 그게 뭐지? 왜 그런지는 모르겠지만, 아무튼 나는 당신이 쏟아내는 추상적 개념들의 배후에 있는 것에 내가 관심을 갖고 있는 것 같다는 느낌을 받아. 내가 머리로 그려낸 것인지도 모르겠지만 내게는 어떤 느낌 같은 게 있어. 친숙하고 전통적인 비유를 들어서 얘기하자면, 당신은 설탕 맛은 보지 못했을지 모르지만 적어도 설탕을 보기는 한 것 같아. 당신이 현상을 서술하는 방식은 당신이 최소한 설탕을 보기는 했다는 느낌을 안겨주지. 하지만 당신이 과연 설탕 맛을 봤을지는 의문이야.'

그리하여 우리는 몇 년간 다퉜습니다. (웃음) 우리에게는 어느 정도 성격적인 차이가 있었어요. 나는 그 사람한테서 솔직하고 정직한 대답을 듣고 싶어 했고, 그 사람은 그 나름의 이유가 있어서 그런 대답을 해주지 않았습니다. 그 사람은 아주 방어적이었죠. '당신은 뭘 그렇게 지키려고 안달하는 거지? 당신의 과거, 당신의 모든 것을 나무에다 매달아놓고 사람들이 마음대로 구경하게 하면 안 돼? 왜 그렇게 자신을 지키고 싶어 하는 거야?'

나는 그 사람의 이력에 관한 솔직하고 정직한 대답을 듣고 싶어 했고 그 사람은 한 번도 만족스러운 대답을 해주지 않았어요. 그러다 우리의 관계가 끝나갈 무렵 나는 강하게 말했습니다. "선생님이 제게 던지는 추상적인 개념들의 배후에는 어떤 게 있죠?"

그러자 그 인간은 말했습니다. "자네가 스스로의 힘으로 그걸 알 방법은 없어." 그걸로 우리 관계는 끝났습니다.

"제가 그걸 알 방법이 없다면 선생님이 제게 그걸 전달할 방법도 없는 겁니다. 우리가 도대체 뭘 하고 있는 거죠? 7년 세월을 하릴 없이 날려 먹었군요. 안녕히 계세요. 다시는 선생님을 보고 싶지 않네요." 그러고 나서 그의 곁을 떠났습니다.

UG가 자신에게서 신통력들이 드러나는 걸 알고 당혹해할 때가 바로 이 무렵이 아니었을까 싶다.

마흔아홉 살이 되기 전, 나는 많은 능력을 갖고 있었고 많은 신비 체험을 했지만 그런 것들에 일절 관심을 두지 않았습니다. 어떤 사람을 본 순간, 그 사람이 사전에 내게 아무 말도 하지 않았음에도 나는 그 사람의 모든 과거·현재·미래를 훤히 알 수 있었습니다. 나는 그런 능력들을 이용하지 않았습니다. 그저 놀라고 당혹해하기만 했습니다. '어째서 내가 이런 능력을 갖고 있을까?'

가끔 내가 무슨 얘기를 하면 늘 그런 일이 진짜로 일어났습니다. 어떻게 해서 그런 일이 일어나는지 알 수가 없었고, 그래도 나는 알아내려 애를 썼습니다. '어떻게 내가 그런 얘기를 할 수 있는 거지?' 그런 현상은 늘 일어났습니다. 그러다 내가 좋지 않은 결말에 관한 예언을 하고 나서 그런 일들이 실제로 일어나는 바람에 몇몇 사람이 고통을 받았습니다.

UG는 여전히 강연을 하면서 전 세계를 돌아다녔다. 1955년, 그와 그의 아내, 네 자녀는 그의 큰아들이 앓고 있는 소아마비를 치료할 방법을 찾기 위해 미국으로 이주했다. 1961년, 그가 갖고 있던 돈이 바닥났다. 그리고 그는 자신의 내면에서 엄청난 격랑이 일기 시작하는 걸 감지했다. 그는 그걸 통제할 수 없었고, 또 그럴 마음도 없었다. 그 격랑은 6년간 계속되다 '재난'과 더불어 끝났다. 그는 그걸 재난이 아니라 자연스러운 상태natural state로의 진입이라 부르기는 하지만. 그의 결혼생활은 파경을 맞았다. 그는 가족을 비행기에 태워 인도로 보내고 나서 런던으로 갔다.

그는 무일푼으로 런던에 도착해 거리를 배회하기 시작했다. 3년 동안 런던 거리에서 아무 일도 하지 않고 지냈다. 그의 친구들은 그가 내리막길로 곧장 곤두박질치고 있다고 여겼다. 하지만 그는 그 당시 자신의 삶이 완벽하게 자연스러운 것으로 여겨졌다고 말한다. 훗날, 영적인 성향을 지닌 사람들은 그 시기를 신비주의자들의 표현법을 빌려 '영혼의 어두운 밤'이라고 표현하곤 했다. 하지만 그는 "유혹과 세속적인 욕망과의 영웅적인 투쟁도, 영혼과 충동의 고투도, 시적인 클라이맥스도 없었고 그저 의지가 시들어 가기만 했을 뿐"이라고 말했다.

그 후 내게는 머리가 없는 것 같은 느낌이 들었습니다. '내 머리가 어디 있지? 머리가 있는 거야 없는 거야? 마치 머리가 다른 데 있는 것만 같아. 이 생각들은 대체 어디서 일어나는 거지?' 나는 그런 의문에 사로잡혔습니다. 머리는 없고 오로지 몸만 움직이고 있었습니다. 무엇인가를 하고자 하는 의지가 전혀 없었습니다. 사방으로 이리저리 하릴 없이 굴러다니는 나뭇잎이 된 것만 같았습니다.

그런 상태로 하루하루가 지나갔습니다. 그러던 어느 날, 어떤 일이 일어났는지는 잘 모르겠는데, 아무튼 나는 혼자 중얼거렸습니다. "이런 식으로 사는 건 좋지 않아." 나는 아무것도 알지 못하는 상태에서 몇몇 사람의 도움으로 살아가는 부랑자나 다름없었습니다. 내게는 아무 의지도 없었습니다. 내가 뭘 하고 있는지도 알지 못했습니다. 미친 거나 다름없었습니다. 거처가 없어서 밤새 런던 거리를 돌아다녔습니다. 그럴 때마다 경찰관이 번번이 나를 불러 세웠습니다. "집이 없다구? 아무래도 교도소에 처넣어야겠군."

나는 그런 생활을 하고 있었습니다. 낮에는 대영박물관에 가서 앉아 있었습니다. 입장료는 낼 수 있었으니까. 뭘 읽으려고[10] 거기 갔느냐구요? 책 읽는 일에는 아무 관심도 없었어요. 책에는 아무 흥미도 느끼지 않았으니까. 하지만 나는 뭔가 읽는 척하기 위해 불량배들이나 범죄자들이 쓰는 온갖 속어를 모아놓은 사전을 뽑아들고 자리에 앉아 얼마간 그걸 읽으면서 시간을 보냈습니다. 밤이면 발길 닿는 대로 돌아다녔고. 그렇게 세월이 지나갔습니다.

어느 날 내가 하이드파크에 앉아 있는데 경관이 다가와서 말했습니다. "여기 있으면 안 돼. 말을 안 들으면 내쫓아버릴 거야." 어디로 갈까? 뭘 하지? 돈도 없는데. 그때 내 주머니에는 5펜스밖에 없었습니다. 그 순간 '라마크리슈나 선교회로 가자'는 생각이 불쑥 떠올랐습니다. 그 생각은 그냥 뜬금없이 일어났는데 아마 무의식의 반영이 아니었을까 싶습니다.

---

[10] 영국 런던의 대영박물관British Museum에는 1997년 도서관이 새로운 건물로 이전하기 전까지 도서관과 박물관이 한 건물에 있었음.

나는 거리를 배회하는 것 외에 달리 뾰족한 수가 없었고, 경관은 내 뒤를 따라오고 있어 할 수 없이 지하철로 5펜스 거리만큼 간 뒤 나머지는 걸어서 선교회까지 갔습니다. 거기서 내가 스와미[11]를 찾자 거기 사람들은 말했습니다. "지금은 그 분을 만날 수 없어요. 밤 열시나 되었는 걸. 이 시간에는 댁뿐 아니라 누구도 만나주시지 않아요." 그래도 나는 비서에게 꼭 만나야 한다고 부득부득 우겼고, 결국 스와미가 나왔습니다.

나는 스와미 앞에 스크랩북을 내밀었습니다. 그것은 내가 강연하는 모습들, 내 강연에 대한 뉴욕타임스의 논평, 내 이력 등을 수록한 것이죠. 내가 미국에 있었을 때 내 매니저가 마련해준 것으로 나는 그때까지 그것을 용케도 갖고 있었습니다. "이것은 과거의 제 모습입니다. 지금은 이 모양이구요."

그 사람은 물었습니다. "원하는 게 뭐죠?"

저는 말했습니다. "명상 방에 들어가서 밤새 앉아 있고 싶습니다."

"그럴 순 없어요. 우리 규칙상 저녁 여덟시 이후에는 아무도 명상 방에 들어갈 수 없거든요."

"저는 갈 데가 없습니다."

그러자 그 사람은 말했어요. "방을 하나 잡아드릴 테니 오늘밤에는 거기서 주무시고 내일 다시 오세요." 저는 그 사람이 잡아준 호

---

11 **스와미**swami: 힌두교의 학자나 성직자를 이르는 말.

텔에서 잠을 잔 뒤 이튿날 12시경 지친 몸으로 선교회에 갔습니다. 그 사람들은 점심식사를 하던 중이라 제게도 점심밥을 줬습니다. 그 덕에 실로 오랜만에 제대로 된 식사를 했죠. 한데 저는 식욕조차도 잃어버린 상태였습니다. 저는 배고픔이 뭔지, 갈증이 뭔지도 알지 못했습니다.

식사가 끝난 뒤 스와미는 저를 불러 말했습니다. "때마침 댁 같은 분을 찾고 있었어요. 편집 일을 하던 내 조수가 정신이 이상해져서 병원에 입원했거든. 난 비베카난다[12] 출생 백주년 기념문집을 출간해야 해요. 댁이야말로 그 일을 해주기에 딱 맞는 사람이요. 댁은 날 도와줄 수 있어요."

나는 말했습니다. "저는 어떤 글도 쓸 수 없습니다. 예전에는 편집 일도 할 수 있었겠지만 지금은 아무것도 못합니다. 저는 갈 데까지 다 간 사람입니다. 그런 방면의 일에는 아무 도움도 드릴 수가 없습니다."

"천만에, 우리 둘이서 해낼 수 있어요." 그 사람은 인도철학과 영적 세계에 정통한 사람을 절실히 필요로 했습니다. 그 사람은 그런 사람을 얼마든지 구할 수 있었는데도 이렇게 말했습니다. "아무튼 좋아요. 얼마 동안 여기 머물면서 쉬도록 해요. 내가 잘 돌봐

---

[12] **비베카난다** Vivekananda(1863~1902): 인도의 힌두교 지도자이자 개혁가. 라마크리슈나의 제자로, 1886년 스승의 죽음 이후 출가하여 세계 각지를 돌아다니면서 힌두교의 부흥을 위해 힘썼고, 1897년 인도로 돌아와 선교회 '라마크리슈나 미션'을 설립하여 인도주의적 사회봉사를 펼침.

줄 테니까."

"저는 글 쓰는 일 같은 건 하고 싶지 않습니다. 제게 방 하나를 내주시면 접시 닦는 일이나 그 밖의 허드렛일을 하겠습니다만 그런 지적인 일은 정말 못합니다."

"아니, 나는 댁이 꼭 해줬으면 해요."

그 바람에 나는 어쩔 수 없이 그 일을 해내려고 애썼고, 결과는 그도 나도 과히 만족스럽지 않았습니다. 하지만 어쨌든 우리는 힘을 합쳐 그 문집을 출간했습니다.

그 사람은 다른 스와미들과 마찬가지로 내게 봉급도 줬습니다. 5파운드를. '이걸로 뭘 한다지?' 나는 돈 없이 지내왔기에 돈 가치에 대한 감각을 잃어버렸습니다. 예전에는 수십만 루피의 수표를 발행할 때도 있었죠. 하지만 수중에 돈이 거의 없는 상태로 한동안 지내오다 갑자기 5파운드라는 거액이 생긴 겁니다. '이걸로 뭘 하면 좋을까?'

이윽고 그 돈으로 런던에서 상영하는 영화를 모조리 다 보기로 마음먹었습니다. 나는 선교회에 머물면서 오전에는 일을 하고, 오후 한 시에 점심을 먹은 뒤 영화를 보러 외출하곤 했습니다. 그러다 보니 얼마 후에는 볼 영화가 하나도 없더군요. 런던 변두리 극장들에서는 일 실링에 세 편의 영화를 보여줬고, 그 덕에 수많은 영화를 보는 것으로 그 돈을 다 써버렸습니다.

명상 방에 앉아서 사람들이 명상하는 광경을 물끄러미 바라볼 때마다 '저 사람들은 왜 저렇게 멍청한 짓을 하고 있지?'라는 생각이 올라왔습니다. 그 즈음 내 몸에서는 모든 게 다 빠져나갔습니다. 하지만 그 명상센터에서 아주 이상한 체험을 했습니다. 내가 상상으로 그려낸 것인지 어떤 것인지 알 수는 없지만, 실제로 일어나긴 했죠. 생전 처음으로 색다른 어떤 느낌을 받았습니다.

그때도 명상 방에 앉아 아무것도 하지 않은 채 사람들을 멍하니 바라보면서 그들을 딱하게 여기고 있었습니다. '저 사람들은 명상을 하고 있다. 저들은 왜 사마디에 들고 싶어 하는 거지? 그래봤자 어떤 것도 얻지 못할 텐데. 나는 그 모든 과정을 거쳐봐서 알아. 저 사람들은 스스로를 속이고 있어. 저런 짓을 하면서 인생을 낭비하지 않게끔 내가 도울 길이 뭐 없을까? 저렇게 해서는 어디에도 이르지 못하는구만.'

그렇게 아무것도 하지 않은 채 멍하니 앉아서 시간을 보내고 있을 때 아주 이상한 느낌이 들었습니다. 내 몸 안에서 어떤 움직임이 일어나고 있었어요. 갑자기 뭔가가 움직이고 있다는 걸 알았습니다. 어떤 에너지가 성기에서 나와 마치 몸 안에 통로가 있기라도 한 것처럼 머리로 올라왔습니다. 그것은 시계 방향으로 맴돌면서 움직이더니 이윽고 시계 반대 방향으로 맴돌았습니다. 공항에 있는 윌스 담배 광고처럼요. 아주 재미있더군요. 하지만 이런 현상을 그 어떤 것과도 결부시키지 않았습니다. 나는 갈 데까지 다 간 사람이었죠. 나는 공짜 밥을 얻어먹고 남들의 보살핌을 받으면서 내일 일 같은 것은 전혀 생각하지 않고 살았습니다.

하지만 내 안에는 이런 생각이 도사리고 있었습니다. '이건 잘못된 삶의 방식이야. 잘못돼도 너무 잘못됐어. 이건 아니야.' 하지만 머리가 실종되었으니 어쩝니까? 그런 생활은 계속되었어요. 그러다 삼 개월 뒤 나는 생각했습니다. '여기서 나갈 거야. 계속 이런 식으로 지낼 수는 없어.' 그 무렵 스와미가 내게 사오십 파운드의 돈을 줬기에 나는 떠나기로 결심했습니다.

그때까지도 나는 인도로 가는 비행기 표를 갖고 있었습니다. 파리로 가서 그 표를 달러로 환불받아 얼마간의 돈을 마련했습니다. 지금 기억하기로 그 35파운드를 더하고 보니 수중에 150파운드 가량이 있었던 것 같습니다. 나는 파리의 어느 호텔에서 삼 개월을 지냈습니다. 낮에는 전처럼 거리를 배회했구요. 그때와 딱 하나 다른 게 있다면 이제는 수중에 얼마간의 돈이 있다는 거였습니다. 하지만 그 돈은 서서히 말라갔습니다.

삼 개월 뒤 그곳을 떠나기로 마음먹었습니다만 인도로 돌아가는 건 영 내키지가 않았습니다. 가족과 아이들 때문에 돌아가는 게 두려웠습니다. 그렇게 했다간 복잡한 문제에 휘말릴 소지가 다분했거든요. 식구들이 죄다 나한테 오겠죠. 추호도 가고 싶은 마음이 없어 가지 않기로 했습니다. 나는 꽤 오랫동안 스위스에 은행계좌를 갖고 있었기에 그 계좌에 약간의 돈이 남아 있을 거라고 생각했습니다. 마지막 방법은 스위스로 가서 돈을 꺼낸 다음 무슨 일이 일어날지 지켜보는 것이었죠. 그래서 호텔에서 나와 택시를 잡아타고, "리용 역으로 갑시다"라고 말했습니다. 원래 파리에서 내 은행계좌가 있는 취리히로 가는 열차는 파리 동부역에서 출발하는데 나는 리용역으로 가자고 했습니다. 그때 왜 그랬는지는 나도 잘 모르겠습니다. 아무튼 그 역에서 열차를 타고 제네바로 갔습니다.

제네바에 도착했을 때 수중에는 150프랑 가량이 남아 있었습니다. 숙박비를 낼 돈이 없는데도 어느 호텔에 계속 머물렀습니다. 2주가 지나자 호텔 측에서 청구서를 내밀더군요. '이크, 돈을 내라구! 이걸 어쩐다?' 나는 막다른 골목길에 내몰렸습니다.

내게 남은 유일한 방도는 인도 영사관에 찾아가 "저를 인도로 좀 보내주세요. 나는 완전히 파산한 사람입니다"라고 말하는 거였어요. 상황이 그 지경이라 인도로 돌아가고 싶지 않다는 애초의 마음도 사라져버려, 영사관에 가서 내 스크랩북을 내밀고 노먼 커즌스[13]와 라다크리슈난[14]이 '인도가 낳은 가장 뛰어난 설법자의 한 사람'이라고 하면서 내 재능을 높이 평가한 기사를 보여줬습니다.

부영사는 말했습니다. "인도 정부의 돈으로 댁 같은 사람을 인도로 보내줄 수는 없습니다. 일단 여기서 나랑 같이 지내면서 인도에 연락해 돈을 부쳐달라고 하세요." 그렇게 해서 나는 영사관에

---

[13] **노먼 커즌스**Norman Cousins(1912~1990): 미국의 언론인·평화운동가. 〈새터데이리뷰〉지의 편집장 및 사장을 역임. 말년에 희귀병을 앓았으나 긍정적인 사고와 웃음을 통해 회복되면서 《웃음의 치유력Anatomy of an Illness》등 많은 저서를 남김.

[14] **라다크리슈난**Sarvepalli Radhakrishnan(1888~1975): 인도의 철학자·정치가. 비베카난다의 사상에 공감하여 베단타 철학의 현대화와 종교를 통한 세계평화에 힘씀. 저서 《인도철학Indian Philosophy》을 통해 인도의 철학사상을 현대사회에 널리 알렸고, 인도 부통령(1951)과 대통령(1962~1967)을 역임.

서 지내게 되었고, 거기서 한 스위스 여성, 발랑틴 드 케르방Valentine de Kerven을 만났습니다. 그 사람은 인도 영사관에서 통역으로 일하는 사람이었는데, 그 날은 창구직원이 결근을 하는 바람에 창구에 앉아 있었습니다. 우리는 이야기를 나눴고, 금방 가까운 친구 사이가 되었습니다.

그 사람은 말했습니다. "스위스에 머물고 싶다면 그렇게 하도록 주선해드릴 수 있어요. 인도로 돌아가고 싶지 않다면 가지 마세요."

한 달 뒤 영사관에서 나를 내보냈지만 우리는 그럭저럭 그 문제를 해결했습니다. 그 사람이 스위스에 내가 지낼 곳을 마련해준 겁니다. 그 사람은 통역 일을 그만뒀습니다. 그 사람은 부유한 사람이 아니어서 약간의 돈을 갖고 있고 매달 연금을 조금씩 받는 정도였지만 우리는 그 돈으로 생활해갈 수 있었습니다.

그렇게 해서 우리는 자넨Saanen으로 갔습니다. 그곳은 내게 특별한 의미가 있는 곳입니다. 1953년, 내가 스위스 여행을 할 때 그곳에 왔던 적이 있었고, 그 지역을 보는 순간 내 안의 어떤 존재가 말했습니다. "열차에서 내려 여기서 얼마간 지내도록 해." 그곳에서 일주일을 보냈습니다. '이곳은 내가 여생을 보내기에 딱 좋은 곳이로군.' 그 당시 나는 돈이 많았지만 집 사람은 기후가 맞지 않아 스위스에서 살고 싶어 하지 않았습니다. 그리고 그 밖의 여러 가지 일도 있고 해서 우리는 미국으로 이주했죠. 그런데 결국 다시 돌아왔으니 과거에 실현되지 못한 꿈이 마침내 실현된 셈입니다. 내가 늘 자넨에서 살고 싶어 했기에 발랑틴과 나는 그곳으로 가서 계속 머물렀습니다.

그 무렵 지두 크리슈나무르티가 매해 여름마다 갖곤 하는 집회 장소로 자넨을 선택하고 여름만 되면 그곳에 왔습니다. 나도 그곳에 살고 있었지만 크리슈나무르티에게는 아무 관심도 없었습니다. 아니, 나는 그 사람뿐만 아니라 그 어떤 것에도 관심이 없었습니다. 예컨대 나는 마흔아홉 살이 되기 전 몇 년 동안 발랑틴과 함께 살았지만, 그 사람한테 진리니 실재니 하는 따위의 이야기는 일절 입에 올린 적이 없습니다. 그 사람뿐만 아니라 누구하고도 그런 이야기를 나눈 적이 없습니다. 내 안에는 뭔가를 쫓거나 찾으려는 마음이 없었지만, 뭔가 이상한 현상들이 일어나고 있었습니다.

내가 '부화incubation의 시기'라고 부르곤 하는 그 무렵, 내 안에서 온갖 일이 다 일어났습니다. 뇌에서 계속 통증이 일어났는데, 그 통증이 엄청났습니다. 이때 아스피린을 얼마나 많이 먹었는지 모릅니다. 하지만 전혀 도움이 되지 않았죠. 뭘 해도, 뭘 먹어도 다 소용이 없었어요. 그건 다른 사람들이 흔히 겪곤 하는 일반적인 편두통이나 두통 같은 게 아니라 실로 어마어마한 통증이었어요.

나는 그 통증에서 벗어나기 위해 아스피린을 콩 주워 먹듯 주워 먹고 하루에 커피를 열다섯 잔에서 스무 잔 가량 마셔댔습니다. 발랑틴이 참다못해 불평을 했습니다. "뭐하는 거야! 매일 커피를 열다섯 잔씩이나 마셔대고, 돈으로 치면 그게 얼만지나 알아? 한

달에 삼사백 프랑이라구. 도대체 왜 그래?" 하지만 어쩝니까, 죽을 만큼 머리가 아픈 걸.

내게는 온갖 이상한 일이 다 일어났습니다. 이렇게 몸을 문지르면 몸에서 인광燐光 같은 불꽃이 일어났습니다. 발랑틴이 그게 뭔가 싶어서 침실에서 뛰어나오곤 했죠. 그 사람은 한밤중에 집 앞 길로 차들이 지나가는가보다 라고 생각했습니다. 침대에서 몸을 뒤챌 때마다 번쩍번쩍 섬광이 일었고 내게는 그런 현상이 여간 이상하지 않았습니다. '이게 뭐지?'

그것은 전기였고, 그 때문에 나는 그것을 전자기장이라고 하는 겁니다. 처음에는 나일론 옷을 입고 있어서 정전기가 일어나는 거라고 생각하곤 나일론 옷을 입지 않았죠. 나는 철저한 회의론자여서 신비로운 현상이라는 것은 도무지 믿지 않았습니다. 설사 내 눈앞에서 기적이 일어나는 걸 봤다 해도 전혀 받아들이지 않았어요. 내 기질이 원래 그랬습니다. 그러니 내게 그런 일이 일어나리라고는 꿈에도 생각하지 않았습니다.

내게 더없이 이상한 일들이 일어났지만 그런 것들을 해방이니 자유니 해탈이니 하는 것들과는 전혀 연관시키지 않았습니다. 그 당시 내 안에서는 모든 게 다 빠져나갔으니까요. 나는 이렇게 중얼거렸습니다. "붓다는 스스로를 속이고 다른 사람들을 속였어. 모든 스승과 인류의 구세주들은 죄다 멍청이들이었어. 그 사람들은 스스로를 속였어. 그러니 나는 깨달은 상태 같은 것에 더 이상 흥미가 없어."

그렇게 해서 그런 것은 내 안에서 완전히 빠져나가버렸습니다. 그 기묘한 현상들은 저절로 계속해서 일어났구요. 하지만, '흐음, 나는 그 상태에 이르고 있어. 그것에 가까워지고 있어'라고 생각한 적은 한 번도 없었습니다. 원래 그것에 가까워진다는 것도 멀어진다는 것도 없어요. 남과 다르거나 준비되었기 때문에 그것에 더 가까운 그런 사람은 없어요. 그런 것에 대한 준비라는 건 있을 수 없습니다. 그것은 그저 엄청난 기세로 부닥쳐 올 뿐입니다.

1967년 4월, 내가 우연히 파리에 있었을 때 지두 크리슈나무르티도 역시 우연히 그곳에 왔습니다. 몇몇 친구들이 내게 권했습니다. "옛 친구의 강연을 들으러 가지 그래요? 그 사람이 여기서 강연을 한다는데."

"그 사람 강연을 들은 지도 참 오래됐군. 거의 이십년이나 됐어요. 그러니 한번 가서 들어보기로 하죠 뭐." 강연장에 가자 2프랑을 내라고 했습니다. 나는 친구들에게 말했습니다. "지두 크리슈나무르티의 강연을 듣는 데 2프랑을 낼 생각은 없어요. 차라리 딴 데 가서 바보짓을 하는 게 더 낫지. 스트립쇼를 보러 〈폴리 베르제르〉나 〈카지노 드 파리〉 같은 데로 갑시다. 20프랑 내고 그런 데나 들어가자구요."

그렇게 해서 우리는 〈카지노 드 파리〉로 쇼를 보러 갔습니다. 그때 아주 이상한 체험을 했습니다. 내가 무희인지, 아니면 나 말고 무대 위에서 춤추는 무희가 따로 있는지 알 수가 없었어요. 내 안에서 기묘한 어떤 움직임이 일고 있는 것 같은, 아주 이상한 체험이었죠. 지금의 내게는 그런 것이 자연스러운 일입니다만 그때는 그랬습니다. 무희와 나 사이에 어떤 분리도 없었으며, 무희를 바라보는 나도 없었습니다. 내가 무희인가 아니면 저 무대 위에 무희가 따로 있는가 하는 의문은 나를 혼란에 빠트렸습니다. 나와 무희 사이의 구분이 사라진 그런 색다른 체험은 한동안 나를 사로잡았습니다. 이윽고 우리는 그곳을 나왔습니다.

'그런 상태란 게 어떤 거지?'라는 의문이 어마어마한 강도로 다가왔습니다. 그것은 한낱 정서적인 강렬함 같은 게 아니었습니다. 답을 찾으려 애쓰면 애쓸수록 답은 자꾸 더 멀어져가고, 의문이 갖고 있던 강도는 한층 더 증폭되어갔습니다. 이런 상황을 설명할 때 내가 즐겨 쓰는 왕겨의 비유를 들어서 얘기해봅시다. 왕겨더미에 불을 붙이면 그것은 안으로 계속 타들어갑니다. 밖으로는 불꽃이 전혀 보이지 않지만 그 더미에 손을 댔다간 당연히 손을 데고 말죠. 그런 경우와 꼭 마찬가지로 의문은 자꾸 지속되었습니다. '그런 상태란 어떤 거지? 그런 상태에 이르고 싶어. 모든 것을 끝마친 상태에.'

크리슈나무르티는 "그리로 가는 길은 없다You have no way"고 말했습니다. 하지만 나는 여전히 그런 상태가 어떤 상태인지, 붓다와 샹카라[15]를 비롯한 모든 스승이 이른 그 상태가 어떤 건지 알고 싶었습니다.

1967년 7월, 또 다른 국면이 닥쳐왔습니다. 크리슈나무르티가 다시 자넨에 와서 강연회를 가졌습니다. 내 친구들이 나를 억지로 끌고 가면서 말했습니다. "적어도 이번에는 무료강연일세. 그러니 가서 들어보자구."

나는 "좋아, 그렇다면 가서 들어보도록 하지"라고 말했습니다. 그리고 그의 강연을 듣고 있을 때 이상한 어떤 일이 일어났습니다. 그가 자신의 상태가 아니라 바로 내 상태를 설명하는 것 같은 아주 묘한 느낌이 드는 것. 내가 왜 그의 상태를 알고 싶어 했지?

그 사람은 어떤 움직임, 자각, 침묵에 관해 설명하고 있었습니다. "그 침묵 상태 속에서는 마음이 존재하지 않습니다. 작용이 있습니다."

'내가 지금 그런 상태야. 지난 삼사십년 동안 내가 이런 사람들의 가르침에 귀 기울이면서 힘겹게 고투하고, 이런 사람들이나 붓다와 예수 같은 이들이 이른 상태를 이해하고 싶어 안간힘을 쓰면서 도대체 뭘 해왔던 거지? 나는 그런 상태에 있어. 이제 내가 그런 상태에 와 있다구.' 그리하여 텐트를 빠져나와 뒤도 돌아보지 않고 갔습니다.

그리고 나서 아주 묘하게도 '그런 상태라는 게 어떤 거지?'라는 의문은 또 다른 의문으로 바뀌었습니다. '내가 그런 상태, 곧 붓다의 상태, 내가 간절히 이르고 싶어서 사방에 묻고 다녔던 그런 상

---

15 **샹카라**Adi Shankara(788~820): 불이일원론不二一元論(Advaita) 베단타 교리를 통합·완성한 8세기의 힌두교 철학자.

태에 들었다는 것을 내가 어떻게 알고 있는 거지? 나는 그 상태에 들어 있어. 하지만 어떻게 그걸 아는 걸까?'

이튿날(UG의 마흔아홉 번째 생일날), 나는 어느 나무 밑에 있는 벤치에 앉아 세상에서 가장 아름다운 고장의 하나를 내려다보고 있었습니다. 자넨의 일곱 언덕과 일곱 골짜기를. 거기서는 그런 의문이 그냥 일어나는 정도가 아니라 내 온 존재 자체가 그대로 의문덩어리가 되었습니다. '내가 그런 상태에 들었다는 걸 어떻게 아는 걸까? 내 안에 묘한 분리 같은 게 존재해. 자기가 그런 상태에 들었다는 것을 아는 누군가가 있어. 경전에서 읽기도 하고 직접 체험하기도 하고 깨달은 이들이 얘기한 그런 상태에 대한 앎은 바로 지금 그런 상태를 지켜보는 이 앎을 얘기하는 거야. 따라서 그런 상태를 비춰주는 것은 오직 이 앎일 따름이지.'

나는 혼자 중얼거렸습니다. "이봐, 자네는 사십년이 지났어도 한 걸음도 떼지 못했어. 자네는 원점에 서 있어. 자네가 이런 의문을 던졌을 때도 자네의 마음을 비춰준 것은 이런 앎이었어. 자네는 매양 같은 상황에서 '내가 어떻게 알고 있는 거지?'라는 동일한 질문을 던지고 있어. 그건 바로 이런 앎이, 깨달은 사람들이 그 상태에 관해서 서술한 내용이, 자네를 위해 그런 상태를 빚어내줬기 때문이야. 자네는 스스로를 속이고 있어. 자넨 형편없는 멍청이야." 그러니 다 무의미한 짓거리에 불과했습니다. 하지만 이것이 그 상태라는 독특한 느낌은 여전히 남아 있었습니다.

나는, '이것이 그 상태라는 것을 내가 어떻게 알고 있는 거지?' 라는 두 번째 의문에 대한 답을 얻지 못했습니다. 그것은 마치 소용돌이 속에서 격렬히 들끓는 의문 같았습니다. 의문은 지속되었습니다. 그러다 갑자기 의문이 사라졌습니다. 어떤 일도 일어나지 않았는데, 의문이 그저 사라져버린 겁니다. '오, 맙소사! 이제 나는 답을 찾았어!'라고 생각하진 않았습니다. 심지어 '그 상태'도 사라졌습니다. 내가 처해 있다고 생각했고, 붓다나 예수의 상태라고 여긴 그 상태도 사라졌어요. 의문이 사라져 버렸습니다. 그저 모든 게 다 끝나버렸을 뿐입니다.

그때 이후로 '이제 나는 그 모든 의문에 대한 답을 갖고 있어'라고 생각한 적은 전혀 없었습니다. 내가 '이것이 바로 그 상태'라고 표현한 상태는 사라졌습니다. 그것에 관한 의문도 사라졌습니다. 완전히 끝나버린 겁니다. 그렇다고 해서 모든 것이 텅 비고 공허해진 것은 아닙니다. 홀연히 의문이 사라졌고, 그게 전부입니다.

그가 자신의 근본적인 의문에는 어떤 답도 없다는 것을 깨달으면서 그 의문이 갑자기 사라진 것은 일종의 생리적인 현상이었다. UG는 그것이 "내부에서의 갑작스러운 '폭발explosion', 말하자면 몸의 모든 세포와 신경과 내분비선의 폭발"이었다고 말했다. 그 폭발과 함께 생각의 연속성, 내면의 어떤 중심, 생각들을 연결시켜주는 '내'가 있다는 환상은 더 이상 존재하지 않았다.

그 후 생각들이 서로 연결되지 않았습니다. 생각의 연결 관계가 끊어지고 나자 생각과 생각이 더 이상 이어지지 않았습니다. 생각이 폭발하는 현상은 한 번에 그치는 게 아닙니다. 생각이 일어날 때마다 매번 폭발합니다. 그러므로 생각의 연속성은 끊어지고, 생각은 자체의 자연스러운 리듬에 따라 흐릅니다.

그때 이래 나는 어떤 종류의 의문도 갖고 있지 않습니다. 의문들이 더 이상 머물러 있을 수 없기 때문입니다. 내가 갖고 있는 유일한 의문들은 이 세상에서 기능하는 데 필요한 지극히 단순한 것들뿐입니다. 예를 들자면 '하이데라바드(인도의 한 지역)에 가려면 어떻게 해야 하지?' 같은 것. 이런 질문을 하면 사람들이 잘 답해줍니다. 하지만 그 외의 의문들에 답해줄 수 있는 사람은 아무도 없으며, 따라서 그런 의문은 더 이상 일어나지 않습니다.

머릿속이 팽팽해지면서 내 뇌 속에는 그 어떤 것도 들어설 공간이 없었습니다. 뇌 속의 모든 것이 '팽팽해지면서' 처음으로 내 머리를 의식하게 되었습니다. 바사나[16]들이 가끔 고개를 쳐들려고 하지만 뇌세포들이 너무나 팽팽하게 조여 있어 이제 그런 것들은 예전처럼 마음대로 활개 칠 기회를 얻지 못합니다. 거기서 분리 상태는 지속될 수 없습니다. 물리적으로 불가능해서 굳이 분리되지 않으려고 애쓸 필요가 없습니다.

---

[16] 바사나 vasana: 습기習氣, 훈습薰習, 습習 등으로 번역되는 산스크리트어. 오랫동안 반복된 습관으로 형성된 기운 또는 습성.

내가 이런 '폭발'이 일어날 때(그것은 핵폭발과 유사하기 때문에 나는 '폭발'이라는 용어를 사용합니다) 연쇄반응이 일어난다고 말하는 것은 바로 그 때문입니다. 몸속의 모든 세포, 뼈 속의 모든 골수 세포가 이런 변화를 겪습니다. 나로서는 '변화'라는 말을 사용하고 싶지 않지만 어쩔 수 없네요. 그런 변화는 어떻게 해도 뒤집을 수 없습니다. 과거로 돌아간다는 것은 있을 수 없습니다. 그런 사람에게 과거로의 전락 같은 것은 있을 수 없습니다. 그것은 절대로 되돌릴 수 없는 연금술 같은 것입니다.

그것은 핵폭발과 같습니다. 그것은 온몸을 분쇄해버리기 때문에 쉽게 치를 수 있는 과정은 아닙니다. 그것은 그 당사자의 종말입니다. 그것은 몸속의 모든 세포와 신경을 날려 버릴 만큼 엄청난 폭발입니다. 그 당시 나는 끔찍한 육체적 고통을 겪었습니다. 그 폭발을 경험하는 것은 내가 아닙니다. 나는 그 폭발을 경험할 수 없어요. 그러나 그 폭발의 여파, 낙진은 당사자 몸의 모든 화학적 성질을 변화시킵니다.

이런 말을 사용해도 좋을지 모르겠는데, 선생님은 분명 더 높은 단계들을 체험하신 것 같군요.

── 단계들이라구요? 단계나 수준 같은 것은 없습니다. 이런 폭발의 결과로 한 가지 아주 이상한 일이 일어납니다. 내가 남들과 다르다는 생각 같은 건 한시도 의식 속에 들어오지 않는다는 것. 절대로. 어떤 지점이나 중심이 없기 때문에 당신이 나와 다르고

내가 당신과 다르다는 생각 같은 것은 절대로 의식 속에 떠오르지 않습니다. 우리가 이런 중심점들을 가정할 때라야 비로소 나와 다른 온갖 지점들이 생겨나는 법입니다.

어떤 면에서, 선생님은 분명 다른 사람들과는 다른 분이잖습니까.
―― 생리적인 면에서는 그럴지도 모르죠.

선생님은 몸속에서 엄청난 '화학적 변화들'이 일어났다고 하셨는데 그걸 어떻게 아시죠? 검사를 해보셨나요? 아니면 그냥 추론하신 건가요?
―― 그 폭발의 여파로 지금 감각들이 어떤 조정자나 중심도 없이 작동하고 있는 방식을 보면 알 수 있죠. 내가 말할 수 있는 건 그게 전부입니다. 또 다른 것으로 화학적인 변화도 일어났습니다. 그런 연금술적인 변화, 모든 화학적 성질에서의 변화가 일어나지 않는다면 이 유기체가 생각으로부터, 생각의 연속성으로부터 자유로워질 방법은 없다고 말할 수 있습니다. 생각의 연속성이 없으므로 '뭔가 발생했어'라고 아주 쉽게 말할 수는 있습니다. 하지만 실제로 어떤 일이 일어났을까요? 나로서는 이걸 경험할 방법이 전혀 없군요.

마음이 농간을 부리는 것일 수도 있죠. 그렇게 해서 자신이 '폭발을 겪은 사람'이라고 생각하는 것에 불과할지도.
―― 나는 이 자리에서 뭘 팔아먹으려고 하는 게 아닙니다. 이런

걸 조작하거나 꾸미는 것은 불가능합니다. 이것은 내가 변화를 원하고 기대하고 꿈꿨던 장場이나 영역 밖에서 일어난 것이기 때문에 이것을 '변화'라고 부르지 않습니다. 사실, 나는 내게 어떤 일이 일어났는지 모릅니다. 내가 말하고자 하는 것은 내가 기능하는 방식입니다. 여러분이 기능하는functioning 방식과 내가 기능하는 방식 간에는 어느 정도 차이가 있는 것 같습니다. 하지만 근본적으로는 어떤 차이도 있을 수 없어요. 여러분과 내가 어떻게 다를 수 있겠어요? 그런 일은 있을 수 없습니다. 하지만 우리가 우리 자신을 표현하려는 방식에서는 차이가 있는 것 같습니다. 나는 어느 정도의 차이가 있다는 느낌을 갖고 있고, 그 차이가 뭔지 이해하려고 애쓰고 있을 뿐입니다. 이게 바로 내가 기능하는 방식입니다.

> UG는 그 폭발에 뒤따른 한 주 동안 자신의 감각들이 기능하는 방식에 근본적인 변화가 있다는 것을 감지했다. 그 마지막 날 그의 몸은 '물리적인 죽음의 과정'을 겪었고, 그런 변화는 영구적인 것이 되었다.

그 후 변화가 시작되었습니다. 그 이튿날부터 7일 동안 계속. 매일 변화가 일어났습니다. 우선 나는 피부가 보드라워지고 눈의 깜박임이 그쳤다는 걸 알았습니다. 그 다음에는 미각, 후각, 청각에서의 변화가 일어났습니다. 나는 이 다섯 가지 변화를 알아챘습니다. 전에도 그런 변화가 있었을지 모릅니다만 알아챈 것은 그때가 처음이었습니다.

첫날에는 내 피부가 비단결처럼 보드라워지고 금빛으로 유난히 빛나고 있다는 걸 알았습니다. 면도를 하려는데 날이 자꾸 미끄러졌습니다. 날을 몇 번 바꿔봤지만 아무 소용이 없었습니다. 얼굴에 손을 대보니까 감촉이 달랐습니다. 면도기를 잡을 때의 감촉도 그랬고. 나는 이런 현상들을 어떤 것과도 결부시키지 않고 그냥 주시하고만 있었습니다.

둘째 날에는 마음이 내가 '클러치가 떨어진declutched 상태'라고 부르는 상태 속에 있다는 것을 처음으로 알아챘습니다. 그때 나는 2층 부엌에 있었고, 발랑틴은 토마토 수프를 만들고 있었습니다. 나는 그걸 쳐다봤지만 그게 뭔지 몰랐습니다. 그녀는 내게 토마토 수프라고 말해줬습니다. 그 맛을 보고 나는 '이게 토마토 수프 맛'이라는 걸 알았습니다.

그 수프를 삼키고 나서 나는 다시 그 이상한 마음 구조로 돌아왔습니다. 다시 뭐가 뭔지 까맣게 잊어버렸지요. '마음의 구조frame of mind'라는 표현이 적합한 것은 아닙니다. 그건 '마음이 아닌not mind' 상태였으니까요. 발랑틴에게 "그게 뭐야?"라고 다시 물었습니다. 그녀는 다시 토마토 수프라고 말해줬습니다. 나는 다시 그 맛을 봤습니다. 그리고 그걸 삼키고 나서 또 그게 뭔지 잊어버렸습니다. 나는 네 차례나 똑같은 과정을 반복했습니다.

　그때 이 '클러치가 떨어진 상태'란 건 아주 이상한 현상으로 비쳤습니다. 지금은 정상적인 것이 되었지만. 이제 나는 몽상, 근심 걱정, 개념화, 대부분의 사람들이 혼자 있을 때 흔히 빠져들곤 하는 그 밖의 온갖 생각을 하는 데 시간을 보내지 않습니다. 내 마음은 필요할 때만 작동합니다. 예컨대 여러분이 내게 질문을 할 때나 고장 난 녹음기를 고칠 때 등에만. 그 밖의 시간에 내 마음은 클러치가 떨어진 상태로 있습니다.

　물론 이제는 내 기억을 되찾았습니다. 처음에는 기억을 잃어버렸지만 지금은 되돌아왔습니다. 하지만 그것은 멀찍이 물러나 있다가 필요할 때만 자동적으로 작동합니다. 마음도 역시 필요치 않을 때는 없습니다. 생각도 없습니다. 오직 삶만 있을 뿐입니다.

　셋째 날에는 몇 명의 친구가 저녁 초대를 받아 우리 집에 와서 나는 "내가 요리를 하지"라고 말했습니다. 그런데 나는 냄새를 제대로 맡을 수 없고 맛도 볼 수 없었습니다. 이윽고 나는 이 두 가지 감각이 변했다는 사실을 깨달았습니다. 어떤 냄새들이 콧구멍으로 들어와도 그저 똑같은 식으로 후각중추를 자극하기만 했습니다. 내게는 최고급 향수 냄새도, 소똥 냄새도 똑같이 느껴졌어요.

　매번 뭔가를 맛볼 때 마다, 두드러진 재료 맛만 느낄 뿐입니다. 다른 재료나 성분의 맛들은 나중에 가서야 서서히 느껴졌습니다. 그때부터 향수나 자극적인 음식이 내게는 아무 의미 없는 것들이 되었습니다. 고추나 그 밖의 양념들 같은 대표적인 재료의 맛만 느낄 수 있었습니다.

넷째 날에는 눈에 이상한 일이 일어났습니다. 발랑틴과 함께 리알토 식당에 앉아 있었는데 눈앞의 세상이 마치 오목거울에 비치기라도 한 양 거대한 비스타비젼[17] 영상처럼 들어오는 걸 느꼈습니다. 사물들이 마치 내 안으로 들어오기라도 하는 것처럼 내게 달려들었다가 내 안에서 빠져나가는 것처럼 내게서 멀어져갔습니다. 나로서는 여간 당혹스러운 일이 아니었습니다. 마치 내 눈이 거대한 카메라가 되어 자동적으로 초점을 바꿔나가는 것만 같았죠.

이제는 그런 당혹스러운 현상에 익숙해졌어요. 요즘 내게는 세상이 그런 식으로 보입니다. 누군가가 나를 차에 태우고 갈 때면 나는 이동식 촬영대를 따라 가며 영화를 찍는 카메라맨이 된 것 같은 기분이 듭니다. 맞은편에서 오는 차들은 내 안으로 들어오고 지나가는 차들은 나에게서 빠져나갑니다. 무엇인가에 시선을 고정할 때면 내 두 눈은 카메라처럼 확고부동하게 고정됩니다.

내 눈과 관련된 또 다른 현상이 있었습니다. 그 식당에서 집으로 돌아온 뒤 거울을 들여다보고는 눈이 이상하다는 걸 알았습니다. 두 눈이 딱 '고정된' 겁니다. 한참 동안 거울을 들여다보다가 이윽

---

[17] 비스타비젼Vista Vision: 가로가 훨씬 더 긴 대형 화면. 가로 대 세로의 비율이 1:1.85인 와이드 스크린 방식 영화의 상표명.

고 눈꺼풀들이 깜박이지 않는다는 걸 알았습니다. 30분 내지 45분 동안 거울을 들여다봤지만 여전히 눈은 전혀 깜박거리지 않았습니다. 본능적인 깜박임이 멈춘 겁니다. 지금도 역시 그렇습니다.

다섯째 날에는 청력 변화를 감지했습니다. 개가 짖는 소리를 들었을 때 그 소리는 내 안에서 나왔습니다. 소 울음소리도, 기적 소리도 마찬가지였습니다. 갑자기 모든 소리가 밖에서가 아니라 내 안에서 나오는 것만 같았습니다. 지금도 여전히 그렇습니다.

닷새 동안 다섯 가지 감각이 변했습니다. 그리고 여섯째 날, 나는 소파에 누워 있었습니다. 발랑틴은 부엌에 있었구요. 그런데 갑자기 내 몸이 사라졌습니다. 몸이 없는 겁니다. 나는 내 손을 바라봤습니다. 정신 나간 소리죠. 남들이 이런 소리를 들었다면 나를 정신병원에 집어넣으려 했을 겁니다. 나는 내 손을 바라보며 "이게 내 손인가?"라고 중얼거렸습니다. 그건 내 손임이 분명했지만 내 것 같지가 않았습니다. 나로서는 그렇게밖에 말할 수 없습니다. 이 몸도 만져봤지만 거기에는 아무것도 없었습니다. 손가락 끝에 느껴지는 촉감 말고는 거기 뭔가 있다는 느낌이 들지 않았습니다. 그래서 발랑틴을 불렀습니다. "이 소파에 누워 있는 내 몸이 보여? 내 안에는 이게 내 몸이라고 말해주는 게 전혀 없어."

그 사람은 내 몸을 만지면서, "이게 당신 몸이야"라고 했습니다. 하지만 그렇게 말해줘도 어떤 위안이나 흡족함도 얻지 못했습니다.

'이게 웬 황당한 일이지? 내 몸이 사라지다니.' 내 몸은 그렇게 사라졌고 다시는 돌아오지 않았습니다. 보는 것은 촉감과는 완전히 별개의 것이기에 몸이 있는 자리에 손가락과 닿은 점들만 있고 다른 것은 없습니다. 따라서 나에게는 내 몸의 완전한 이미지를 그린다는 것이 불가능합니다. 촉감이 없기에 의식선상에 떠오르는 것이라고는 빈 점들뿐이기 때문입니다.

이레째 날에도 나는 다시 같은 소파에 누워 느긋하게 쉬면서 '클러치가 떨어진 상태'를 즐기고 있었습니다. 발랑틴이 들어오면 나는 그 사람을 발랑틴이라고 인지했지만 그 사람이 방 밖으로 나가면 상황이 종료되고 텅 비면서 발랑틴도 없었습니다. '이게 뭐지? 발랑틴이 어떻게 생겼는지도 떠올릴 수가 없어.' 내 안에서 나오는 소리들에 귀 기울여 보았습니다. 이해할 수 없더군요. 내 모든 감각들 속에는 조정하는 뭔가가 없다는 사실을 발견했습니다. 조정자coordinator는 없었습니다.

나는 내면에서 무슨 일인가가 일어나고 있다는 것을 느꼈습니다. 생명 에너지가 내 몸의 각기 다른 부분들에서 한 점으로 모이고 있었습니다. 나는 중얼거렸습니다. "이제, 너는 목숨이 다한 거야. 곧 죽을 거야." 나는 발랑틴을 불러서 말했습니다. "나는 곧 죽을 거야, 발랑틴. 그러니 당신은 이 몸뚱이를 어떤 식으로든 처리해야 할 거야. 이 몸을 의사들에게 넘겨줘. 그러면 그 사람들이 알아서 써먹을 거야. 화장하거나 매장하는 방식 같은 것들은 마뜩치 않아. 당신 마음 내키는 데다 이 몸을 넘겨줘. 언제고 썩을 것이니 의사들에게 넘겨주는 게 낫지 않겠어?"

발랑틴은, "당신은 외국인이라 스위스 정부에서 당신 몸을 받으려 하지 않을 테니 그런 얘길랑 잊어줘"라고 말하고는 방에서 나갔습니다. 그러고 나서 생명력의 이 놀라운 움직임은, 말하자면 어떤 지점에 이르렀습니다. 나는 소파에 누워 있었는데 발랑틴의 침대가 비어 있기에 그 침대로 가서 길게 누워 죽을 채비를 했습니다. 그녀는 그걸 보고도 모른 채 하고 나가버렸습니다. 그 사람은 말했습니다. "하루는 이런 게 변했다고 했다가 다음 날에는 저런 게 변했다고 하고, 그 다음 날에는 또 뭐가 변했다고 하고. 도대체 뭐 하는 짓이야?"

그 사람은 그런 현상들에 아무 흥미가 없었습니다. 영적인 현상들에는 일절 관심이 없었고, 또 그런 얘기들을 생전 들어본 적도 없었습니다. "당신은 본인이 죽어가고 있다고 얘기하는데 죽지 않을 거야. 당신은 말짱해. 건강하고 기운만 좋구만." 그러더니 휑하니 밖으로 나가버렸습니다.

나는 길게 늘어져 있었고 그런 상태는 끝없이 지속되었습니다. 모든 생명 에너지가 계속 어떤 한 점으로 이동하고 있었습니다. 그 점이 어디였는지는 나도 모릅니다. 그러더니 모든 것이 마치 카메라의 창이 저절로 닫히려 하는 것처럼 보이는 순간이 왔습니다. 내가 생각할 수 있는 비유라고는 오직 이런 것뿐입니다. 지금 설명하는 내용은 그 당시 실제로 일어났던 것과는 아주 다릅니다.

그 당시에는 이런 식의 어법으로 생각을 굴릴 존재가 없었으니까요. 이 모든 것은 내 체험의 일부였습니다. 체험하지 않았다면 그 일에 관해서 말할 수도 없었을 겁니다.

그렇게 카메라의 창이 닫히려 하고 있었던 데 반해 뭔가가 그것을 열어두려고 애쓰고 있었습니다. 그러고 나서 얼마 후에는 창이 닫히는 것을 막으려는 의지는 둘째 치고 뭔가를 하려는 의지들 자체가 완전히 사라져버렸습니다. 그러면서 창이 닫혔습니다. 그 다음에 어떤 일이 일어났는지 나는 모릅니다.

이렇게 죽어가는 과정은 49분간 계속되었습니다. 그것은 육체적인 죽음 같았습니다. 지금도 내게는 그런 일이 일어나곤 합니다. 손발이 아주 싸늘해지고, 몸이 뻣뻣해지고, 심장박동이 느려지고, 호흡이 느려지다가 숨이 차서 헐떡거립니다. 어느 정도 그러고 있다가 마지막 숨을 쉬고 나서 호흡이 딱 멎습니다. 그 뒤에 어떤 일이 일어나는지는 아무도 모릅니다.

내가 그 상태에서 빠져나왔을 때 누군가가 내게 전화가 왔다고 말했습니다. 나는 침대를 빠져나와 아래층으로 내려가 전화를 받았습니다. 정신이 멍했습니다. 나는 어떤 일이 일어났는지 알지 못했습니다. 그것은 육체적인 죽음이었어요. 무엇이 나를 소생하게 했는지는 나도 모릅니다. 그 죽음이 얼마나 오래 지속되었는지도 모릅니다. 체험자가 작용을 그쳤기에 그 일에 관해서는 아무 말도 할 수가 없습니다. 그 죽음을 경험할 자가 전혀 없었어요. 아무튼 그렇게 해서 그런 과정은 끝났고 나는 자리에서 일어났습니다.

갓 태어난 아기 같은 기분은 들지 않았습니다. 깨달았다는 기분 같은 것과는 더더욱 거리가 멀었구요. 하지만 그 주에 나를 놀라게 했던 현상들, 미각과 시각 등에서의 변화들은 영구적인 것이 되었습니다. 나는 그 모든 사건을 '재난'이라고 부릅니다. 이런 과정이 아주 근사하고 더없이 행복하고 사랑과 열락과 지복으로 가득한 것일 것이라 생각하는 사람의 관점에서 볼 때 이것은 끔찍한 육체적 고통을 동반하는 것이기 때문에 그렇게 부르는 겁니다. 그런 관점으로 볼 때 이것은 재난입니다. 내게는 재난이 아니지만, 근사하고 경이로운 어떤 일이 일어날 거라고 상상하는 사람들한테는 재난입니다.

뉴욕의 비유를 들어서 이야기해보죠. 뉴욕에 관해서 이런 저런 상상을 하고 아름다운 꿈을 꾸면서 거기에 가보고 싶어 하는 사람이 있다고 칩시다. 한데 그 사람이 실제로 그곳에 갔을 때 거기에는 과거에 꿈꿔왔던 것들은 전혀 없을 겁니다. 그곳은 신이 버린 땅이고, 아마 악마들조차도 그곳을 버렸을 겁니다.

이것은 여러분이 줄곧 추구해왔고 간절히 열망했던 것이 아닙니다. 전혀 다른 거죠. 거기에 뭐가 있는지 여러분은 모릅니다. 그것에 관해 알 방법이 없습니다. 거기에는 어떤 이미지도 없습니다. 그런 의미에서 나는 나 자신에게나 그 누구에게도, "나는 깨달은 사람이요 해방된 사람이요 자유로운 사람입니다. 나는 전 인류를 해방시켜줄 겁니다"라는 식으로는 결코 말할 수 없습니다. 무엇으로부터의 자유란 말입니까? 내가 남을 어떻게 해방시킬 수 있어요? 그런 일은 있을 수 없어요. 남을 자유롭게 해주려면 내가 자유로운 사람이라는 이미지를 갖고 있어야만 하는데 내게는 그런 게 없거든요. 이해하시겠습니까?

여드레째 날, 소파에 앉아 있었는데 갑자기 엄청난 에너지가 폭발했습니다. 온몸을 뒤흔드는 거대한 에너지가. 그 충격으로 몸과 아울러 소파와 우리 집, 더 나아가 온 우주가 다 흔들리고 진동했습니다. 인간의 힘으로 그런 움직임을 만들어내는 것은 불가능합니다. 그것은 갑작스럽게 찾아왔습니다. 그것이 밖에서 온 것인지 내 안에서 온 것인지, 혹은 위에서 온 것인지 아래에서 온 것인지 나는 알지 못합니다. 나로서는 어디라고 짚어낼 수가 없었습니다. 그 충격파는 모든 걸 휩쓸었습니다. 그것은 몇 시간 동안 계속 되었고, 나는 그 충격파를 견디기 힘들었지만 그걸 멈출 방도가 없어 속수무책으로 당할 수밖에 없었죠.

그런 현상은 며칠간 계속되었습니다. 내가 자리에 앉을 때마다 그 흔들림이 시작되었습니다. 간질발작과도 같은 진동이. 그렇게 며칠이 지나갔습니다.

UG가 침대에 누워 있던 사흘 동안 그의 몸은 괴로움으로 뒤틀렸다. 그는 온몸의 세포 하나하나가 다 차례로 고통을 받는 것 같은 기분이었다고 술회했다. 다음 여섯 달 동안 그가 침대에 누워 있거나 편히 쉬고 있을 때마다 앞서와 비슷한 에너지의 폭발이 간

헐적으로 일어났다.

몸은 그 괴로움을 느낍니다. 그것은 정말로 혹독한 고통의 과정입니다. 그 고통은 몸이 여러 한계를 안고 있는 데서 오는 육체적인 고통입니다. 그 과정은 그 나름의 형상, 혹은 모양을 갖고 있습니다. 그러므로 남의 에너지도 아니고 내 에너지도 아니고 신의 에너지도 아닌 에너지의 폭발이 일어날 때, 그것은 홍수로 범람하는 강과도 같습니다. 그 에너지는 몸의 한계들을 고려하지 않고 작동합니다. 그것은 그런 한계에 아무 관심도 없으며 그저 자체의 운동량을 갖고서 작동합니다. 그것은 아주 고통스러운 과정입니다. 그것은 황홀하고 열락에 가득한 지복 같은 것이 아니라 아주 지긋지긋하고 고약한 것입니다!

나는 그 전은 물론이고 그 후로도 몇 달간 괴로움을 겪었습니다. 이런 과정을 밟은 모든 사람이 다 그랬습니다. 라마나 마하리쉬도 그런 일이 일어난 뒤 괴로움을 겪었습니다.

하나의 거대한 폭포, 아니, 하나가 아니라 수천의 폭포 같은 것. 그것은 몇 달 동안 계속되었습니다. 그것은 아주 고통스러운 체험입니다. 에너지가 자체의 고유한 방식에 따라 멋대로 작동하기 때문에 그래요. 그걸 하나의 원자로 치자면 갖가지 선을 그으며 움직입니다. (UG는 직접 시연해 보여줬다.) 이렇게 시계 방향으로 돌다가 시계 반대 방향으로 돌고, 다음에는 이런 식으로, 그 다음에는 저런 식으로, 그랬다가 다시 이런 식으로 이동해요. 그것은 몸 안에서 원자처럼 움직여요. 몸의 일부에서가 아니라 전체에서. 꼭 젖은 타월에서 물을 짜내는 것과도 같아요. 몸 전체를 마구 쥐어짜는 것 같아요. 그러니 더없이 고통스럽죠. 그런 과정은 지금도 진행되고 있어요.

이쪽에서 그걸 불러들이지는 못해요. 오라고 요구할 수 없죠. 이쪽에서는 아무것도 할 수 없어요. 꼭 그것이 나를 에워싸고서 불시에 쳐들어오는 것만 같습니다. 어디에서, 어떻게 오느냐구요? 그것은 매번 달라요. 매번 아주 새롭고 낯설죠. 매번 다른 방식으로 오기 때문에 처음에는 어떤 일이 일어나고 있는지 알아차리지 못합니다. 침대에 가만히 누워 있을 때 갑자기 시작됩니다. 그것은 개미떼처럼 서서히 움직이기 시작합니다. 침대에 벌레가 있는가 보다 생각하고 벌떡 일어나 살펴보니 벌레는 없었어요. 다시 침대에 눕고 나면 같은 과정이 또 시작됩니다. (웃음) 그것이 살금살금 움직이는 바람에 내 머리칼들은 온통 곤두서죠.

몸 전체가 다 아팠어요. 생각으로 이 몸을 통제하는 힘이 약해져 자칫 생각이 좀 느슨해지기라도 할라치면 온몸의 신진대사가 제멋대로 날뛰었습니다. 내가 아무것도 하지 않는 상태에서 모든 것이 제멋대로 변하고 있었습니다. 그 즈음 양 손의 움직임이 변했습니다. 평소에는 손을 이렇게 돌리죠. 〔UG는 직접 시연해 보여줬다.〕 여기 이 손목 관절이 6개월간 엄청 아프더니 저절로 돌아가 버렸습니다. 지금은 이런 식으로 움직여요. 사람들이 내 손 움직임을 무드라mudra(신비로운 몸짓)[18]라고 말하는 건 바로 그 때문입니다. 이제는 양손의 움직임이 예전과는 아주 다릅니다. 그리고 나서 뼈의 골수에도 통증이 일었습니다. 모든 세포가 변하기 시작했고, 그 변화는 6개월간 지속되었습니다.

 그 뒤 성 호르몬들이 변하기 시작했습니다. 내가 남자인지 여자인지 알 수가 없었습니다. '이게 어찌된 일이지?' 갑자기 왼쪽 가슴이 불룩해졌습니다. 그밖에도 별의별 일이 다 일어났지만 자세히 이야기하고 싶진 않군요. 이 모든 현상을 상세히 기록한 완벽한 자료가 있습니다. 아무튼 그런 과정은 지속되었습니다. 이 몸이 자체의 새로운 리듬을 갖게 되기까지 꼬박 3년이 걸렸습니다.

어떻게 그 일이 일어났는지 설명해주실 수 있나요?

—— 못합니다.

어떤 일들이 일어났는지에 대해서는요?

—— 그런 거라면 내 라이프 스토리에 관해 서술한 내용을 읽어보면 됩니다. 어느 날, 내 마흔아홉 번째 생일날 뭔가가 작용을 멈췄습니다. 다음날에는 다른 감각이 변했습니다. 그 다음날에는 또 다른 것이 변했고. 내게 일어난 그런 일들에 관해 상세히 기록해놓

---

18 **무드라**mudra: 인장印章·표식mark·수인手印·결인結印의 뜻으로, 일반적으로는 손가락과 손으로 취하는 다양한 모양과 자세, 동작을 의미.

은 자료가 있습니다. 한데 그런 게 여러분에게 무슨 가치가 있겠어요? 아무짝에도 쓸모없는 겁니다. 게다가 누군가가 그 외적인 현상들만 흉내 내려 할 가능성이 있으니 아주 위험한 것이기도 합니다. 그런 사람들은 똑같이 따라서 하고는 자기한테 무슨 일인가가 일어나고 있다고 믿어버립니다. 그런 사람들이 하는 짓이 늘 그렇죠.

나는 정상적으로 행동했어요. 나는 어떤 일이 일어나고 있는지 몰랐습니다. 그건 생소한 상황이었어요. 그걸 기록으로 남기는 건 무의미한 짓입니다. 사람들은 단지 그런 것들을 흉내 내려고만 할 테니까요. 내가 겪은 상태는 자연스러운 것입니다.

> 그의 친구들은 그의 몸통 위아래, 목, 머리, 그리고 인도의 성자들이 차크라[19]라고 부르는 자리들에서 다양한 모양과 색깔을 지닌 부종들을 목격했다. 그 부종들은 이따금 한 번씩 나타났다가 사라지곤 했다. 아랫배에는 시가 모양의 긴 부종이 가로로 돋아났다. 배꼽 위에는 아몬드 모양의 단단한 부종이 생겨났다. 그의 가슴 한가운데에서는 큰 메달처럼 생긴 단단하고 푸른 부종이, 목 아래에는 적갈색의 더 작은 메달 모양의 부종이 돋아났다. 이 두 '메

---

[19] **차크라** chakra: 산스크리트어로 '바퀴' 또는 '원'을 의미하며, 신체 여러 곳에 있는 생명에너지의 집적소 또는 에너지의 중심지점. 주요 차크라에는 고유의 위치와 특성이 있으며, 정신적인 힘과 육체적인 요소들이 상호작용을 하는 곳으로 여겨짐.

달'은 힌두교 신들을 그린 그림에 나오는 것처럼 푸른색과 갈색과 연노랑색 등의 다양한 색깔을 지닌 돌기들로 이루어진 목걸이에 걸려 있는 것처럼 보였다. 인도의 종교미술에 나오는 장면들과 그 혹들 간의 유사성은 또 있었다. 그의 목은 부풀어 올라 시바 신의 모습을 그린 그림에서처럼 마치 코브라의 머리 위에 턱이 올라앉아 있는 것 같은 모양이 되었다. 콧잔등 바로 위에는 연꽃 모양의 하얀 부종이 돋아났다. 머리 전체에는 작은 혈관들이 팽창해서 꼭 붓다의 조각상 머리에 난 양식화된 혹들처럼 생긴 것들이 잔뜩 돋아났다. 또 머리에는 모세Moses와 도가道家 신비주의자들의 머리에 돋아난 뿔처럼 생긴, 두 개의 단단한 부종이 주기적으로 솟아났다 사라졌다 했다. 목 동맥들이 확장되어 불끈 솟아오른 모습은 마치 붉고 푸른 뱀들이 그의 목을 타고 머리로 기어오르는 것만 같았다.

나는 자기과시적인 사람이 되고 싶지 않습니다만 여러분이 의사들이니 얘기하겠습니다. 인도에서 코브라가 갖고 있는 상징성에는 뭔가 의미가 있습니다. 여기 이 부종들이 보입니까? 이것들은 코브라 모양을 하고 있습니다. 어제는 초승달 모양이었죠. 몸은 우리 주위에서 일어나고 있는 모든 것에 영향을 받습니다. 몸은 주위에서 일어나고 있는 것들과 홀로 동떨어져 있지 않습니다. 저 밖에서 일어나고 있는 일들은 몸에서도 일어납니다. 신체적인 반응의 형태로만. 그런 게 바로 영향이죠.

우리가 자기 주위에 둘러친 갑주가 부서질 경우 저 밖에서 일어나고 있는 모든 것에 아주 취약해지기 때문에 그런 영향을 받는 걸 막을 수 없습니다. 달의 모양이 보름달에서 반달, 하현달로 변해감에 따라 여기 이 부종들은 코브라의 형상을 띠어갑니다. 사람들이 시바 신을 비롯한 온갖 신의 이미지들을 창조해낸 이유는 바로 여기에 있지 않나 싶어요.

하지만 이것이 왜 코브라 모양을 하고 있을까요? 많은 의사들에게 왜 여기 이런 부종이 생기느냐고 물어봤지만 누구도 만족할 만한 대답을 해주지 못했습니다. 여기에 선腺[20] 같은 것들이 있는지 어떤지 나는 모릅니다.

나는 내분비선을 연구하고 있는 의사들과 이 문제를 두고 많은 이야기를 나눠봤습니다. 내분비선은 힌두교도들이 '차크라'라고 부르는 것이죠. 내분비선들은 힌두교도들이 차크라가 있다고 여기는 바로 그곳들에 위치해 있습니다. 여기에 가슴샘(흉선)이라고 하는 것이 있습니다. 어릴 적에는 이것이 아주 활발하게 작용하기 때문에 아이들은 여러 가지 느낌을, 특별한 느낌들을 갖습니다. 그러다 사춘기에 이르면 가슴샘은 동면상태에 들어간다고 합니다. 그러다 내가 겪은 것 같은 일이 일어나 다시 태어난 것 같은 상태

---

20 **선**腺(또는 샘, 분비선gland): 분비기능을 담당하는 생물의 조직으로, 크게 내분비선과 외분비선으로 구분. 호르몬 등 각종 분비물을 혈액이나 림프액 속으로 내보내는 뇌하수체·갑상선·부신·난소·정소 등은 내분비선으로, 분비물을 몸 밖 또는 소화관으로 내보내는 땀샘·젖샘·침샘·이자 등은 외분비선으로 분류함.

가 되면 가슴샘은 자동적으로 활성화되어 온갖 느낌이 다 일어납니다.

느낌feelings은 생각이나 감정emotions과는 다릅니다. 내가 누군가를 동정한다고 합시다. 그럴 경우 만일 그 사람이 상처를 입으면 나도 아픕니다. 고통의 형태로 아픈 건 아니지만 느낌이 있어요. 그럴 때는 자동적으로 "아!"라는 신음이 나옵니다.

내가 어느 커피 농장에서 지낼 때 그런 일이 실제로 일어났습니다. 한 엄마가 어린 자식을 때리기 시작했습니다. 그 여자는 미친 듯이 격노해서 아이를 마구 때렸고, 아이는 겁에 질려서 거의 기절할 것처럼 보였습니다. 나중에 어떤 사람이 내게, "왜 그 여자를 말리지 않았느냐?"고 묻더군요. 당시 나는 그 현장에 서 있었거든요.

그 말에 나는 무척이나 당혹해서 이렇게 대답했습니다. "내가 누구를 딱하게 여겨야 하죠? 엄마를, 아니면 아이를? 그게 대체 누구 탓일까요?" 난감한 상황에 처해 있기는 둘 다 마찬가지였습니다. 엄마는 자신의 분노를 다스릴 수가 없었고, 아이는 어찌할 바를 모르는 아주 무력한 상황에 처해 있었습니다. 딱하게 여기는 마음이 이렇게 오락가락하는 상황은 계속되었습니다. 엄마에게서 아이에게로, 아이에게서 엄마에게로. 이윽고 나는 그 모든 상처의 부담이 내게 왔다는 걸 알았습니다. 그러니 나 역시 그 사건의 일부였던 셈입니다.

나는 무슨 주장을 하기 위해서 이런 얘기를 하고 있는 게 아닙니다. 의식은 나눠질 수 없는 것이기 때문에 이런 일이 일어날 수 있습니다. 저 밖에서 일어나고 있는 일은 우리에게 영향을 미칩니다. 영향이란 바로 이런 걸 뜻합니다. 느긋하게 앉아서 남들을 이러쿵저러쿵 평가하고 비판한다는 것은 있을 수 없는 일입니다. 우연히 어떤 일이 벌어지면 우리는 그것의 영향을 받습니다. 우리는 저 밖에서 벌어지고 있는 모든 일에 영향을 받습니다.

우주 안에서 벌어지는 모든 일에 영향을 받는단 말씀인가요?

── 우주는 너무 크죠. 여러분의 의식의 장 안에서 일어나는 모든 일에 영향을 받는다는 얘기입니다. 물론 의식에는 한계가 없습니다. 어떤 사람이 저 밖에서 상처를 받으면 여러분도 역시 상처를 받습니다. 여러분이 상처를 받으면 저 밖에서도 즉각 반응이 일어나구요. 나는 우주, 온 우주에 관해서는 뭐라고 말할 수 없습니다. 하지만 여러분의 의식의 장, 여러분이 특정한 어떤 한 순간에 작동하는 제한된 장 속에서 여러분은 외부의 영향에 반응을 합니다.

우리에게는 아주 많은 분비선gland들이 있는데 뇌하수체도 그중 하나입니다. 뇌하수체는 흔히 제3의 눈, 혹은 아즈나 차크라라고 하죠. 생각의 간섭이 그치면 이 선이 생각을 접수해버립니다. 그럴 때는 생각이 아니라 뇌하수체가 몸에 지시나 명령을 내립니다. 생각은 아무 관여도 하지 못합니다. 사람들이 뇌하수체를 아즈나 차크라라고 부르는 것은 바로 그 때문이 아닐까 싶습니다. 아즈나ajna가 지닌 문자 그대로의 뜻은 '명령command'이니까요. 여기서 뭘 해석하거나 설명하려는 뜻은 없습니다만 이런 해석은 뭔가 시사해주는 점이 있을 겁니다. 하지만 여러분은 생각으로 갑주를 만들어 자신을 철통같이 둘러쌌습니다. 그렇게 해서 여러분은 자신이 외부의 영향을 받도록 가만 내버려두지 않습니다.

내 경우 이 생각을 자기 보호의 메커니즘으로 이용할 자가 없으므로 생각은 타서 소진되어버립니다. 여러분이 쓰는 과학적인 용어를 사용해서 말하자면, 생각은 연소되어 이온화됩니다. 생각은 결국 진동vibration입니다. 그러므로 이런 식으로 생각의 이온화가 일어나면 생각은 외부로 발산되어버립니다. 가끔 생각은 재 같은 물질로 온몸을 덮어버립니다. 전혀 생각할 필요가 없을 때는 우리 몸이 그런 것으로 뒤덮입니다.

여러분이 생각을 이용하지 않을 때는 생각에 어떤 일이 일어날까요? 그것은 모조리 타버립니다. 생각은 에너지라서 연소가 되죠. 그러면 몸이 뜨거워집니다. 생각이 연소되면 몸에서 엄청난 열이 나고, 얼굴이고 발이고 할 것 없이 모든 피부가 다 그 재 같은 물질로 뒤덮입니다. 내가 이것을 순수하고 단순한 물리학적, 생리학적 용어들로 표현하는 것은 바로 그 때문입니다. 이것에는 어떤 심리학적 내용도 들어 있지 않습니다. 어떤 신비적인 내용도, 영적인 의미도 들어 있지 않습니다. 나로서는 이런 얘기를 하지 않을 수 없고, 여러분이 이걸 받아들이든 않든 전혀 개의치 않습니다. 그런 건 내게 전혀 중요하지 않으니까요.

이런 종류의 일은 아주 많은 사람들에게 일어났을 겁니다. 10억

명에 한 명꼴로 일어나지 않을까 싶네요. 이 일은 특별히 준비된 사람에게 일어나는 게 아닙니다. 죄를 씻는 어떤 방법이 필요한 것도 아니구요. 사다나가 필요한 것도 아닙니다. 의식은 너무나 순수해서 그것을 정화하려고 하는 모든 시도가 다 그것에 때를 묻히는 일이 됩니다.

의식consciousness은 스스로를 말끔히 씻어내야 합니다. 의식은 모든 성스러움의 자취, 모든 속됨의 자취, 모든 것을 말끔히 씻어내야 합니다. 우리가 거룩하고 성스럽다고 여기는 것들조차도 의식에 낀 때나 오염물질들일 뿐입니다. 그렇게 씻어내는 일은 의지로 되는 게 아닙니다. 노력이나 의지를 통해서가 아니라 그저 온갖 경계가 무너지고 나면 수문들이 저절로 열려 모든 것이 빠져나갑니다.

그렇게 씻어내는 과정에서 온갖 환영이 떠오릅니다. 그것은 밖에서 오는 것도, 안에서 오는 것도 아닙니다. 갑자기 자기 자신, 전체적인 의식이 붓다나 예수, 마하비라, 마호메트, 소크라테스 등의 형상으로 나타나게 됩니다. 아주 묘한 것은 위인들이나 인류의 지도자들의 형상으로서가 아니라 오로지 이런 상태에 이른 사람들, 이런 일이 일어난 사람들의 형상으로만 나타난다는 점입니다.

개중에는 한 흑인의 모습도 포함되어 있었으며, 그런 모습이 떠오른 동안 나는 사람들에게 그 사람의 생김새를 설명해줄 수 있었습니다. 그 다음에는 불룩한 가슴과 물결치는 긴 머리에 몸에 아무것도 걸치지 않은 여자의 모습이 나타났습니다. 인도에는 아카

마하데비Akkamahadevi와 랄레스와리Lalleswari라는 여성 성자 두 분이 있다는데, 그들은 나체였다고 하죠. 갑자기 자신이 가슴이 불룩하고 물결치는 긴 머리를 가진 여자가 됩니다. 심지어 성기도 여성의 그것으로 변하고.

하지만 의식이 붓다나 예수 그리스도 등의 형상을 취하고 있었던 동안에도 분리는 여전히 남아 있었습니다. 동일한 상황이었죠. '내가 그 상태에 들었다는 걸 어떻게 아는 걸까?' 하지만 그 분리 상태는 오래 갈 수 없습니다. 그것은 사라지고 다른 것이 옵니다.

아마 많은 사람들에게 무슨 일인가가 일어났을 겁니다. 이런 것은 역사의 일부입니다. 수많은 현자들, 몇몇 서구인들, 승려들, 아주 많은 여성들에게 그런 일이 일어났죠. 때로는 아주 이상한 일들이. 그들이 과거에 체험했던 모든 것은 우리 의식의 일부를 이루고 있습니다. 기독교인들은 '성자들이 행진해 들어올 때When the Saints Go Marching in'라는 찬송가를 부릅니다. 한데 나는 '성자들이 행진해 나갈 때When the Saints Go Marching out'라는 표현을 사용합니다. 성자들은 의식 속에 머물 수 없기 때문에 의식으로부터 방출됩니다. 그런 모든 것이 의식에서는 불순물이자 때이기 때문입니다.

우리가 이렇게 불만스럽게 느끼는 것은, 의식 속에 있는 모든 것이 터져나가려고 하는 것은 그 모든 성인과 현자들, 인류 구원자들의 폭발이 인간 의식에 미친 충격 때문이라고 말할 수 있습니다(나로서는 꼭 그렇다고 단정적으로 말하기는 힘듭니다). 그저 그런 것이 아닌가 하는 거지, 딱 짚어서 뭐라고 말할 수는 없습니다. 그런 이들은 우리를 이 지점까지 밀어 올려 주는 역할을 하기 때문에 의식 속에 존재하는 것이고, 일단 그런 목적이 이루어지고 나면 자기네 역할을 다했기 때문에 사라진다고 할 수 있습니다.

이런 것은 그저 내 쪽에서의 어림짐작일 뿐입니다. 하지만 좋고 나쁜, 성스럽고 부정한, 거룩하고 속된 모든 것은 반드시 씻겨나가야 합니다. 그렇지 않을 경우 우리 의식은 여전히 오염되고 불순한 것으로 남아 있게 됩니다. 그런 과정은 지속되고, 수많은 것들이 빠져나갑니다. 그러고 나면 우리는 태초의, 혹은 원초의 의식 상태로 되돌아갑니다.

의식이 저절로 그렇게 순수해지고 나면 어떤 것도 그것을 건드리지 못합니다. 이제는 그 어떤 것도 그것을 더럽힐 수 없습니다. 모든 과거는 존재하지만 그것들은 더 이상 우리 행위에 영향을 미치지 못합니다.

그 재난을 겪고 나서 삼년 동안 이런 온갖 환상과 현상이 일어났지만 이제 그 모든 것은 끝났습니다. 이제 의식의 분리 상태는 제 기능을 할 수 없습니다. 의식은 항상 나눠지지 않은 상태 속에 머물러 있으며 어떤 것도 그런 상태를 교란할 수 없습니다.

온갖 일이 다 일어날 수 있습니다. 좋은 생각도, 나쁜 생각도 일어날 수 있습니다. 때로 런던에 사는 한 창녀의 전화번호가 떠오르기도 합니다. 런던에서 배회하던 동안 나는 나무에 걸려 있는 그 전화번호를 물끄러미 들여다보곤 했습니다. 그 창녀를 찾아갈 생각은 전혀 없었지만 그 번호는 내 관심을 끌었습니다. 그 당시에는 아무것도 하지 않았고 책도 읽지 않았기에 그걸 들여다보는 것 말고는 달리 할 일이 없었습니다. 그 한 번호가 기억에 남아 있다가 저절로 떠오른 겁니다.

의식 속에 어떤 것이 떠오르든, 좋은 것이 떠오르든 나쁜 것이 떠오르든, 성스러운 것이 떠오르든 부정한 것이 떠오르든 아무 상관이 없습니다. 누가 있어 "이것은 좋은 것이고 저것은 나쁜 것"이라고 말한단 말입니까? 모든 것이 다 사라진 마당에. 내가 '종교적인 체험'이라는 말을 사용할 수밖에 없는 것은 바로 그 때문입니다. 이 '종교적'이라는 말은 '종교'라는 말과는 그 의미가 전혀 다릅니다.

그런 체험은 우리를 근원으로 되돌아가게 합니다. 우리는 의식의 원초적인 상태로 되돌아갑니다. 그것을 자각이라고 불러도 좋고 깨달음이라 불러도 좋고 그 무엇이라 불러도 좋습니다. 그런 상태 속에서 온갖 것이 떠오릅니다만 그런 것을 주시할 자도 없고 관심을 가질 자도 없습니다. 그런 것들은 갠지스 강이 흐르듯 무심히 들어오고 나갑니다. 썩은 하수가 흘러들어오기도 하고 반쯤 타버린 시체가 들어오기도 하고, 좋고 나쁜 온갖 것이 흘러들어오지만 물은 항상 순수한 것처럼 말입니다.

이때 가장 난처하고 당혹스러웠던 것은 감각 활동들이 각기 따로 놀기 시작했다는 점입니다. 그런 감각들을 연결시켜줄 조정자가 없었기 때문에 나와 발랑틴은 고약한 상황에 봉착하곤 했습니다. 발랑틴은 온갖 어려움을 다 겪어야 했습니다. 우리가 함께 산책을 나갈 때면 나는 꽃을 보고 묻습니다. "저게 뭐야?"

그러면 그녀는, "꽃이야"라고 대답해줍니다.

나는 몇 걸음 가다 말고 소를 보고 다시 "저건 뭐야?"라고 묻습니다.

나는 아기처럼 모든 걸 완전히 새로 배워야 했습니다. 사실은 새로 배우는 게 아니라 모든 지식이 뒤로 물러나 전면으로 나오지 않기 때문에 그런 일이 일어난 겁니다. "이거 미치고 팔짝 뛰겠구만." 나는 내가 미쳤다는 느낌이 들지 않았지만 그 상황을 달리 표현할 말이 없어서 그렇게 꿍얼거렸습니다. 나는 지극히 정상이었고 정상적으로 행동했으며 모든 게 다 멀쩡했지만, 뭘 보든 간에 "이게 뭐야? 저게 뭐야?"라고 묻지 않을 수 없는 기묘한 상황에 처했습니다. 다른 문제는 없었습니다.

발랑틴도 그런 현상을 어떻게 해석해야 좋을지 알지 못해서 제네바의 저명한 정신과의사를 찾아갔습니다. 발랑틴은 내가 미친 것 같지는 않다고 느끼면서도 그 황당한 상황을 이해하고 싶어서 그랬습니다. 만일 내가 진짜로 미친 짓을 했다면 그 사람은 나를 버렸을 겁니다. 그냥 내가 자꾸 묻는 짓을 반복하게 되니 나도 그 사람도 좀 황당했을 뿐입니다.

의사를 만나서 물어보자 그는 당사자를 직접 보지 않고서는 아무 얘기도 해줄 수 없으니 당사자를 데려오라고 했습니다. 하지만 나는 내면에서 참으로 근사한 일이 일어났다는 것을 잘 알고 있었습니다. 그게 뭔지는 몰랐지만 나로서는 그게 싫지 않았습니다. '저게 소인지 아닌지 왜 굳이 물어보는 거지? 소면 어떻고 당나귀면 어떻고 말이면 어때서?' 그런 황당한 상황은 오래 계속되었습니다. 모든 지식은 뒤로 물러나 있었습니다.

그런 상황은 지금도 마찬가지입니다만 이제는 저게 뭐냐는 질문을 던지지 않습니다. 내가 뭔가를 바라볼 때 사실 나는 내가 보고 있는 게 뭔지 모릅니다. 내가 그것을 앎이 아닌 상태라고 이르는 것은 그 때문입니다. 나는 진짜로 몰라요. 행운이든 이상한 우연이든 일단 그 상태에 이르고 나면 그때부터 모든 일이 저절로 일어난다고 하는 이유도 그 때문이구요.

그럴 때는 늘 사마디(삼매) 상태에서 존재합니다. 사마디에 들어오고 나가고 하는 일은 없습니다. 항상 그 상태 속에 있습니다. 나는 사마디라는 용어를 사용하고 싶지 않아서 앎이 없는 상태라고 말하는 겁니다. 그럴 때는 멀쩡히 보면서도 자신이 뭘 보고 있는지 모르게 됩니다.

나로서는 그 상태를 어떻게도 할 수 없습니다. 과거로 되돌아간다는 것은 있을 수 없는 일입니다. 모든 게 다 끝난 상태인 걸요. 그런 상태는 다른 방식으로 기능하고 작동합니다. 나는 '다른 방식'이라는 표현을 쓰기 싫지만 여러분에게 뭔가 실감을 주기 위해 어쩔 수 없이 씁니다.

약간의 차이가 있는 것 같기는 합니다. 나를 만나러 오는 사람들을 대할 때마다 그 사람들은 내가 기능하는 방식을 이해할 수 없는 것 같고 나는 그 사람들이 기능하는 방식을 이해할 수 없는 것 같다는 점 때문에 곤혹스러운 기분에 빠져들곤 합니다. 그럴 때 어떻게 대화를 계속할 수 있겠습니까? 부득불 이야기를 멈출 수밖에 없죠. 나는 넋 나간 사람처럼 이야기하고, 내 얘기는 미치광이의 얘기처럼 뜬금없는 이야기들일 뿐인데. 내 얘기와 미친 사람의 얘기 간에는 머리카락 한 가닥의 차이밖에 없습니다. 내가 여러분에게 그런 순간에 도약 혹은 비상飛翔하라고 말하는 것은 바로 그 때문입니다.

한데 사실은 아무 차이도 없습니다. 약간의 행운, 이상한 우연 덕에 이런 일이 일어난다면(여러분에게 뭔가 실감을 주기 위해 어쩔 수 없이 '일어난다happen'는 표현을 씁니다) 모든 것이 다 끝나고 맙니다.

'깨달은' 사람들도 서로 다른가요?

── 그럼요. 살아온 이력이 다르니까요. 그런 이력이야말로 말로 표현할 수 있는 유일한 것이죠. 그밖에 또 뭐가 있겠어요? 내 이력을 구체적으로 표현하자면, 내가 힘겹게 노력한 방식, 내 길, 내가 따랐던 길, 내가 타인들의 길을 거부한 방식 등이 이에 해당됩니다. 나는 그런 일이 일어난 시점에 이르기까지 내가 뭘 했고 하지 않았는지를 말할 수 있습니다. 그리고 뭘 하고 하지 않았든 간에 그런 것들은 내게 하등 도움이 되지 않았다는 말도 할 수 있구요.

하지만 선생님 같은 분은 우리와 다릅니다. 우리는 생각에 매몰되어 있거든요.

── 그런 사람은 여러분과 다를 뿐만 아니라 그런 상태에 이르렀다고 하는 다른 사람들과도 다릅니다. 살아온 길이 다 다르니까요.

그런 폭발을 겪었다고 하는 분들은 각자 자신의 이력을 표현한다는 의미에서는 고유하고 유일무이한 분들이긴 하지만 공통된 특징들도 갖고 있지 않을까 싶은데요.

── 여러분은 그런 데 관심이 있는 것 같은데 나는 별 관심 없습니다. 나는 나를 다른 누구와도 비교하지 않아요.

할 말은 그것뿐입니다. 내 전기 혹은 일대기는 끝났습니다. 그에 관해 더 이상 쓸 게 없고 앞으로도 그럴 겁니다. 사람들이 나를 찾아와서 질문을 한다면 대답해줄 겁니다. 질문을 하지 않는다 해도 아무 상관없습니다. 나는 사람들을 해방시킬 '영적인 사업'을 하는 사람이 아니에요. 깨달음을 얻기 위한 모든 종교적 시스템은 헛짓이요 사기며, 자각awareness을 통해서 심리적 변화과정에 이른다는 식의 모든 이야기는 헛소리라는 말 말고는 인류에게 줄 특별한 어떤 메시지도 나는 갖고 있지 않습니다. 심리적인 변화를 이룬다는 것은 불가능한 일입니다. '자연스러운 상태'란 오로지 생물학적 변화를 통해서만 일어날 수 있습니다.

chapter 2

깨달음의 신비

1973년, 인도와 스위스에서 진행된 대화들을
제임스 브로드스키가 편집한 내용

THE MYSTIQUE OF ENLIGHTENMENT

나는 사람들을 해방시켜줄 의사가 전혀 없습니다. 여러분이 스스로 해방되어야 하는데 여러분은 그러고 싶어도 그럴 수가 없습니다. 내가 하는 말도 도움이 되지 않을 겁니다. 나는 사람들에게 이런 상태를 자세히 설명해줘서 '영적인 사업holy business'을 하는 사람들이 모든 것에 덮어씌워놓은 신비화의 장막을 걷어내 버리는 데만 관심이 있을 뿐입니다. 내가 할 수 있는 일이라고는 그저 여러분이 자신의 상상 속에서만 존재하는 상태를 찾는 일에 많은 시간과 에너지를 쏟지 말라고 당부하는 일 정도에 불과할 겁니다.

분명히 말하는데, 내가 이야기하는 이 상태는 내 상태나 신의 상태, 깨달은 사람의 상태, 남다른 변화를 이룬 사람의 상태가 아니라 바로 여러분의 상태, 여러분 자신의 자연스러운 상태입니다. 이것은 여러분의 자연스러운 상태지만 여러분이 뭔가를 얻으려 안간힘을 쓰고, 있는 그대로의 자기가 아니라 다른 무엇인가가 되려고 애쓰는 것은 그런 상태가 저절로 드러나는 것을 방해하는 짓이 됩니다.

이런 상태는 머리로 이해할 수 있는 것이 아니고 체험할 수 있는 것도 아닙니다. 그 체험은 오로지 지나간 뒤에만 이야기할 수 있을 뿐입니다. 이것은 체험의 영역 밖에 있습니다. 그런 자연스러운 상태는 인과因果와는 무관합니다. 그것은 그냥 일어납니다. 타인과의 어떤 소통도 불가능하고 또 필요치도 않습니다. 여러분에게 딱 하나 참다운 것은 여러분이 기능하는 방식뿐입니다. 내가 설명하는 내용을 여러분이 기능하는 방식과 결부시키는 것은 전혀 쓸데없는 짓입니다. 여러분이 이렇게 비교하는 짓을 완전히 그칠 때 존재하는 것이 바로 여러분 자신의 자연스러운 상태입니다. 그런 상태에 들었을 때는 누구의 말에도 귀 기울이지 않을 겁니다.

내 가르침이란 것은 없으며, 앞으로도 존재하지 않을 것입니다. 이와 같은 상황에서 '가르침'이라는 말은 적합한 말이 못됩니다. 가르침이란 삶의 방식을 변화시키기 위해 적용하는 생각의 새로운 기법이나 방식, 시스템 같은 것을 뜻합니다. 한데 내가 말하는 것은 가르치는 것이 가능한 장場의 범주 밖에 있습니다. 그것은 그저 내가 기능하는 방식에 관한 설명에 불과합니다. 그것은 사람의 '자연스러운 상태'에 관한 서술일 뿐입니다. 그 방식이란 바로 여러분 자신이 생각의 책동에서 벗어나 기능하는 방식이기도 합니다.

자연스러운 상태 natural state 는 자각을 이룬 상태도, 깨달은 사람의 상태도, 신이 현전한 상태도 아닙니다. 그것은 성취하거나 획득할 수 있는 것이 아닙니다. 의지로 이룰 수 있는 것이 아닙니다. 그것은 이미 존재합니다. 그것은 생생한 상태입니다. 이 상태는 생명의 기능적인 활동에 불과합니다. 여기서 '생명life'이라고 할 때

나는 추상적인 어떤 것을 말하는 것이 아닙니다. 그것은 생각의 간섭이나 방해 없이 자연스럽게 기능하는 감각들의 생명입니다. 생각은 참견하기 좋아해서 감각들의 일에 끼어듭니다. 생각은 이익을 얻으려는 목적으로 움직입니다. 생각은 감각들로부터 뭔가를 얻어내고, 감각들을 이용해서 스스로에게 연속성을 부여하기 위해 감각들의 활동을 지시하고 지휘합니다.

우리의 자연스러운 상태는 이른바 열락이나 지복, 희열 같은 종교적인 상태들과는 아무 관계도 없습니다. 그런 것들은 체험의 장 속에 있습니다. 과거 오랜 세월에 걸쳐서 사람들로 하여금 종교적인 것들을 추구하게 한 이들은 아마 그런 종교적인 상태들을 체험했을 겁니다. 여러분도 그런 것들을 맛볼 수 있습니다. 그것들은 생각이 불러일으킨 존재 상태며, 왔다가 가버립니다. 크리슈나 의식, 붓다 의식, 예수 그리스도 의식 등은 죄다 잘못된 방향으로 헤매 다니는 여행입니다. 그것들은 모두 시간의 장 속에 존재합니다.

시간을 초월한 영원한 것은 당연히 표현할 수 없는 것임은 물론이요 체험할 수도 없고 붙잡을 수도 없고 담아둘 수도 없습니다. 수많은 사람이 다녀가서 잘 다져진 그런 길은 여러분을 어디로도 데려다 주지 못할 겁니다. 그 길 저 너머에는 어떤 오아시스도 없으며 사람들은 그저 신기루만 쫓아다닐 뿐입니다.

내가 말하는 상태는 우리 존재의 육체적인 상태입니다. 그것은 모종의 심리적인 변화가 아닙니다. 그것은 우리가 어느 날 들어갔다가 그 이튿날 빠져나올 수 있는 마음 상태 같은 것이 아닙니다.

지금 여러분의 경우가 그렇듯이 생각은 여러분 몸의 모든 세포 기능에 광범위하게 침투해서 엄청나게 간섭하고 훼방합니다. 그 정도가 얼마나 심한지 여러분은 좀처럼 상상하기 어려울 겁니다.

여러분이 자신의 자연스러운 상태에 들어설 때 그 상태는 모든 세포와 선腺, 신경을 폭파해버릴 겁니다. 그것은 화학적 변화입니다. 일종의 연금술 혹은 마법이 일어납니다. 하지만 이런 상태는 LSD¹ 같은 화학 약제들을 먹을 때의 경험과는 전혀 무관합니다. 그런 것은 체험이지만 이 상태는 체험이 아닙니다.

깨달음 같은 것이 존재할까요? 내게 존재하는 것은 순전히 육체적인 과정뿐입니다. 거기에 신비롭거나 영적인 면은 하나도 없습니다. 내가 두 눈을 감으면 눈꺼풀을 통해서 약간의 빛이 들어옵니다. 양손으로 눈꺼풀을 덮어도 그 안에는 여전히 빛이 있습니다. 이마에는 일종의 구멍 같은 것이 있는 것 같습니다. 그 구멍은 보이지 않습니다만 그것을 통해서 무엇인가가 뚫고 들어옵니다. 인도에서는 빛을 황금색으로 유럽에서는 푸른색으로 표현합니다.

목 뒤편을 통해서도 일종의 빛 같은 것이 들어옵니다. 마치 두개골의 앞뒤에 있는 그런 지점들을 연결해주는 구멍 같은 것이 있는 듯합니다. 머릿속에는 두 점을 통해서 들어오는 빛 말고는 아무것도 없습니다. 우리가 그 두 점들을 덮어버리면 완전히 캄캄해집니다. 그 빛은 어떤 기능도 하지 않으며, 몸이 기능하는 데 어떤 도움

---

1 LSD : 강한 환각작용을 일으키는 합성 환각제의 하나.

도 주지 않습니다. 그 빛은 그냥 거기 있습니다.

이 상태는 앎이 없는 상태입니다. 그런 상태에서 우리는 자기가 뭘 보고 있는지 알지 못합니다. 삼십분 동안 벽에 걸린 시계를 바라봐도 시간을 판독하지 못하고, 그것이 시계인줄도 모릅니다. 내면에는 오로지 경이로워하는 마음뿐입니다. '내가 보고 있는 이게 뭐지?' 실제로 이런 식으로 표현한 의문 같은 게 떠오르는 건 아닙니다. 내 전 존재가 하나의 커다란 의문부호 같은 것이 됩니다. 나는 내가 보고 있는 것이 뭔지 모르기 때문에 그것은 경탄과 의아함의 상태입니다.

어떤 필요성이나 요구가 없는 한 그것에 관한 지식, 내가 그간 배워 익혀온 모든 지식은 뒤에 머물러 있습니다. 그런 지식은 '클러치가 떨어진 상태' 속에 있습니다. 그러다 누군가가 시간을 물어보면 나는 "세 시 십오 분이요"라는 식으로 대답할 겁니다. 그런 지식은 화살처럼 빠르게 오고, 그러고 나서 다시 앎이 없는 상태, 경이의 상태로 되돌아갑니다.

여러분은 자신의 내면에 항상 존재하는 놀라운 평화, 곧 여러분의 자연스러운 상태를 결코 이해하지 못합니다. 여러분이 마음의 평화로운 상태를 조성하려고 애쓰는 것은 사실, 내면에 동요와 혼란을 빚어내는 짓입니다. 여러분은 평화에 관해서 얘기할 수 있고, 어떤 마음상태를 빚어놓고는 자기 마음이 아주 평화롭다고 얘기할 수 있습니다. 하지만 그것은 평화가 아니라 폭력입니다.

그러므로 평화로워지는 연습을 하고 고요해지는 훈련을 하는 것은 전혀 쓸데없는 짓입니다. 참된 고요함(적정寂靜)은 폭발적인 것입니다. 그것은 영적인 추구자들이 생각하는 죽은 마음상태 같은 것이 아닙니다. '오, 내 내면은 평화로워! 고요해, 엄청나게 고요해! 나는 적정을 체험하고 있어!' 이런 식의 고요함은 아무 의미도 없는 것입니다. 고요함은 활화산과 같은 본성을 갖고 있습니다. 그 에너지 혹은 생명력은 늘 부글부글 끓어오르는 특성을 갖고 있습니다. 내가 어떻게 그걸 아느냐고 물어보는 사람도 있을 겁니다. 나는 모릅니다. 굳이 말로 표현하자면 생명은 스스로를 알고 있습니다. 생명은 스스로를 자각하고 있습니다.

내가 느낌feeling에 관해서 이야기할 때 그것은 여러분이 생각하는 느낌과 다릅니다. 사실, 느낌은 신체적인 반응, 곧 가슴샘(흉선)의 울림입니다. 가슴샘thymus은 내분비선의 하나로 흉골 밑에 있습니다. 의사들은 그것이 아이 적에는 활발하게 작용하다가 사춘기에 이르면 동면상태에 들어간다고 합니다. 그러다 우리가 자연스러운 상태에 접어들면 이것은 다시 활성화됩니다. 거기서 느낌이 일어나죠. 그런 느낌들을 좋다 나쁘다 하지는 마세요. 그것들은 그냥 울림일 뿐이니까.

자신의 외부에서 어떤 움직임, 곧 시계추가 왔다 갔다 하거나 새가 들판을 가로질러 날아가는 등의 움직임이 있을 때 가슴샘은 그 움직임도 역시 느낍니다. 자신의 전 존재가 그 움직임이 되거나 가슴샘의 울림과 더불어 진동합니다. 거기에는 어떤 분리도 없습니다. 그렇다고 해서 "나는 저 날아가는 새야"라는 식으로 그 새와 자신을 동일시한다는 뜻은 아닙니다. '나'라는 것도 없고 그 어떤 대상도 없습니다. 우리는 무엇이 그런 느낌을 불러일으키는지 알지 못합니다. 그것이 느낌이라는 것조차도 알지 못합니다.

애정affection은 어떤 감정이 자신에게서 어떤 것을 향해 흐른다는 것이 아니라 자신이 모든 것에 영향을 받는다be affected는 것을 뜻하는 말입니다. 그 자연스러운 상태는 엄청나게 민감한 상태입니다만 이것은 타인들에 대한 정서적 교감이 아니라 감각들의 물리적 민감성을 말하는 것입니다. 내게는 어떤 '타인들'도 없고 따라서 어떤 분리도 없다는 의미에서의 교감만이 존재할 뿐입니다.

여러분의 내면에 '나' 혹은 '마음' 혹은 '자아'라고 부르는 실체가 과연 존재할까요? 보고 듣고 냄새 맡고 맛보는 것 등을 적절히 조정해주는 조정자co-ordinator가 있습니까? 혹은 하나의 감각에서 비롯된 다양한 느낌들, 예컨대 눈에서 비롯된 자극들의 흐름 같은 것을 통합해주는 뭔가가 있을까요? 사실, 모든 두 감각 사이에는 항상 틈gap이 존재합니다. 조정자는 그 틈새를 이어줍니다. 조정자는 연속성continuity이라는 망상으로 스스로를 자리매김합니다.

자연스러운 상태에서는 서로 다른 감각들에서 비롯된 메시지들을 조정해주는 실체가 없습니다. 감각들은 각기 독립적으로 기능합니다. 외부에서의 요구에 따라 한둘의 감각 혹은 모든 감각을 조정해서 어떤 반응을 보여야 할 필요가 있을 때도 조정자가 따로 없습니다. 그저 일시적인 조정상태만 있을 뿐입니다. 어떤 연속성도 없습니다. 그 요구가 충족되고 나면 다시 조정되지 않은, 접속이 끊어져 따로따로 동떨어진 감각들의 작용만이 존재합니다.

언제나 이런 식입니다. 일찍이 존재했던 적이 없고 그저 망상으로만 존재했던 연속성이 일단 해체되고 나면 완전히 사라져버리고 맙니다.

무슨 말인지 이해가 갑니까? 이해하기 힘들 겁니다. 여러분이 알고 있는 모든 것은 체험의 틀, 곧 생각의 틀 속에 갇혀 있습니다. 이 자연스러운 상태는 체험이 아닙니다. 나는 단지 여러분에게 그 상태의 느낌을 전해주려고 애쓰고 있을 뿐인데, 유감스럽게도 그 상태는 오해를 불러일으키기 쉬운 것이죠.

조정자가 없을 때는 느낌들의 이어짐이 없고, 느낌들을 해석해주는 일이 일어나지 않습니다. 그것들은 그저 순수하고 단순한 느낌들인 채로 남아 있죠. 나는 그것들이 느낌들이라는 것도 모릅니다. 누군가가 말을 하고 있을 때 내가 그 사람을 보고 있다고 칩시다. 그의 입술이 움직이고 있기 때문에 눈은 그의 입에 초점을 맞출 거고 귀는 그 소리의 진동을 받아들일 겁니다. 한데 내 안에 그 둘을 연결시켜주고 그 사람이 이야기하고 있다고 말해줄 것이 없습니다.

내가 땅속에서 솟아오르는 샘물을 보고 있고 그 물소리를 듣고 있다고 칩시다. 한데 귀에 들리는 그 소리가 물소리라고, 그 소리가 내가 보고 있는 것과 연결되어 있다고 말해줄 것이 없습니다. 내가 내 발을 보고 있다고 할 때 그것이 내 발이라고 말해줄 것이 없습니다. 내가 걷고 있을 때 나는 내 발이 움직이는 것을 봅니다.

그럴 때는 정말 묘하면서도 재미있어요. '움직이고 있는 저게 뭐지?'

그때 기능하는 것은 생각에 물들지 않은 원초적인 의식입니다.

눈은 아주 민감한 카메라와도 같습니다. 생리학자들은 대상에 반사된 빛이 눈의 망막을 자극하고, 그 감각이 시신경을 통해 뇌로 간다고 이야기합니다. 시각 혹은 봄의 기능은 물리적인 현상에 지나지 않습니다. 눈 덮인 산에 초점을 맞추든 쓰레기통에 초점을 맞추든 눈에는 아무 차이가 없습니다. 눈은 똑같은 방식으로 느낌들을 자아냅니다. 눈은 모든 사람을, 모든 것을 아무 차별 없이 봅니다.

사람들은 눈을 관리 감독하는 '카메라맨'이 있다는 느낌을 갖고 있습니다. 하지만 카메라맨이 없어도 눈에게 모든 걸 맡겨놓으면 우물쭈물하지 않고 늘 알아서 잘 움직입니다. 눈은 바깥 사물들에 이끌립니다. 움직임, 밝음, 주변의 두드러진 빛깔 같은 것들이 눈을 잡아끕니다. 보는 '내'가 없습니다. 산, 꽃, 나무, 소 같은 것들이 나를 바라봅니다. 의식은 거울과도 같아서 외부에 있는 것은 뭐든 다 비춰줍니다. 깊이, 거리, 빛깔을 비롯한 모든 게 다 있지만 그런 것들을 해석하고 설명해줄 자가 없습니다. 내가 보고 있는 것이 뭔지 알아야 할 필요가 없을 경우 저 밖에 있는 것과의 분리, 간격 같은 것은 없습니다. 방 저편에 앉아 있는 어떤 사람의 머리에 난 머리털을 세는 것은 사실상 불가능한 일일 겁니다. 하지만 마치 내가 할 수 있을 것 같은, 일종의 밝고 투명한 느낌 같은 것이 존재합니다.

눈은 갑작스러운 위험이 닥칠 때를 제외하고는 깜박거리지 않습니다. 바깥 사물들이 늘 주시해주기를 요구하기 때문에 이런 현상은 아주 자연스러운 일입니다. 그러다 눈이 피로해지면 몸 안에 내장된 어떤 메커니즘이 눈의 활동을 멈추게 합니다. 눈을 뜨고 있긴 해도 시야가 몽롱해집니다.

그러나 만일 늘 눈을 뜬 상태로 있는데 깜박거림이라는 반사작용이 작동하지 않는다면, 눈이 말라서 장님이 되겠죠. 한데 일반인들의 경우에는 눈의 바깥 꼬리 너머에 있는 선腺들이 활성화되어 있지 않지만 내 경우에는 활성화되어 있어 눈에 수분을 공급해주는 기능을 합니다. 그 바깥 꼬리에서는 늘 눈물이 흘러나옵니다.

사정을 잘 모르는 사람들은 이 눈물을 환희의 눈물, 희열의 눈물이라고 표현합니다만 이 눈물에 성스러운 요소는 전혀 없습니다. 눈을 깜박거리지 않는 연습을 한다고 해서 이런 상태에 이르지는 못합니다. 눈을 혹사하는 결과만 낳을 뿐이죠. 정신병원에는 이런저런 이유로 눈을 깜박거리지 않는 신경증 환자들이 있습니다. 그런 사람들에게는 그게 병적인 현상입니다. 하지만 어떤 행운이나 기묘한 우연 덕에 여러분이 자연스러운 상태에 이르고 나면 그런 일이 저절로 일어납니다.

아름다움은 보는 이의 눈 속에 있을까요, 아니면 대상에 내재되어 있을까요? 그것은 어디에 있을까요? 아름다움은 생각이 말아낸 것입니다. 나는 저기 있는 산 앞에 걸음을 멈춰 서서 그것에 관한 시를 쓰는 일 같은 것은 하지 않습니다. 나는 그저 걷고 있다가 빛이 변했기 때문에 갑자기 다른 뭔가를 봅니다. 나는 그 산에 아무 볼 일이 없습니다. 새로운 어떤 것이 눈에 띄거나 전폭적인 관심이 있어서 보는 건 아닙니다. 그저 갑자기 빛 그 자체에 변화가 있었기 때문입니다. 그것을 아름다움으로 인지하는 일은 없습니다. 그 대상에는 빛이 변하기 전에는 존재하지 않았을 투명함과 선연함이 있습니다.

이윽고 이런 의식은 갑자기 몸 앞에 있는 대상의 크기로 확장해나가고, 폐가 깊은 숨을 쉽니다. 이것이 프라나야마pranayama(호흡조절)입니다. 이것은 여느 사람들이 방구석에 앉아서 한 콧구멍으로 숨을 들이쉬고 다른 한 콧구멍으로 숨을 내쉬면서 하는 프라나야마가 아닙니다. 이 프라나야마는 계속해서 이어집니다. 그러므로 호흡에 갑작스러운 변화가 일어났다는 의식이 있으며, 잠시 후 의식은 다른 어떤 것으로 옮겨갑니다. 소가 우는 소리나 재칼의 하울링 같은 것으로. 의식은 항상 이동합니다. 의식은 생각이 아름답다고 규정한 어떤 것에 오래 머물러 있지 않습니다. 그것을 지시하거나 명령할 자가 없습니다.

여러분은 누군가의 말에 귀 기울이고 있나요? 그런 일은 없습니다. 여러분은 단지 자신의 말에 귀 기울이고 있는 겁니다. 청각을 가만 내버려두면 존재하는 건 오로지 소리의 진동뿐입니다. 말은 마치 반향실에서 메아리치듯 여러분의 내면에서도 거듭 메아리칩니다. 청각은 이와 꼭 같이 기능합니다. 한데 여러분은 자신이 듣고 있는 말이 밖에서 온다고 생각하죠.

　이 점을 확실히 하고 넘어가도록 합시다. 여러분은 그 어떤 사람에게서든 단 한마디도 들을 수가 없습니다. 제 아무리 가깝다고 여기는 사람에게서도. 여러분은 늘 자신의 해석만 듣고 있는 겁니다. 여러분이 듣고 있는 것은 오로지 자신의 말뿐입니다. 여러분에게 존재할 수 있는 다른 사람의 말이라고는 오로지 소리뿐입니다. 여러분의 고막이 포착해낸 그 소리의 진동은 신경을 통해 뇌로 전달됩니다. 여러분은 자신이 듣고 있는 것에서 뭔가를 얻어내고 싶어 하기 때문에 늘 그런 진동의 뜻을 이해하려고 애쓰면서 이러저러하게 해석합니다. 시장에서, "돈 여기 있어요, 당근 반 킬로만 주세요"라고 말하는 정도의 관계에서라면 그렇게 하는 것도 괜찮은 일이죠. 한데 여러분과 누군가의 관계, 누군가와의 소통은 그 정도가 한계입니다.

　여러분이 특정한 어떤 언어를 구사할 수 있는 앎의 구조를 갖고 있든 없든 간에 해석이 없다면 모든 언어는 같은 소리로 들립니다. 유일한 차이는 음절의 간격과 억양 정도뿐입니다. 언어들은 각기 다른 방식으로 울린다는 것만 다를 뿐 멜로디라는 점에서는 똑같습니다.

　베토벤의 9번 교향곡이 고양이가 떼로 우는 소리보다 더 아름답게 여겨지는 것은 후천적으로 얻어진 취향입니다. 확연한 느낌을 자아낸다는 점에서는 둘 다 똑같습니다. 물론 어떤 소리들은 몸에

해를 줄 수 있고, 적정 수준을 넘어서는 심한 소음은 신경계를 괴롭히고 귀를 멀게 할 수도 있습니다. 하지만 여기서 내가 말하려는 뜻은 그런 게 아니죠. 음악, 시, 언어에 대한 평가는 전적으로 문화의 소산이요, 생각이 빚어내는 것입니다.

생각의 움직임은 다른 감각들의 경우에서 그렇듯이 촉감의 과정에도 관여합니다. 여러분이 건드리는 것들은 늘 단단하다, 부드럽다, 따듯하다, 차갑다, 눅눅하다, 건조하다 등으로 해석됩니다.

여러분은 미처 알아차리지 못하고 있겠지만, 여러분의 몸은 바로 여러분의 생각이 빚어낸 것입니다. 그런 생각의 과정이 없다면 몸 의식이 없고, 몸 의식이 없다는 것은 몸이 존재하지 않는다는 것을 뜻합니다. 다른 사람들에게는 내 몸이 존재하지만 내게는 존재하지 않습니다. 따로따로 고립된 접촉점들, 생각으로 통합되지 않는 건드림의 자극들만 있을 뿐입니다. 그러므로 몸은 주변의 다른 물건들과 다르지 않습니다. 몸은 다른 모든 것과 마찬가지로 감각되고 지각된 것들의 조합입니다. 여러분의 몸은 여러분에게 속해 있지 않습니다.

이런 느낌을 여러분에게 전해줄 수도 있을 것 같네요. 나는 몇 시에 잠자리에 들든 상관없이 밤마다 네 시간씩 잠을 잡니다. 그러고 나서 완전히 깬 상태에서 아침나절까지 침대에 누워 있습니다. 그럴 때 나는 침대에 무엇이 누워 있는지 모릅니다. 내가 왼쪽으로 누워 있는지 오른쪽으로 누워 있는지 모릅니다.

나는 몇 시간이고 그렇게 누워 있습니다. 밖에서 새가 울거나 하면 그 소리는 내 안에서 메아리치기만 합니다. 내 심장의 고동소리에 귀 기울이면서도 그게 뭔지 모릅니다. 위아래 두 장의 시트 사이에는 몸이 없습니다. 몸의 형상이 존재하지 않습니다. '이 안의 이게 뭐지?'라는 의문이 일 때면 몸이 침대와 시트들하고 만나는 접점들, 혹은 두 다리를 엇갈리게 하고 누워 있을 경우 다리와 다리가 만나는 접점들에 대한 앎만이 존재합니다. 그 접점들에서 일어나는 촉감들만 있을 뿐 몸의 나머지 부분은 존재하지 않습니다. 중력의 끌어당김에서 오는 무거운 느낌 같은 것도 있긴 하지만 아주 희미하기만 합니다.

내 안에는 그런 느낌들을 연결시켜줄 것이 없습니다. 설령 눈을 뜨고 온몸을 내려다본다고 해도 여전히 접점들만 존재할 뿐이고, 그것들과 내가 내려다보고 있는 것은 서로 연결이 되지 않습니다. 만일 내가 이 접점들을 연결해서 내 몸의 형상을 연결시키고 싶어 한다면 아마 그렇게 하는 데 성공할 겁니다. 하지만 그렇게 하는 일이 완료될 때쯤이면 몸은 다시 접점들이 서로 동떨어진 상태로 되돌아가고 맙니다. 그런 연결 관계는 지속되지 못합니다. 내가 앉아 있거나 서 있을 때도 상황은 마찬가지입니다. 몸이 없습니다.

여러분은 내게 망고주스 맛이 어떤지 말해줄 수 있나요? 나는 말해줄 수 없습니다. 여러분도 역시 말해줄 수 없지만 여러분은 지금 망고주스의 기억을 되살려내려 애쓰고 있습니다. 여러분은 그 맛에 관한 체험 비슷한 것을 지어내고 있지만 나는 그렇게 할 수 없습니다. 내가 망고 맛에 관한 과거의 기억을 작동시키고 "그래, 이게 바로 망고 주스 맛이야"라고 말할 수 있으려면 혀로 망고 주스를 직접 맛봐야 합니다. 보고, 냄새 맡는 정도로는 충분하지 않습니다. 내 개인적인 선호도나 입맛이 변해서 그렇다는 뜻은 아닙니다. 시장에 가면 내가 늘 좋아했던 먹을거리 쪽으로 손이 저절로 나갑니다. 하지만 나는 심적心的인 체험을 불러낼 수 없기 때문에 눈앞에 없는 먹을거리들을 먹고 싶어 하는 일 같은 건 없습니다.

우리 일상에서 냄새는 맛보다 더 큰 역할을 합니다. 후각 기관은 각종 냄새에 끊임없이 열려 있습니다. 그러나 냄새가 들어와도 우리가 후각으로 간섭하지만 않는다면 코에 닿는 자극만 있을 뿐입니다. 소똥 냄새를 맡든 값비싼 프랑스제 향수 냄새를 맡든 그런 사정은 하등 다르지 않습니다. 그러므로 무슨 냄새를 맡든 그저 코를 비비면서 제 갈 길을 가기만 합니다.

내 이야기는 질문에 대한 대답으로 나옵니다. 나는 자리에 앉아서 자연스럽게 이야기를 주고받을 수 없습니다. 내게 그런 것은 부자연스러운 상황이죠. 생각을 해보고 나서 대답을 하는 자가 없습니다. 여러분이 내게 공을 던지면 그 공은 다시 여러분한테로 되튀어갑니다. 그게 바로 여러분이 대답이라고 부르는 것입니다. 하지만 나는 어떤 대답도 하지 않으며, 이 자연스러운 상태가 저 자신을 표현합니다. 사실 나는 내가 무슨 말을 하는지 모르며, 내가 말하는 내용은 별로 중요하지 않습니다. 여러분은 내 말을 글로 옮길 수도 있는데, 그런다 해도 내게는 그게 아무 의미도 없는 것이 될 겁니다. 그것은 죽은 것입니다.

여기 있는 것, 이 자연스러운 상태는 살아 있는 것입니다. 이것은 여러분은 물론이요 나에 의해서도 포박될 수 없습니다. 이것은 꽃과 같습니다. 내가 제공해줄 수 있는 비유라고는 이것뿐입니다. 꽃은 그냥 핍니다. 그것은 저기 있습니다. 저기 존재하는 한 그것은 다른 모든 꽃의 향기와는 다른 독특한 향기를 갖고 있습니다. 여러분은 그 꽃을 알아차리지 못할 수도 있습니다. 그것에 관한 시를 쓸 수도 있고 쓰지 않을 수도 있습니다. 돌아다니는 소가 그것을 먹어버릴 수도 있고, 농부가 낫으로 베어버릴 수도 있습니다. 저절로 시들어서 죽을 수도 있구요. 그것이 그 꽃의 종말입니다. 별로 중요한 일이 아닙니다.

여러분은 그 향기를 보존할 수 없습니다. 여러분이 보존하는 것은 살아 있는 것이 아니라 그저 대용품, 화학적인 향기에 불과합니다. 자연스러운 상태인 사람의 표현, 가르침, 말 같은 것들을 보존하는 것은 아무 의미 없는 일입니다. 그런 상태는 당대의 가치, 표현법만을 갖고 있을 뿐입니다.

여러분이 자연스러운 상태에 들어서도 개성은 변하지 않습니다. 여러분은 결국 프로그램 된 대로 작용하는 컴퓨터 같은 존재입니다. 사실, 여러분이 스스로를 바꾸려고 애쓰는 짓은 여러분을 자기자신에게서 멀어지게 하고 자연스러운 방식으로 기능하지 못하게 합니다. 개성은 예전 그대로 남아 있을 겁니다. 자연스러운 상태에

든 사람이라 해서 화를 내지 않거나 괴벽을 부리지 않을 것이라고 생각하지 마세요. 품격 있고 겸허하게 행동하리라 기대하지 마세요. 그런 사람은 과거 아무도 접해보지 못한 유일무이한 지점에서 삶을 영위하고 있기 때문에 더할 나위 없이 오만한 사람일 수도 있습니다.

이런 상태에 든 사람들이 각기 독특한 방식으로, 자기 당대 특유의 어법으로 그 상태를 표현하는 것은 바로 그 때문입니다. 동시대에 둘 이상의 사람들이 이런 상태에서 살고 있다고 해도 그들이 결코 만나지 않는 것은 역시 그 때문입니다. 그들은 거리에서 손에 손을 맞잡고 "우리는 깨달은 사람들이다! 우리는 동류다!"라고 외치며 춤을 추지 않을 겁니다.

인간이 먹을거리, 입을거리, 거처 같은 기본적인 것들, 곧 의식주를 필요로 하는 것은 극히 자연스러운 일입니다. 우리는 그런 것들을 얻기 위해 일해야 하고, 경우에 따라서는 남들한테서 얻기도 해야 합니다. 이런 기본적인 것들만을 필요로 할 경우에는 문제를 해결하기가 과히 어렵지 않을 겁니다. 이런 기본적인 필요성들을 부정하는 것이 영성의 표식이 되는 건 아닙니다. 하지만 의식주 이상의 것들을 필요로 한다면 그 사람은 신경증에 걸린 사람입니다.

인간에게 섹스가 기본적으로 필요한 것일까요? 섹스는 생각에 따라 좌우되는 것입니다. 몸 그 자체는 성욕을 갖고 있지 않습니다. 남성과 여성 간에는 오로지 생식기와 호르몬의 균형관계만 다릅니다. "나는 남자고 저 사람은 여자야. 매력적인 여자."라고 말하는 것은 생각입니다. 몸에 성적인 느낌들을 옮겨주고는, "이건 성적인 느낌이야"라고 말하는 것도 생각입니다. "저 여자를 그냥 쳐다보는 것보다는 손을 잡는 것이 더 즐거울 거야. 저 여자를 끌어안는 것보다는 키스를 하는 것이 더 즐거울 거야"라는 식의 꼬드김이 없다면 섹스하는 것이 불가능한데, 바로 그런 꼬드김을 제공해주는 것도 생각입니다.

자연스러운 상태에서는 생각의 꼬드김이 없습니다. 그런 꼬드김이 없다면 섹스는 불가능합니다. 섹스는 몸에 대한 엄청난 폭력입니다. 평상시의 몸은 대단히 평화로운 유기체인데, 사람들은 몸을 엄청나게 긴장하게 했다가 사정 뒤의 허탈 상태에 빠져들게 합니다. 사람들은 그런 긴장과 허탈상태를 즐거운 것으로 여기죠. 사실 몸에는 괴로운 것인데.

하지만 섹스를 억제하거나 승화시키려는 노력을 통해서는 이런 자연스러운 상태에 결코 이르지 못합니다. 여러분이 신에 대해 생각하는 한 섹스에 관한 생각에서 결코 놓여나지 못할 겁니다. 독신으로 종교적인 수행하는 사람들을 알고 있다면 그런 사람들을 붙잡고 밤에 여자 꿈을 꾸느냐고 물어보세요.

성적 절정에 이른 체험은 우리가 살아가면서 직접 체험에 가까운 것을 맛보는 유일한 경우입니다. 다른 모든 체험은 간접 체험이요, 다른 사람들이 이미 겪은 체험입니다. 그런데 어째서 섹스에 그토록 많은 금기와 부정적인 관념들을 뒤집어씌워 놓는 거죠?

어째서 섹스의 즐거움을 망쳐놓는 걸까요? 나는 성에 과도하게 탐닉하라거나 이 사람 저 사람 가리지 않고 난잡하게 즐기라고 권하는 것이 아니라, 금욕과 자제로는 결코 어떤 것도 이루지 못한다는 얘기를 하는 겁니다.

생생하게 접촉해야 합니다. 누군가가 방 밖으로 걸어 나가면 그 사람은 내 의식에서 사라집니다. 그 사람이 어디 있는지, 왜 여기 없는지 등과 같은 의문들은 일어나지 않습니다. 자연스러운 상태 속에서는 어떤 이미지들도 없으며, 그런 것들이 들어설 자리가 없습니다. 감각기관은 내가 지금 보고 있는 것들에 완벽하게 사로잡혀 있습니다. 여기에 없는 것들에 관한 생각이 아니라 방 안에 있는 사물들과 생생한 접촉을 해야 합니다. 따라서 여러분이 감각적인 활동과 완벽하게 조율이 된다면 내일 누가 자신을 먹여 살릴 것인지에 관한 근심걱정, 신이나 진리나 참된 실체 등에 관한 의견이나 생각 따위가 들어설 자리가 없습니다.

자연스러운 상태는 인류의 영원한 모든 질문에 대한 답을 갖고 있는, 모든 것을 다 아는 전지全知의 상태가 아닙니다. 그것은 차라리 질문이 멈춘 상태입니다. 그런 질문들은 유기체가 기능하는 방식과 아무 상관없는 것이기 때문에 저절로 그칩니다. 유기체가 기능하는 방식에는 그런 질문들이 들어설 자리가 없습니다.

몸은 스스로를 쇄신하기 위한 아주 특별한 메커니즘을 갖고 있습니다. 자연스러운 상태에서는 감각들이 늘 민감도가 절정에 이른 상태에서 기능하기 때문에 몸은 그렇게 쇄신되어야 합니다. 따라서 감각들이 피로해질 때 몸은 죽음의 과정을 겪습니다. 이것은 일종의 정신적 상태 같은 것이 아니라 진정한 의미에서의 육체적 죽음입니다. 그런 죽음은 하루에 한 차례 이상 일어날 수 있습니다. 자신이 그 죽음을 거치겠다고 결정하는 것은 아닙니다. 죽음이 자신에게 덮쳐옵니다.

처음에는 마취제를 맞은 것 같은 기분이 듭니다. 감각들이 점차 둔해지고, 심장박동이 느려지고, 손발이 얼음처럼 싸늘해지고, 몸 전체가 시체처럼 뻣뻣해집니다. 전신의 에너지가 어떤 한 점을 향해 흐릅니다. 에너지의 흐름은 매번 달라집니다. 그 전 과정은 48분에서 49분가량 지속됩니다. 그 동안 생각의 흐름은 계속되지만 생각을 판독하는 일은 일어나지 않습니다.

그런 시간 끝에 이르러 "의식이 끊어집니다". 생각의 흐름도 끊어집니다. 그런 단절이 얼마나 오래 지속되는지는 알 길이 없습니다. 그것은 체험이 아니기 때문입니다. 의식이 끊어진 그 시간에 관해서는 말할 수 있는 게 전혀 없습니다. 그것은 의식적인 존재 상태 혹은 의식적인 사고思考의 일부가 될 수 없습니다.

무엇이 자신을 죽음에서 소생하게 해주는지는 본인도 모릅니다. 만일 그 순간에 어떤 의지를 갖고 있다면 돌아오지 않기로 결정할 수도 있을 겁니다. 그 단절의 시간이 끝날 때 생각의 흐름은 정확히 그 흐름이 끊어진 상태에서 다시 이어집니다. 멍하고 둔중한 상태는 끝나고 맑은 상태가 되돌아옵니다.

몸은 무척이나 뻣뻣한 것 같은 기분입니다. 몸이 서서히 저절로 움직이기 시작합니다. 그 움직임은 하타 요가[2]보다는 중국의 태극권을 더 닮았습니다. 그런 방면의 수행을 하는 제자들이 스승에게서 일어나는 움직임들을 잘 관찰했다가 정형화해서 사람들에게 수백 가지 동작들을 가르친 것이 아닌가 싶습니다.

하지만 그렇게 만들어낸 동작들은 죄다 무가치합니다. 자연스러운 상태에서 일어나는 움직임은 아주 독특하니까요. 내 몸의 움직임을 관찰한 사람들은 그것이 갓 태어난 아기의 몸짓과 비슷해 보인다고 이야기합니다. 이 끊어짐은 감각들과 선들, 신경계의 완벽한 쇄신을 가져다줍니다. 그러고 나서 그것들은 더없이 민활하게 기능합니다.

여러분에게 죽음이란 건 없기 때문에 여러분은 죽음을 맛보지 못할 겁니다. 여러분은 자신의 죽음을 체험할 수 없습니다. 태어나기는 했나요? 삶과 죽음은 분리될 수 없습니다. 여러분은 자신이 어디서 시작되고 어디서 끝나는지 알 길이 없습니다. 다른 사람의 죽음은 체험할 수 있어도 자신의 죽음은 체험하지 못합니다. 유일한 죽음은 육신의 죽음이며 심리적인 죽음 같은 것은 없습니다.

그런데 왜 그렇게 죽음을 두려워하죠?

여러분의 체험구조experiencing structure는 자신이 체험하지 못

---

[2] 하타haṭha 요가 : 정신적인 측면보다 육체적인 수련에 보다 중점을 둔 세계적으로 가장 널리 알려진 요가의 한 종류.

chapter 2 : 깨달음의 신비　111

할 사건을 그려낼 수 없습니다. 그 구조는 자신의 사멸을 주재할 수 있으리라 기대하며, 따라서 죽음이 어떤 느낌일까 궁금해 합니다. 그것은 느끼지 못한다는 것이 어떤 것일까라는 느낌을 추측하려 애씁니다. 하지만 그 구조가 미래의 경험을 예상해보기 위해서는 지식을, 그것이 참고로 할 만한 과거의 비슷한 경험을 필요로 합니다. 여러분은 자신이 태어나기 전에 존재하지 않았을 때의 느낌이 어땠는지 기억할 수 없고 자신의 탄생을 기억할 수 없으며, 따라서 미래에 닥쳐올 자신의 비존재를 상상해볼 만한 어떤 근거도 갖고 있지 못합니다.

여러분은 삶을 알고 있는 한 자기 자신을 알고 있습니다. 여러분은 거기 존재해 있고 따라서 자신이 영원하다는 느낌을 갖고 있습니다. 여러분의 체험구조는 자신이 영원하다는 이런 느낌을 정당화하기 위해 자신에게 사후의 삶, 곧 천국과 부활과 영혼의 윤회 등이 있으리라 확신하기 시작합니다.

한데 여러분이 환생이라고 생각하는 것은 무엇인가요? 여러분의 영혼은 어디 있나요? 그것을 맛보거나 만져볼 수 있고 내게 보여줄 수 있나요? 천국으로 가는 여러분의 내면에는 무엇이 있나요? 대체 무엇이? 여러분의 내면에는 두려움 말고는 아무것도 없습니다.

여러분은 왜 꿈을 꿀까요? 여러분은 인식이나 지각知覺의 쇼를 관장하는 누군가가, 곧 자아 같은 것이 있다는 느낌을 갖고 있습니다. 그런 자가 있어서 보이고 들리고 느껴지는 것을 해석하고,

눈을 지휘 감독하고, "이것은 아름답고 저것은 흉해. 나는 이것은 볼 거고 저것은 보지 않을 거야"라고 말하고 있다는 느낌을 갖고 있습니다.

한데 여러분은 그렇게 통제하고 관리할 수 없습니다. 여러분은 자신이 할 수 있다고 생각합니다. 하지만 여러분이 어떤 것 하나를 다른 것보다 더 오래 보든 말든 카메라는 늘 사진을 찍고 있고 녹음기는 늘 녹음을 하고 있습니다. 그러다 몸이 쉬고 있거나 생각이 비 활동 상태에 머물고 있을 때 그런 것들이 떠오르기 시작합니다. 그런 것들은 이것 조금, 저것 조금 하는 식으로 떠올라 일종의 모자이크 같은 것을 이루며, 여러분은 꿈을 꾸기 시작합니다. 그 '누군가'가 없을 때, "나는 잠을 자고 있었다, 나는 꿈을 꾸고 있었다, 이제 나는 잠에서 깨어났다"라고 말할 자가 없습니다.

도덕이란 뭘까요? 그것은 사회에서 요구하는 행위규칙들을 따르는 것이 아닙니다. 그것은 유혹을 넘어서는 문제도, 미움, 분노, 탐욕, 색욕, 폭력을 이겨내는 문제도 아닙니다. 행동하기 전후에 자신의 행위에 의문을 제기하는 것이 도덕적인 문제를 불러일으킵니다. 이런 상황을 빚어내는 원인이 되는 것은, 옳고 그름을 가르고 그에 따라 자신의 행위에 영향을 미치는 기능입니다.

생명은 행위action입니다. 의문의 여지가 없는 행위가 도덕morality이지요. 자신의 행위를 문제시하거나 의문을 제기하는 것은 생명의 표현을 파괴하는 결과를 빚어냅니다. 생명이 생각의 방어 작용 없이 스스로 알아서 굴러가도록 하는 사람은 지켜야할 자아가 없는 사람입니다. 그런 사람이 거짓말을 하거나 누굴 속이거나 거짓 꾸밈을 해야 할 필요가 어디 있겠어요? 사회가 부도덕하다고 여기는 짓들을 굳이 해야 할 이유가 어디 있겠어요?

무엇이 여러분을 자연스러운 상태에 들지 못하게 방해하고 있을까요? 여러분은 끊임없이 자신으로부터 벗어나고 있습니다. 영원히, 혹은 일시적으로나마 행복해지고 싶어 합니다. 자신의 일상적인 체험들이 마음에 들지 않아 새로운 체험을 하고 싶어 합니다. 완벽한 사람이 되고 싶어 자신을 변화시키고 싶어 합니다. 있는 그대로의 자기가 아니라 다른 무엇인가가 되고 싶어 여기저기 기웃거립니다. 바로 이런 것들이 여러분을 자신으로부터 벗어나게 하고 있습니다.

사회는 여러분에게 완벽한 인간이라는 이상을 제시해주고 있습니다. 여러분이 어떤 문화권에서 태어났든 간에 여러분이 속한 문화는 문서화된 교리와 전통을 제공해주면서 어떻게 행동해야 할지를 알려줍니다. 적당한 훈련을 거치기만 하면 결국 현자나 성인, 인류의 구원자들이 도달한 상태에 이를 수 있다고 얘기해줍니다. 따라서 여러분은 자신의 행동과 생각을 통제해서 부자연스러운 어떤 존재가 되려고 애씁니다.

우리 모두는 '생각의 영역' 속에서 살고 있습니다. 여러분의 생각은 자신의 것이 아닙니다. 그것은 모두의 것입니다. 오로지 생각들만 존재할 뿐이나 여러분은 그것들에 대응하는 생각, 곧 생각하는 자를 만들어내 모든 생각을 판독합니다. 생명을 통제하고 조종하려는 여러분의 노력은 자신의 내면에서 이차적인 생각의 움직임을 빚어내는데, 여러분은 그런 움직임을 일러 '나'라고 부릅니다.

내면에서의 생각의 이런 움직임은 생명의 움직임과 평행으로 내달리지만 생명으로부터 동떨어져 있습니다. 생각의 그런 움직임은 끝내 생명과 맞닿지 못합니다. 여러분은 살아 있는 존재면서도 이렇게 생명과 동떨어지고 생명과 평행으로 내달리는 생각이라는 움직임의 영역 속에서 전 생애를 살아갑니다. 여러분은 스스로를 생명과 차단시킵니다. 그것은 더없이 부자연스러운 일입니다.

자연스러운 상태는 생각 없는 상태가 아닙니다. 그것은 불쌍하고 무력한 힌두교도들을 상대로 해서 몇 천 년간 자행된 엄청난 사기들 중의 하나입니다. 여러분은 그 몸이 시체가 되어 완전히 죽은 상태가 되기 전까지는 끝내 생각 없이 지내지 못할 겁니다. 생각할 수 있다는 것은 생존하는 데 꼭 필요한 것입니다. 하지만 자연스러운 상태에서는 생각이 여러분을 짓누르지 않고 자체의 자연스러운 리듬을 따라 흘러갑니다. 생각을 판독하고 생각을 '나의 것'이라고 여기는 '나'는 더 이상 존재하지 않습니다.

생각의 그 평행운동을 본 적이 있나요? 영문법 책에는 'I'가 주격主格, 일인칭 단수 대명사라고 나와 있죠. 하지만 여러분이 알고 싶어 하는 것은 그런 내용이 아닙니다. 여러분은 자신이 '나'라고 부르는 것을 볼 수 있나요? '나'라는 놈은 포착하기가 아주 어렵습니다. 지금 그 자를 보고 느껴보고 만져보고 나서 나한테 말해주세요. 여러분은 어떤 방법으로 그 자를 보고 있나요? 여러분이 '나'라고 부르는 자를 보고 있는 그 자는 누구인가요?

바로 이것이 그 모든 문제의 핵심입니다. 여러분이 '나'라고 부르는 자를 보고 있는 자가 바로 '나'입니다. 이런 상황은 '나'라는 것을 주체와 객체로 나누는 망상적인 짓거리를 빚어내며, 그런 분리를 통해서 '나'라는 망상적 관념은 지속됩니다. 여러분이 그런 짓을 전혀 하고 싶어 하지 않는다면 그 자는 깨끗이 사라져 더는 존재하지 않을 것입니다.

이런 얘기를 어떻게 이해하고 있나요? 나는 실용적인 목적을 위해 "여러분이 보고 있는 것은 보고 있는 그 자와 다르지 않다"는 진술을 만들어냈습니다. 도대체 이런 진술을 갖고 뭘 하죠? 여러분은 이렇게 무의미하고 비논리적이고 비합리적인 진술을 이해할 수 있는 방편으로 어떤 것을 갖고 있나요?

그러면 여러분은 생각하기 시작할 겁니다. 한데 여러분은 생각을 통해서는 어떤 것도 이해할 수 없습니다. 여러분은 내가 말하는 내용을 다른 모든 것을 해석할 때와 똑같이 자신이 이미 갖고 있는 지식의 용어들을 동원해서 해석하기 시작합니다. 그런 해석을 통해서 뭔가를 얻고 싶어 하니까요.

여러분이 그런 짓 하기를 그칠 때 비로소 내가 이야기하는 그런 상태가 존재합니다. 여러분이 하고 있는 짓, 이해하려 애쓰고 스스로를 변화시키려 애쓰는 짓의 부재상태야말로 내가 줄곧 이야기하는 존재being 상태입니다.

초월적인 것 혹은 피안彼岸이 존재할까요? 여러분은 일상사들, 주변에서 일어나는 일들에 흥미가 없기 때문에 피안, 영원함, 신, 진리, 참된 실체, 브라흐만, 깨달음 등이라고 부르는 것들을 창안해내고는 그런 것들을 찾아다닙니다.

한데 피안은 없습니다. 여러분은 피안을 알지 못합니다. 여러분이 알고 있는 것이라고는 주워들은 것, 그런 것에 관해 자신이 갖고 있는 지식뿐입니다. 그러므로 여러분은 그런 지식을 투영하고 있는 겁니다. 여러분이 '피안beyond'이라고 부르는 것은 여러분이 갖고 있는 지식으로 만들어진 겁니다. 피안에 관해 여러분이 갖고 있는 지식이야말로 여러분이 앞으로 경험하게 될 것입니다. 그런 지식은 그런 체험을 낳고, 그 체험은 다시 그런 지식을 강화시켜줍니다.

여러분이 알고 있는 것은 결코 피안이 될 수 없습니다. 뭘 체험하든 간에 그것은 피안이 아닙니다. 피안이 존재한다고 할 때, 거기에는 '나'라고 하는 움직임이 존재하지 않을 겁니다. 이런 움직임의 부재상태야말로 피안일 겁니다. 하지만 여러분은 피안을 체험할 수 없습니다. 피안은 '내'가 없을 때 존재하니까요. 어째서 여러분은 체험할 수 없는 것을 굳이 체험하려 드는 걸까요?

여러분은 늘 자기가 뭘 보고 있는지를 인식해야 하며, 그렇지 않을 경우 여러분은 존재하지 않습니다. 해석하는 순간 '나'라는 것이 존재합니다. 여러분은 뭔가를 보고는 그것을 가방, 그것도 빨간 가방이라고 인식합니다. 생각은 해석하는 작용을 통해서 느낌에 관여합니다. 어째서 생각이 관여할까요? 여러분은 그렇게 관여하는 짓에 대해 뭘 할 수 있을까요?

여러분이 어떤 물건을 보는 순간 여러분의 내면에서는 가방이라는 말이 떠오릅니다. 가방 말고 벤치라 해도 좋고 난간이나 계단이라고 해도 상관없습니다. "저기 앉아 있는 저 사람은 머리가 하얗네"라는 말이 떠올랐다 해도 상관없습니다. 그런 과정은 거듭 되풀이 되며, 여러분은 속으로 늘 뭐라고 중얼댑니다. 다른 어떤 일, 예컨대 회사 출근이 늦어진 일 등에 마음을 빼앗겼을 때만 중얼거림이 잠시 그칩니다. 여러분은 지금 이 순간 감각들이 기능하는 방식과 완전히 무관한 것에 관해 생각하거나 아니면 어떤 것을 보면서, "저건 가방, 빨간 가방이야"라고 속으로 중얼대거나 합니다. 존재하는 것은 그게 전부입니다. 가방이라는 말은 여러분을 자신이 보고 있는 것과 분리시키며, 그럼으로써 '나'라는 관념을 만들어냅니다. 그렇게 분리시키지 않을 경우 보는 자와 보이는 것 사이에는 어떤 간격도 없습니다.

생각이 일어날 때마다 '나'라는 것이 생겨납니다. 생각이 사라지면 '나'도 사라집니다. 하지만 '나'는 생각을 사라지게 하지 못하며, 이 '나'에 지속성을 부여해주는 것이 바로 생각입니다. 사실 우리 안에는 영속적인 어떤 실체도, 모든 생각과 경험의 전체성도 없습니다. 한데 여러분은 생각을 하는 '누군가'가, 느끼는 '누군가'가 있다고 생각합니다. 그것은 망상입니다. 나는 그것을 망상이라고 말할 수 있습니다만 여러분에게는 망상이 아니죠.

감정은 생각보다 더 복잡한 것이지만, 우리가 그것을 다루는 과정도 생각의 그것과 같습니다. 여러분은 어째서 자신이 화났다고, 누군가를 시샘하고 있다고, 섹스 때문에 괴롭다고 스스로에게 말해야만 하는 걸까요? 나는 뭔가를 이루고, 이루지 못하고를 이야기하는 게 아닙니다. 여러분에게는 어떤 느낌이 있는데, 여러분은 그것을 일러 우울하다, 불행하다, 기쁘다, 샘난다, 탐욕스럽다는 식으로 이야기합니다. 이렇게 이름 붙이는 짓은 이런 느낌을 해석하고 있는 자를 존재하게 만듭니다. 여러분이 '나'라고 부르는 자는 바로 빨간 가방, 벤치, 계단, 난간, 전구, 화난다, 기쁘다, 샘난다 같은 말들과 하등 다르지 않습니다. 여러분은 자신의 뇌세포들을 쓸데없는 활동에 동원시키고, 기억세포들을 계속 작동하게 만들고, 존재하는 에너지를 소진시키고 있습니다. 이런 짓은 여러분을 지치게 하고 소진시키기만 할 뿐입니다.

이런 식의 이름붙이기는 여러분이 누군가와, 혹은 자기 자신과 이야기를 나눠야 할 때 필요합니다. 한데 여러분은 늘 자기 자신과 이야기를 합니다. 왜 이런 짓을 하는 거죠? 여러분이 혼자 소리 내어 중얼거리는 사람과 딱 하나 차이가 있다면 여러분은 입 밖으로 소리를 내지 않는다는 것뿐입니다. 여러분도 소리 내어 중얼거리기 시작한다면 곧바로 정신과의사를 찾아가는 게 좋겠죠.

물론 정신과의사도 여러분과 똑같은 짓을 합니다. 그 친구도 늘 속으로 웅얼거리죠. 빨간 가방, 강박증, 오이디푸스 콤플렉스, 탐욕스럽다, 벤치, 난간, 마티니 등이라고 하면서. 그러고 나서 그 친구는 여러분에게 뭔가가 잘못됐다고 하면서 병상에 눕히고는 여러분을 변화시키거나 돕고 싶어 합니다.

어째서 느낌을 저 혼자 가만 내버려두지 못할까요? 왜 그걸 굳이 해석하려 들까요? 여러분은 자신과 이야기를 하지 않을 경우 자신이 존재하지 않기 때문에 그런 짓을 하는 겁니다. 자신이 존재하지 않게 되리라는 사실이 '나'에게는 무척이나 두려운 일로 다가옵니다.

여러분이 체험하는 모든 것, 곧 평화, 열락, 고요함, 지복, 환희, 기쁨 등은 다 낡은 것들이요 밖에서 얻어들은 것들입니다. 여러분은 이 모든 것에 관한 지식을 이미 갖고 있습니다. 여러분이 열락의 상태나 더 없이 깊은 적정 상태 속에 있다는 사실은 여러분이 그런 것들에 관해 이미 알고 있다는 것을 뜻합니다. 그런 것들을 체험하려면 그런 것들을 알아야 합니다. 그런 앎 또는 지식은 경이로운 것도 아니요 형이상학적인 것도 아닙니다. 벤치, 빨간 가방은 지식입니다. 지식은 남이 여러분에게 주입해준 것이며, 그 남은 또 다른 남에게서 그것을 주입받았습니다. 그런 것은 여러분의 것이 아닙니다.

여러분은 저 앞에 있는 벤치처럼 단순한 것을 체험할 수 있을까요? 아니, 할 수 없습니다. 여러분은 단지 벤치에 관해서 갖고 있는 지식 혹은 앎만 체험합니다. 그리고 그런 지식은 늘 외부의 매개자를 통해서 들어옵니다. 여러분은 자신이 속한 사회의 생각에 따라 생각하고, 사회의 느낌에 따라 느끼고, 사회의 체험에 따라 체험합니다. 새로운 체험이란 없습니다.

따라서 과거에 남들이 생각하고 느낀 모든 것이 여러분의 시스템에서 빠져나가야 합니다. 여러분은 바로 그런 모든 지식의 소산입니다. '나'라고 하는 것은 바로 그런 존재에 불과합니다.

생각이란 뭘까요? 여러분은 생각에 관한 것을 전혀 알지 못합니다. 여러분이 생각이라고 부르는 것에 관해서 알고 있는 것이라고는 죄다 밖에서 주워들은 것뿐입니다. 그런 것을 갖고 도대체 뭘 할 수 있겠어요? 그것을 자기 마음대로 주조하거나 통제하거나 빚어내거나 멈추게 할 수 있을까요? 남들이 여러분에게 이런 것은 변화시켜야 하고 저런 것을 바꿔야 하며, 좋은 생각은 갖고 있고 나쁜 생각은 버리라고 말하기 때문에 여러분은 늘 생각을 갖고서 뭔가를 해보려 애씁니다.

생각은 그저 생각일 뿐 좋은 것도 나쁜 것도 아닙니다. 일어나는 어떤 생각이든 그것을 갖고서 뭔가 하고 싶어 하는 한 여러분은 생각을 하게 되어 있습니다. 하고 싶어 하는 것과 생각하는 것은 별개의 것들이 아닙니다. 이해하고 싶어 한다는 것은 생각의 움직임이 있다는 것을 뜻합니다. 이해하고 싶어 하는 것은 생각의 움직임에 추진력을 더해주고 연속성을 부여해주는 일이 됩니다.

여러분이 자신의 감각들을 이용해서 뭔가를 얻고 싶어 하기 때문에 여러분의 감각들은 부자연스럽게 작동합니다. 어째서 꼭 그렇게 뭔가를 얻고 싶어 할까요? 그것은 여러분이 '나'라고 부르는 것을 지속시키고 싶어 하기 때문입니다. 여러분은 그런 지속성을 보호보장해주고 있습니다. 생각은 보호의 메커니즘입니다. 생각은 뭔가를 혹은 다른 누군가를 희생시켜서 '나'를 보호합니다. 생각에서 나오는 것은 뭐든 다 파괴적이고 해롭습니다. 생각은 결국 여러분과 전 인류를 파멸시킬 겁니다.

생각의 반복적인 메커니즘은 여러분을 지치게 하고 소진시킵니다. 그러니 생각을 어떻게 하면 좋을까요? 여러분이 할 수 있는 질문이라고는 그런 정도가 고작입니다. 그것이 유일한 질문이며, 나나 그 누군가가 제공해주는 답은 결국 생각의 움직임에 추진력을 더해줄 뿐입니다.

아무튼 생각을 두고 여러분이 할 수 있는 일이 뭘까요? 아무것도 없습니다. 생각은 너무나 강고합니다. 생각은 몇 백만 년에 걸친 운동량을 갖고 있습니다. 여러분은 완전히 무력한 처지에 놓여 있는데다 그렇다는 사실을 의식하지도 못하고 있습니다.

여러분이 마인드 컨트롤 훈련을 할 경우 자동적으로 '나'라는 것이 존재하며, 그런 훈련을 통해서 '나'는 지속됩니다. 명상을 해본 적이 있나요? 아주 진지하게 해본 적이? 혹은 명상을 한다는 사람을 알고 있나요?

그 누구도 명상을 하지 못합니다. 만일 여러분이 진지하게 명상을 한다면 정신병원에 들어가야 할 겁니다. 자기 삶의 매 순간을 자각하기 위해 알아차리는 훈련을 할 수도 없습니다. 여러분은 알아차릴 수 없으며, 여러분과 알아차림mindfulness은 공존할 수 없습니다. 만일 여러분이 평생 단한 번, 일초라도 알아차림의 상태에 있을 수 있다면 '나'라는 연속성은 끊어질 겁니다. 체험구조가 빚어낸 망상, 곧 '나'라고 하는 것은 부서져버리고 모든 것이 자연스러운 리듬에 따라 흘러갈 겁니다.

이 자연스러운 상태에서는 자신이 뭘 보고 있는지 알지 못합니다. 그것이 바로 알아차림입니다. 만일 자신이 뭘 보고 있는지 알고 있다면 여러분은 존재하게 되고, 다시 자신이 이미 알고 있는 낡은 것을 체험하게 될 겁니다.

어떤 사람은 자연스러운 상태에 들고 또 어떤 사람은 들지 못하게 되는 이유는 뭘까요? 그건 나도 모릅니다. 세포들에 그 이유가 씌어 있는지도 모릅니다. 아무튼 그런 상태는 인과와는 무관하게 일어납니다. 하려고 마음먹는다고 해서 되는 게 아닙니다. 여러분은 노력해서 그런 결과를 불러일으킬 수 없습니다. 여러분이 할 수 있는 일은 아무것도 없습니다. 어떻게 해서 자기가 이런 상태에 들었는지를 이야기해주는 사람은 그가 누구든 간에 믿지 않는 게 좋습니다.

여러분이 분명하게 확신할 수 있는 게 하나 있다면 자연스러운 상태에 든 사람은 스스로를 알 수가 없으며, 그런 사실을 여러분에게 이야기해줄 수도 없다는 점입니다. 몸에는 방아쇠를 당기는 장치 같은 것이 내장되어 있어 만일 생각의 체험구조가 사라지게 되면 저절로 다른 것이 그 자리에 들어섭니다. 그럴 때 몸은 누군가와 소통할 필요가 있을 때를 제외하고는 생각의 간섭을 받는 일 없이 완전히 다른 방식으로 기능하게 될 겁니다. 권투용어를 빌어서 얘기하자면 여러분은 완전히 무력해져서 '타월을 던져야' 할 겁니다. 그 누구도 여러분을 도와줄 수 없고 여러분도 스스로를 도와줄 수 없습니다.

이런 상태는 여러분의 관심권 밖에 있는 것입니다. 여러분은 지속성에만 관심이 있으니까요. 여러분은 아마 다른 레벨에서 지속되길 원하고 다른 차원에서 기능하고 싶어 할 겁니다. 아무튼 어떻게 해서든 지속되고 싶어합니다. 여러분은 이런 상태를 피하려 들 겁니다. 이런 상태는 여러분이 '나'라고 부르는 것을, '나'와 관련된 모든 것을, 더 높은 자아나 더 낮은 자아, 영혼, 아트만, 의식과 잠재의식 등을 모조리 없애버릴 겁니다.

어떤 시점에 이르면 사람들은 "내겐 시간이 필요해"라고 말합니다. 그렇게 해서 사다나(탐구와 종교적 수행)가 등장합니다. 여러분은 스스로에게 "내일이면 나는 이해할 거야"라고 말하죠.

이런 구조는 시간에서 태어나고 시간 속에서 기능하지만 시간을 통해서는 사라지지 않습니다. 만일 오늘 이해하지 못한다면 내일도 이해하지 못할 겁니다. 이해할 게 뭐가 있죠? 어째서 여러분은 내가 말하는 내용을 이해하고 싶어 하나요? 여러분은 내가 말하는 것을 이해할 수 없습니다. 내가 기능하는 방식에 관한 얘기를 여러분이 기능하는 방식과 관련시키려 해봤자 헛수고입니다.

　이 상태는 내가 말로 전할 수 있는 게 아닙니다. 말로 전하는 일이 필요하지도 않구요. 어떤 대화도 불가능합니다. '내'가 없고 궁금한 것이 없을 때 그것이 곧 깨달음입니다. 할 일을 다 마친 겁니다. 여러분은 여기서 걸어 나갈 겁니다. 자신의 상태에 관해서 설명하는 어떤 사람의 말에도 귀 기울이지 않을 것이고 깨달음에 관한 어떤 질문도 하지 않을 겁니다.

　여러분이 찾고 있는 것은 존재하지 않습니다. 여러분은 신비한 주문 같은 것을 통해서 자신을 단번에 무아 상태로 진입시키는 것이 가능하리라는 황홀한 환상을 품고서 마법의 땅을 밟고 싶어 합니다. 한데 그런 짓은 여러분을 자연스러운 상태에서 멀어지게 합니다. 그것은 스스로에게서 벗어나는 움직임입니다. 진정한 자신이 되는 데는 특별한 지혜가 필요한데 여러분은 이미 그런 지혜를 갖추고 있습니다. 누구도 여러분에게 그런 지혜를 줄 필요가 없고 누구도 그것을 빼앗아갈 수 없습니다. 그런 지혜가 저절로 드러나게 하는 사람이야말로 자연스러운 사람입니다.

chapter 3

우리 외부에는
어떤 힘도 존재하지 않는다

1980년, 인도 마이소르에서
HSK 교수와 인터뷰한 내용

THE MYSTIQUE OF ENLIGHTENMENT

우리는 자신의 개인적인 과거뿐만 아니라 인류의 모든 과거로부터 벗어나야 합니다. 그것은 곧 과거의 모든 사람이 생각하고 느끼고 체험한 것으로부터 벗어나야 한다는 것을 뜻합니다. 그렇게 할 때라야만 비로소 참된 자기 자신이 될 수 있습니다. 내가 사람들에게 이야기하는 목적은 오로지 각 개인의 유일무이함을 지적하기 위해서입니다. 문화나 문명 같은 것들은 늘 우리를 일정한 틀에 맞추려고 합니다. 그럴 때 인간은 인간이 아닙니다. 나는 그런 사람을 일러 '진기한 동물'이라고 부릅니다. 문화의 구속을 받고 있는 한 인간은 진기한 동물 정도에 머무르고 말 것입니다.

자연은 꽃을 피워내듯 인류 진화의 마지막 산물인 사람을 이따금 한 번씩 낳곤 합니다. 그 사람은 진화 과정에 의해서 또 다른 것을 창조하기 위한 모델로 이용될 수 없습니다. 내가 이런 사람을 인류 진화의 마지막 산물이라고 부르는 것은 바로 그 때문입니다. 자연이 하나의 꽃을 낳는다면 그것으로 족합니다. 여러분은 그런 꽃을 박물관에 갖다 두고 바라볼 수도 있습니다. 여러분이 할 수 있는 일은 그런 정도가 고작입니다.

사람들은 내가 하는 이야기를 좋아하지 않는데 그것은 내 이야기가 인도 문화 전체를, 프로이트의 사기에 토대를 둔 심리학적 상부구조를 무너뜨리기 때문입니다. 심리학자들과 종교인들이 나를 배척하는 것도 그 때문입니다. 그 사람들은 내가 이야기하는 내용을 좋아하지 않습니다. 자기네 밥그릇을 빼앗길 우려가 있으니까요. 하지만 모든 건 다 끝났습니다. 앞으로 십년이나 이십년 내에 모든 종교적, 심리학적 사업은 끝장이 날 겁니다.

오늘날의 전 세계적인 위기에서 인도는 어떤 역할을 해야 할까요?

—— 세상이 겪고 있는 위기는 세상을 구하기 위한 뭔가를 반드시 내놓을 겁니다. 나는 그런 것이 꼭 나와야 한다고 생각합니다. 그리고 그것은 서구에서 나올 겁니다. 서구의 어디에서 나올지는 모르겠지만 인도는 전혀 아닙니다.

서구인들은 진지하게 추구하고 있나요?

—— 아주 진지하고 성실하죠. 그 사람들은 자기네의 기존 가치들에 의문을 던지고 있습니다. 지금으로서는 반란과 반항의 차원에 머무르고 있을 뿐이지만 그 사람들은 답을 원하고 있습니다. 그 사람들은 아주 실용적인 사람들입니다. 약속만 받아서는 결코 만족하지 않죠.

그 사람들은 답을 원하고 있고 그런 노력을 하지 않는다면 인류는 파멸의 운명을 피할 수 없을 겁니다. 하지만 인류는 결코 사라지지 않을 겁니다. 어떻게 해서든 살아남을 겁니다. 나는 종말론을 설파하는 게 아닙니다. 나는 종말의 예언자가 아닙니다. 하지만 나는 그 답이 서구에서 나올 것이라고 믿고 있습니다. 아무튼 어딘가에서 나오긴 나와야 할 텐데 인도에서 나오지는 않을 겁니다.

그걸 확신하시나요?

—— 확신합니다. 반평생을 서구에서 보냈으니까요. 내 생애의 반은 인도에서, 나머지 반은 서구에서 보냈죠.

어떻게 해서 그런 결론에 도달하셨나요? 인도가 그 나름의 철학을 발전시켜 왔다고 생각하시지 않나요?

—— 어제 나는 에머슨의 말 하나를 인용했습니다. 내가 누군가의 말이나 글을 인용하는 것은 극히 드문 일입니다. 에머슨은 아주 흥미로운 말을 했습니다. 만일 당신의 이웃이 신을 믿게 하고 싶은 마음이 있다면 신이 당신을 어떤 사람으로 만들 수 있는지를 그 이웃이 잘 보게끔 해주라고. 사랑의 신, 진리의 신, 혹은 이런저런 신에 관해서 얘기하는 것은 전혀 쓸데없는 짓입니다.

에머슨의 이 말은 아주 흥미로운 말입니다. 신이 당신을 어떤 사람으로 만들 수 있는지를 온 세상이 분명히 보게 하세요. 그와 꼭 마찬가지로 당신은 자기 집을 잘 정돈해야 합니다. 인도는 혼란한 상황에 처해 있으며, 이 나라가 어디로 갈지 아는 사람은 아무도 없습니다. 그러니 당신들의 영적 유산(그런 것이 많이 있죠. 나는 한시도 그것을 부정하지는 않습니다. 인도는 많은 현자와 성자들, 인류의 구원자들을 배출했습니다)에 뭔가 있긴 하지만 이 나라가 자기네 집을 정돈하려는 데 그 유산이 아무 도움도 되어줄 수 없다면 어떻게 이 나라가 세상을 도와줄 수 있겠습니까? 우선 이런 점을 지적하고 싶군요.

다음으로, 당신들은 현대적인 전문용어, 새로운 표현들을 사용해야 합니다. 서구인들은 새로운 전문용어나 표현법들 덕에 흥미롭고 매력적인 사람들로 비쳐집니다. 그러므로 서구인들은 그런 모든 용어를 배워 익히고, 자기네가 그런 용어들을 반복해서 사용할 수 있기 때문에 스스로 대단한 사람들이라는 자부심을 갖고 있습니다. 오로지 그런 방법 밖에 없습니다. 당신들도 새로운 언어를 배워 익히고 그 언어로 말하기 시작하세요. 그러면 큰 자부심을 느끼게 될 겁니다. 하지만 그래봤자 근본적으로는 당신들에게 아무 도움도 되지 않을 겁니다.

사정이 이러니 모든 인도인이 그렇게 자랑해마지 않는 이 위대한 유산이 다른 나라들은 둘째 치고 우선 자기 나라를 어떻게 도와줄 수 있겠습니까? 그리고 어째서 그것이 이 나라를 도와줄 수 없는 걸까요? 그것이 내 의문입니다.

어떤 의미에서의 도움을 말씀하시는 건가요?

── 우선 인도인들은 경제적인 안정을 확보해야 합니다. 모든 사

람이 제대로 먹고 입고 안온한 거처에서 지내야 합니다. 이 나라를 휩쓸고 있는 가난에는 변명의 여지가 없어요. 지난 삼십년간 우리는 해방된 나라였습니다. 그런데 어째서 이 나라 사람들은 여전히 가난할까요?

나는 그에 대한 해답을 갖고 있지 못합니다. 만일 그런 걸 갖고 있었다면 여기 앉아서 한가롭게 이런 이야기나 늘어놓지 않고 이미 뭔가를 하고 있겠죠. 이 나라에서는 개인이 할 수 있는 게 거의 없어요. 지금의 상황이 그렇습니다. 여기서 집단적인 행동은 말썽이나 싸움을 뜻합니다. 내 당, 내 시스템, 내 기술, 네 당, 네 시스템, 네 기술 해가면서. 그러니 이 모든 시스템은 결국 전쟁터에서 종말을 고하고 말죠. 그들의 모든 에너지는 사람들을 자기네의 정치적 입장에 끌어들이려고 애쓰는 일로 소진되고 있습니다. 한데 그 시스템들은 이 나라가 안고 있는 문제들을 해결하지 못했습니다. 이게 내가 말하려고 하는 요지입니다.

이 나라는 스스로를 구할 수 없는 걸까요? 우리의 유산이 어떤 도움도 되지 못할까요?

── 이 나라는 스스로를 구할 수 없습니다. 불행히도 그 유산은 국민들에게 도움이 되지 못하는 것 같습니다.

예컨대 전 세계의 심리학자들은 자기네의 한계에 다다라 이제는 인도 쪽에 시선을 돌리고 있습니다. 그들은 인도의 온갖 성자, 요기[1], 구루들을 찾아오고 있습니다. 심리학자들은 그들의 가르침에 깊은 관심을 갖고 있긴 하지만 그것을 검증해보고 싶어 합니다. 그들은 말을 통한 가르침이나 영적인 체험, 영적인 판타지들뿐만 아니라 결과도 역시 원합니다. 그런 것들은 세상의 문제들을 해결하는 데 적용되어야 하니까요. 그들의 관심사는 오로지 거기에만 있습니다.

따라서 내가 강조하고자 하는 것은 그 사람들은 자기네 문제에 대한 해법을 제시해야 할 입장에 있다는 점입니다. 과학자들도, 기술자들도 각자 자기네의 문제들을 안고 있습니다. 그러니 우선은 자기네 문제에 대한 해법을 제시하는 것이 중요합니다. 그 사람들로서는 괜히 이 나라의 이 성자 저 성자를 돌아가며 찾아다니는 것은 쓸데없는 짓입니다.

그 사람들은 그들의 방식대로 해답을 찾아야 하지 않을까요?

── 그 사람들은 각자 자기네 분야에서 자기네 문제에 대한 해법을 제시해야 합니다. 우리의 해법은 그 사람들이 안고 있는 문제에 대한 해법이 되지 못합니다. 그 사람들의 문제뿐만 아니라 우리의 일상적인 문제들에 대한 해법도 되지 못하죠. 사람들은 문제에 대한 연구나 조사가 아니라 해법에만 관심이 있습니다. 당신들은 인도의 위대한 현자와 성자와 인류의 구원자들이 우리가 안고 있는 문제들에 대한 해법을 갖고 있다고 얘기합니다. 그렇다면 어

---

1 요가수행자.

째서 우리는 여전히 똑같은 질문을 던지고 있을까요?

그러니 그 사람들은 해답이 아닌 겁니다. 만일 그 사람들이 해답이라면 질문이 나오지 않을 겁니다. 우리가 여전히 질문을 던지고 있다는 사실은 그 사람들이 해답은 아니라는 것을 뜻합니다. 그러므로 우리가 안고 있는 문제들에 제시되어왔던 해법들은 전혀 해법이 아닙니다. 그렇지 않다면 어째서 문제가 여전히 문제로 남아 있을까요?

따라서 이제는 문제를 해결할 책임이 특정한 어떤 나라, 곧 인도나 미국이나 러시아가 아니라 각 개인에게 있습니다. 각 개인이 그런 문제들에 대한 자신의 답을 찾아내야 합니다. 집단이 아니라 각 개인이 인류의 구원자인 이유는 바로 여기에 있습니다. 만일 어떤 개인이 자신의 문제에 대한 답이나 해법을 찾아낼 수 있다면 우리 모두는 하나이기 때문에 인류 전체에게 서광이 비칠 겁니다. 미국에서 일어나는 모든 일은 우리에게 영향을 미칩니다. 인도에서 일어나는 모든 일도 역시 다른 나라들에 영향을 미칩니다.

오늘날 전 세계 사람들은 하나의 세계에 속해 있다고 생각합니다. 적어도 이론상으로는 그렇습니다. 하지만 누구도 제 나라의 주권을 포기할 준비가 되어 있지 않습니다. 이런 점이야말로 문제의 핵심이죠. 유럽공동체는 오로지 경제적인 이유 때문에 결성되었습니다. 유럽의 각 나라들은 여전히 주권을 고집하고 있습니다. 하지만 그런 현실이야말로 맨 먼저 끝장나야 할 것이죠.

어떻게 하면 우리의 풍요로운 유산이 물질적인 문제를 해결하는 데 도움이 될 수 있을까요?

―― 우리 유산은 그런 문제를 해결해주지 못합니다. 우리 유산은 거짓된 것이고, 사람들의 실생활에 별다른 영향을 주지 못하는 것이기 때문입니다. 그 유산이 이 나라의 경제적인 문제들을 해결하는 데 도움을 줄 수 없는 것은 바로 그 때문입니다. 우리는 오랜 세월 동안 모든 생명은 하나라고 이야기해왔습니다. 그런데도 빈민들이 이토록 많은 것을 어떻게 정당화할 수 있나요? 불가촉천민이라고 하는 하리잔Harijan이 일억 명이나 되는 것을 어떻게 정당화할 수 있나요? 나는 어떤 해법도 갖고 있지 못합니다. 나는 그저 우리 유산이 비범한 것이라는 우리의 주장이 얼마나 터무니없는 것인가를 지적할 뿐입니다.

우리가 우리 유산의 가르침을 행동으로 옮기지 않고 있다는 말씀이군요.

―― 우리는 우리의 위대한 전통이나 유산에 대한 기대, 그리고 우리의 희망에 부응하는 삶을 살고 있지 않습니다.

그렇다고 해서 우리 유산과 가치들이 몽땅 거짓이 되는 건 아니지 않을까요.

―― 거짓이 아니라고 해서 그것이 우리에게 무슨 위안이 되겠어요? 좋을 게 뭐 있나요? 그것은 꼭 다음 끼니를 어디서 얻어먹을지 막막한 상황에서, "우리 할아버지는 아주 부자였어, 천만장자였지"라고 말하는 것이나 같습니다. 자기 할아버지가 천만장자였다

는 사실을 늘 되뇌고 다니는 것이 무슨 소용이 있나요? 인도는 위대한 성자들과 영적인 거인들을 배출해냈지만 현재 우리 가운데는 그런 이가 한 사람도 없습니다. 그러니 우리 유산이 어마어마하고 더없이 위대하다는 말을 늘 되뇌고 다니고 우리 유산의 위대함을 찬양하고 다닌들 그게 다 무슨 소용이 있겠어요?

그런 것들은 의당 이 나라에 도움이 되어야 합니다. 그런데도 어째서 그런 현실에 의문을 제기하지 않는 거죠? 그 모든 현실에는 뭔가 잘못된 점들이 있을 겁니다. 인도 문화는 뭔가 비범하고 위대한 것으로 여겨지고 전 세계 사람들이 영성과 다르마 등을 거론하고 있기는 하지만, 인도는 기껏해야 한 줌의 위대한 스승들을 배출한 것에 지나지 않고, 그 스승들은 자기네와 버금가는 제자들을 배출해내지도 못했어요. 내게 또 다른 라마누자차리야[2]를 보여주세요. 단 하나의 라마누자차리야, 단 하나의 샹카라차리야, 단 한명의 마드바차리야[3], 단 하나의 붓다, 단 하나의 마하비라[4] 뿐이잖아요. 그 사람들을 다 해봐야 손가락으로 꼽을 수 있을 정도에 불과하죠.

---

2 **라마누자차리야**Ramanujacharya(1017~1137): 11세기 힌두교 비슈누파의 사상가이자 종교개혁가인 라마누자를 이르는 말. 최고의 실재인 '브라흐만'만이 유일한 실재이고 모든 이름과 형상은 허상이라며 올바른 지식의 중요성을 강조한 샹카라에 비해, 브라흐만이 인격적 신인 비슈누의 형상으로 나타날 수 있고 현상계 또한 실재일 수 있으며 신에 대한 헌신이 지식보다 더 중요하다는 '한정불이론限定不二論(Vishisht advaita)'을 주창. 이름 뒤에 붙는 '아차리야acharya'는 '큰 스승'의 의미로, '성하聖下'처럼 종교적 존경의 뜻을 담은 호칭.

이런 구루들은 서구의 사제들과 비슷한 이들이기 때문에, 우리 각자는 이런 이들의 관점에 따라 생각하고 있지 않아요. 인도에는 이런 자유가 있기에 누구나 다 작은 가게를 열고 저만의 특별한 상품들을 팔 수 있었습니다. 인도에 서구의 사제들만큼이나 많은 구루가 있었던 것은 그 때문입니다.

한데 서구에서는 조직화된 종교가 개인의 성장 가능성을 막아 버렸습니다. 서구인들은 정통적인 교리에 반대하거나 이의를 제기하는 모든 이를 말살시켜버렸습니다. 그 사람들은 인도에서와는 달리 개인들이 영적인 스승으로 꽃피어날 가능성을 완전히 분쇄해버렸습니다. 한데 다행히 인도는 자유로운 나라여서 수많은 구루들을 배출해냈죠.

그럼에도 불구하고, 모든 분위기가 종교적이라는 사실에도 불구하고, 그런 스승들은 또 다른 스승들을 배출해내지 못했습니다. 내게는 당신네가 이야기하는 종교적인 것이 미신에 지나지 않습니다. 단식과 축제와 의례들을 준수하고 때마다 사원에 가는 것은 종교와는 무관한 일입니다. 불교의 틀 속에서는 또 다른 붓다가

---

3 **마드바차리야**Madhva(1238~1317): 13세기 힌두교 비슈누파Vaishnava의 사상가. 비슈누파의 4대 종파 중 하나인 브라흐마파(마드바파)의 창시자. 샹카라의 철학과 대조되는 '이원론적Dvaita' 철학을 주창. 8세기경 샹카라에 의해 불이일원론 베단타 사상이 완성되었고, 11세기 라마누자에 의해 한정불이론 베단타가, 13세기 마드바에 의해 이원론적 베단타가 성립된 것으로 파악됨.
4 **마하비라**Mahavira(BC 599?~527?): 인도 자이나교의 창시자.

나올 수 없습니다. 현재의 힌두교 학파의 틀 속에서는 또 다른 라마누자차리야가 나올 수 없습니다.

그들은 자기네 교리를 신봉하는 소규모 집단들을 뒤에 남겨놨습니다. 혹은 제자들이 결성해내기도 했고. 그러고 나서 그 집단들은 늘 머리 터지게 싸우고 있습니다. 그들은 코끼리에 'V'자 표식을 해야 하나 'U'자 표식을 해야 하나를 두고 법정에서 재판을 벌입니다. 모든 것이 퇴화하고 타락해서 오늘날 볼 수 있는 것 같은 시시껄렁한 것들로 전락해버렸습니다.

그러니 "오늘의 인도가 그런 걸출한 위인들을 배출해낼 수 있는가?" 하는 것은 이 나라의 모든 사람이 스스로에게 던져야 할 질문입니다. 첫 번째로 물어야 할 것이 그것이구요, 다음은, "당신들이 말하는 종교 또는 유산이 사람들의 삶 속에서 제대로 작동하고 있는가?"라는 질문입니다. 그리고 세 번째로 물어야 할 것은 "그런 것이 이 나라의 정치, 경제적 문제들을 해결하는 데 도움이 될 수 있는가?"입니다. 이 모든 질문에 대한 내 대답은 단연코 "아니요"입니다.

첫 번째 질문은 두 번째나 세 번째 질문과 서로 다른 차원에 속하는 것이 아닐까요?

── 아뇨. 불행히도 우리는 삶을 물질적인 것과 정신적인 것으로 나눠놨습니다. 이것이야말로 우리가 고안해낸 최대의 도피처입니다. 삶은 하나입니다. 삶은 물질적인 것과 정신적인 것으로 나눌

수 없습니다. 바로 그런 점에서 우리는 잘못 가고 있는 겁니다. 서구인들은 교회에 가는 일요일에만 경건하게 행동하고 나머지 날들에는 괴물이 되어버립니다.

대체 무슨 생각을 하는 겁니까? 성스럽다는 책들을 읽는 게 무슨 소용이 있습니까? 그런 것들을 기계적으로 낭송하는 게? 사람들은 복창하고 또 복창합니다만 자기네가 낭송하는 내용이 무슨 뜻인지도 모릅니다. 나는 매일 아침마다 찬가를 듣습니다만 그런 것에 무슨 흥미가 있어서 그러는 건 아닙니다. 나는 여기 있고 라디오가 저기 있어서 그냥 들을 뿐입니다.

그런 찬가들이란 게 대체 뭘까요? 사람들은 자기네가 부르는 노래의 의미를 알고 있을까요? 이런 말을 해서 유감입니다만 그건 정말 포르노예요. 나는 그런 찬가를 작곡한 사람들이 하나같이 섹스에 굶주린 사람들로서 자기네의 그런 굶주림을 노래로 표현해놓고는 그것이 여신에게서 유래된 것인 양하는 사람들이라는 결론을 내렸습니다. 그 사람들은 그런 노래들에서 여자의 몸 어느 한 부분조차도 빠뜨리지 않아요. 그게 잘못됐다고 나무라는 건 아닙니다만.

사람들은 그 모든 것에 신비로운 설명을 갖다 붙일 수 있겠지만 나는 그런 설명에 아무 관심이 없어요. 그건 단지 왜 그런 것들이 생겨났는지 알고자 하는 일부 사람들의 의혹어린 태도를 무질러버리고 싶어 하는 자들의 비밀주의 정책, 은폐공작에 불과합니다.

신전에서 황소를 숭배하고 시바를 숭배하는 관행(힌두교 신화에 나오는 생식숭배의 상징인 요니와 링감[5]에 대해서는 잘 알고 있을 겁니다)은 원시인들에게서 전래된 겁니다. 원시인들에게는 섹스가 자기네가 알고 있는 최고의 쾌락이었죠. 후세 사람들은 수행의 열락과 지복을 체험했는데 그것은 섹스가 변형된 것입니다. 하지만 본래 섹스는 가장 중요한 것이었습니다. 십자가조차도 남근의 상징물이죠.

교회에서는 빵과 포도주를 줍니다. 그것의 진짜 의미는 뭘까요? 교회 사람들은 야만인 시절에서 그런 관행을 베껴온 겁니다. 영웅이 죽었을 때 야만인들은 그의 위대한 능력들을 얻고 싶은 마음에서 그의 살을 먹고 피를 마셨으며 그런 관행은 대대로 전해 내려왔죠.

우리는 미처 알지도 못한 채 그런 어리석은 관행들을 답습하고 있고, 그렇게 해서 그런 관행들은 앞으로도 계속될 겁니다. 나는 그런 걸 비난하는 건 아닙니다. 하지만 당신들이 얘기하는 유산이란 게 대체 뭘까요? 그런 것이 이 나라의 경제 문제들을 진짜로 해결해줄 수 있을까요?

정치적인 문제들과 경제 문제들은 함께 얽혀 있습니다. 그것들은 따로 나눌 수 없습니다. 그것들은 하나요, 완전한 통합체입니다. 그런데 어째서 그 둘을 떼어놓는 것일까요? 정치적 혁명 없이

---

[5] 힌두교에서 요니yoni는 여성 원리, 링감lingam(또는 링가linga)는 남성 원리를 상징. 인도 건축물에서 요니는 사각형 또는 삼각형의 받침대로 여성의 생식기를, 링감은 끝이 둥근 돌기둥의 형태로 남성의 생식기를 의미하는 추상적 형태로 표현되며, 요니와 링감이 결합된 형태, 또는 링감은 시바신의 상징물로 숭배의 대상이 됨.

나라를 변화시키는 것이 가능할까요? 불가능합니다. 그리고 이 나라에서 정치적 혁명은 전혀 불가능합니다. 그것은 이 나라 헌법이 변화는 헌법의 테두리 내에서 이루어져야 한다고 명시하고 있기 때문입니다. 그 때문에 집권 정부에 대한 반란이 일어날 가능성이 원천적으로 봉쇄되어 버렸습니다.

사정이 그런데 어떻게 정부를 변화시키기를 기대하겠어요? 이 나라에서 국회의원으로 당선되려면 엄청난 자금을 갖고 있어야 합니다. 따라서 국회의원이 많은 돈을 쓰고 당선 되고 나면 어떻게 해서든 돈을 긁어모아야 합니다. 그 사람들은 나라에 봉사를 하려고 국회에 있는 게 아닙니다. 그러니 그 사람들을 나무라지 마세요.

나는 모든 사회문제는 정부가 나서서 해결해야 한다는 견해를 갖고 있습니다. 이 세상 어디를 가 봐도 민간 자선단체가 하는 일에는 늘 한계가 따릅니다. 만일 정부가 그런 의무를 다하지 않는다면 그 정부를 몰아내버리세요. 정부에서 그런 일을 하게 하세요. 그러므로 정부가 그런 일을 하지 않는다면 그 책임은 바로 당신들에게 있는 겁니다. 어째서 정치가들을 비난하나요? 스스로를 나무라야죠.

하지만 선거에 의해서 구성된 정부는 특정한 한 계급만을 대표합니다.

── 부자들을 대표하죠. "나는 5에이커(약 2만 m^2)의 땅을 확보하고 싶어"라고 말하는 사람들을. 나는 땅이 전혀 없어서 그런 건 내게

아무 문제도 되지 않습니다. 토지보유상한제는 내게 아무 영향도 미치지 못해요. 설혹 공산주의자들이 집권한다 해도 나는 잃을 게 하나도 없습니다.

공산주의자들은 인도가 당면한 문제들을 해결하지 못합니다. 누구도, 어떤 당도 못합니다. 이 세상에 신이 있다고 한다면 신조차도 해결할 수 없을 겁니다. 인도의 당면 문제를 꼭 비관적으로만 평가하는 건 아니나 나로서는 어떻게 해야 이 문제를 해결할 수 있을지 잘 모르겠어요. 이 나라에서는 어떤 희망도 보이지 않아요. 나는 이 나라가 국제무대에서 아주 중요한 역할을 해줬으면 해요. 인도가 그런 역할을 할 수 있다면 나는 기뻐서 펄쩍 뛸 겁니다. (웃음) 한데 신조차도 그런 일은 할 수 없어요. 전능한 신이라는 게 있는지는 모르겠지만 아무튼 그런 신도 할 수 없다면 당신과 내가 무엇을 할 수 있겠어요?

이 나라 국민들은 힘이 너무 약해서 모든 걸 뒤집어엎어버리지 못합니다. 뒤집어지기만 한다면 어느 정도의 가능성은 열릴 텐데. 이 나라가 당면하고 있는 문제는 다른 모든 나라는 자유를 얻기 위해 열심히 일하고 싸웠으며 때로 죽음까지도 불사한 데 반해서 인도는 황금쟁반 위에 얹어서 건네준 자유를 부여받았다는 데 있습니다.

그건 정말 큰 문제입니다. 영국이 인도를 통치한 것은 정말 유감입니다. 만일 프랑스나 다른 어떤 나라가 통치했다면 인도는 다른 나라가 되었을 겁니다. 중국에는 비범한 군사지도자들이 있었죠. 인도는 마오쩌둥毛澤東 같은 한 명의 지도자도 배출해내지 못했습니다. 인도가 마오쩌둥 같은 사람을 어떻게 배출할 수 있겠어요?

하지만 그런 공산주의 국가들을 모델로 삼을 이유는 전혀 없습니다. 인도는 자체의 고유한 혁명을 전개해나가야 합니다. 인도에서라면 마오쩌둥도 완전한 실패를 맛봤을 겁니다. 그러니 인도는 자체의 고유한 작품(이런 말을 써도 좋을지 모르겠지만)을 생산해내야 합니다. 하지만 그런 것이 나올 시기가 아직 무르익지 않은 것 같습니다. 인도에서 그런 일이 일어나지 않는다면 기회도 희망도 없을 겁니다.

시대는 사람을 낳습니다. 옛 시절에 인도는 간디 같은 사람을 필요로 했고 그는 준비된 사람이었습니다. 영국은 처칠 같은 사람을 필요로 했고, 때마침 그는 그곳에 있었습니다. 프랑스는 드골 같은 사람을 필요로 했고 독일은 히틀러 같은 사람을 필요로 했습니다. 나는 히틀러를 지지하는 사람이 아닙니다만, 히틀러 혼자만이 잘못한 건 아니었습니다. 그 당시 독일의 전 국민이 그를 지지했습니다. 만일 당신이 히틀러를 비난하는 사람이라면, 독일의 전 국민을 비난해야 할 겁니다. 그는 시대의 산물이었습니다.

2차세계대전이 끝나자마자 영국은 처칠을 내쳐 버렸습니다. 영국은 참으로 대단한 나라였습니다. 그 나라 사람들은 처칠이 영국이 당면한 문제를 해결하는 데 도움이 되지 않으리라는 것을 알고 있었습니다.

개인적으로 나는 인도가 독립된 것이 간디 덕이라고 생각하지 않습니다. 당시의 국제정세 때문에 영국은 인도에 아주 호의적이었고, 우호적인 방식으로 인도에서 조용히 물러났습니다. 한데 그것이 비극이었죠. 이런 상황이 앞으로 얼마나 오래 지속될지 나도 잘 모릅니다.

나는 어떤 방식으로든 인도를 위해서 일하는 사람이 아니기 때문에 인도를 비판할 권리가 없습니다. 우리가 인도에서 이렇게 마주 앉아 있다 보니 탁상공론 같은 정견을 나누는 것뿐이죠. 하지만 나는 여기서 일을 하고 있지 않기 때문에 인도의 그 어떤 사람도 비판할 권리가 없습니다.

앞으로 내가 길을 찾아낸다면 맨 먼저 당신에게 알려줄 겁니다. 한데 현재로서는 어떤 길도 보이지 않네요. 나는 힌두교의 신앙부흥운동을 신뢰하지 않습니다. 힌두교는 죽었습니다. 댁은 이 나라에서 뭘 부흥시키고 싶은가요? 말해보세요. 부흥시킬 만한 게 아무것도 없습니다. 더 많은 사원을 지어요? 무엇 때문에? 그러지 않아도 사원이 너무 많은 판국에 사원을 더 보태줘요? 그런 건 이 나라의 종교적 복지를 위한 게 아니라 오로지 자기네의 권력을 확장하기 위한 짓에 지나지 않습니다. 또 다른 아쉬람을 짓는 건? 무엇 때문에? 그렇지 않아도 아쉬람과 구루들이 차고 넘치는 판인데.

현 상황이 그래요. 우리는 더없이 무력한 처지에 놓여 있습니다. 물론 우리에게도 희망은 있어요. 언젠가는 인도에서 제대로 된 인물이 나오겠죠. 하지만 아직은 때가 무르익지 않았어요. 그때가 언제가 될지는 나도 모릅니다. 이 나라 사람들의 태도는 아주 괴이해요. 이 나라가 지금의 이 한심한 상태로 전락한 건 지난 몇 천 년간 이 나라 사람들이 떠받들어온 운명론 때문입니다.

온갖 현자들의 노력이 모두 쓸데없는 짓이라고 생각하세요? 예컨대 사이 바바[6] 같은 분들의 노력이?

—— 그 사람이 뭘 하고 있는데요? 그 사람이 자기가 주장한대로 신의 화신avatar이라 칩시다. 그런데 그 사람이 제 역할을 하지 못한다면 대체 누가 할 수 있죠? 그러니 어딘가에서 뭔가 잘못된 겁니다.

그러니 죄다 쓸데없는 짓이다?

—— 그렇죠. 그 사람들은 아무것도 할 수 없어요.

그 사람들은 기적을 행하고, 아무것도 없는 데서 뭔가를 만들어냅니다.

—— 그런다고 좋을 게 뭐 있겠어요? 그런 기적이 무슨 소용 있습니까? 그 사람은 가장 놀라운 기적, 곧 삶 전체를, 생각하는 방식

---

[6] **사이 바바**Sathya Sai Baba(1926~2011): 초능력, 특히 허공에서 온갖 물질을 출현시키는 능력으로 유명했던 인도의 영적 지도자. 종교와 상관없이 인도에서 대중적으로 존경받은 현대의 성자 중 한 사람인 쉬르디 사이 바바Sai Baba of Shirdi(1838~1918)의 환생으로 알려짐.

전체를 변혁하는 데 필요한 기적을 행할 수가 없는데. 그 사람이 그런 기적을 행할 수 있나요?

그 분은 이른바 지성인들을 포함해서 아주 많은 사람들의 마음을 사로잡고 있습니다.

── 지성인들은 가장 둔하고 멍청한 사람들이죠. (웃음) 가장 속기 쉬운 사람들이기도 하고. 나는 사이 바바만 꼭 집어서 이야기하는 건 아닙니다. 나는 사이 바바에 관해서 아는 게 거의 없어요. 기적에는 아무 관심이 없습니다. 사이 바바는 수많은 청중을 끌어 모은다는 점에서는 이 나라에서 으뜸가는 성자라고 할 수 있습니다. 그런 면에서 그 사람은 넘버 원입니다. 그리고 넘버 투도 있고, 넘버 쓰리, 넘버 포도 있습니다. 우리는 그런 이들이 끌어 모으는 숫자에 따라서 그런 이들의 등급을 매기곤 하죠.

한데 나는 그 사람이 뭘 할 수 있는지 모릅니다. 나는 아무것도 없는 허공에서 손목시계를 끄집어내는 일에는 흥미가 없습니다. 그게 스위스 시계든 HMT 시계든 간에. 삶 전체를, 생각하는 방식 전체를 변혁하는 것은 가장 놀라운 기적이 될 겁니다. 그리고 만일 이 세상에 그런 기적을 행할 수 있는 신의 아바타가 있다면 나는 기꺼이 그 분을 경배할 겁니다. 한데 그 사람은 그런 일을 할 수 없습니다. 아무도 그렇게 할 수 없어요.

도움을 줄 수 있는 이는 신의 아바타들이 아닙니다. 각 개인이에요. 삶 전체를 변혁하는 것은 개인의 문제고, 따라서 신의 아바

타는 도움이 되지 못합니다. 우리 각자의 내면에는 구원자가 있고, 만일 그 구원자가 드러나 활짝 꽃피어난다면 희망이 있습니다. 그런데 그때가 언제일까요?

제가 생각하기에 《우파니샤드》의 현자들은 내면의 구원자가 활짝 꽃피어난 사람들 같은데요.

——《우파니샤드》[7]의 가르침에 쓸 만한 것들이 있었다면 굳이 붓다가 나타날 필요가 없었겠죠. 《우파니샤드》의 현자들은 붓다 같은 이가 등장할 필요성을 만들어냈어요. 원래는 베다 문학[8]의 질이 떨어지면서 《우파니샤드》의 현자들이 등장했죠. 그리고 그 현자들이 모든 걸 엉망으로 만들자 붓다가 나타났고, 그 후 많은 성자들이 등장했습니다.

인도에서 불교가 쇠퇴했을 때 샹카라가 나타나야 했습니다. 그리고 샹카라의 추종자들도 역시 모든 걸 엉망으로 만들자 라마누자차리야가 나타날 필요가 있었어요. 라마누자차리야가 죽은 뒤에도 같은 일이 일어났습니다. 지금 이 모든 스승들이 설 자리가 어디 있나요?

그러니 다시 또 다른 스승이 필요할지도 모르겠습니다. 정말 그

---

[7] 가장 오래된 힌두 경전인 베다를 시와 산문으로 설명한 철학적 문헌들.
[8] BC 1500년에서 1200년 사이에 고어체 산스크리트로 쓰여졌으며 이란 지역에서 인도로 들어온 인도유럽어족 사이에서 유행한 성스러운 찬가 또는 시.

런지는 신만이 아시겠죠. 그런 이가 이 나라 어느 한 구석에 숨어 있는지 어떤지 나는 모릅니다. 한데 우리 가운데 있는 신의 아바타들조차도 이 나라와 세계를 구원하는 데 필요한 그런 기적을 행하지는 못할 것 같습니다.

선생님이 생각하는 신의 개념은 어떤 것인가요? 신만이 도울 수 있다는 말씀을 자주 하시던데.

── 그저 말버릇에 불과합니다. (웃음) 우리는 신으로부터 벗어나야 합니다. 반드시 그래야 합니다. 여기서 내가 말하는 신은 당신들이 말하는 신과는 다릅니다. 그것은 신이라는 말로 대변되는 모든 걸 뜻합니다. 신이라는 개념과 결부된 모든 것, 업, 환생, 부활, 사후의 삶, 당신이 "인도의 위대한 유산"이라고 부르는 것에 속한 모든 것을. 우리는 인도의 유산에서 벗어나야 합니다. 인도 국민뿐만 아니라 나라 전체가 그 유산에서 벗어나야 합니다. (혁명이나 공산권 국가 사람들이 하는 방식으로 그렇게 해야 한다는 뜻은 아닙니다. 그건 올바른 길이 아닙니다. 왜 그런지는 모르겠지만 아무튼 이것은 다루기 힘든 아주 미묘한 주제입니다.) 그렇게 하지 않을 경우 개인에게도, 국가에게도 희망이 없습니다.

하지만 신에 반대하거나 무신론자가 되어야 한다는 얘기는 아닙니다. 나는 유신론자, 무신론자, 그 중간에서 불가지론자로 자처하는 이들 모두가 한 배에 타고 있다고 생각합니다.

나는 인간의 외부에는 어떤 힘도 존재하지 않는다는 걸 느낍니다. 실제로 그렇다면(내게는 이게 사실입니다), 그 힘을 물질들로 구현해내고 상징물들을 만들어 경배하는 것 따위는 무의미한 짓입니다. 내가 오늘날 신이나 신에 관한 질문이 인간과는 무관하다고 하는 이유는 바로 여기에 있습니다. 내 말이 이해가 되는지요?

그렇다고 해서 우리가 모든 종교서적을 불사르고 모든 사원을 무너뜨려야 한다는 뜻은 아닙니다. 사원과 종교서적이 이구동성으로 가리키는 것은 인간의 밖이 아니라 내부에 있기 때문에 그렇게 하는 것은 더없이 어리석고 분별없는 짓입니다. 그러므로 모든 도서관을 불태우고 타밀 사람 라마스와미 나이케르가 한 것처럼 모든 종교서적을 불사를 이유가 전혀 없습니다.

내가 신이 인간과는 무관하다고 말하는 이유가 여기에 있습니다. 인간은 자신이 지닌 자원과 힘에 더욱더 많이 의지해야 하니까. 당신이 말하는 유산이라는 것은 바로 오늘날 이 땅에서 우리가 보는 것 같은 인간형, 그런 인간이 품고 있는 온갖 생각을 만들어냈습니다. 그러므로 그 유산은 새로운 형태로 탈바꿈해야 합니다.

만일 당신이 신에 관해 얘기한다면 그 얘기는 전혀 무의미합니다. 모든 사람이 신을 믿는 사람이나 신을 믿지 않는 사람이 되어 결국은 전쟁터에서 피터지게 싸웁니다. 이슬람교를 부흥시키는 것이 무슨 의미가 있나요? 사람들이 이야기하는 이슬람교라는 게 대체 뭔가요? 게다가 그 사람들은 인도인들이 작은 종파로 갈려서 싸우듯이 여러 분파로 쪼개져 대가리 터지게 싸웁니다.

내가 현대적 맥락에서 신은 인간과는 무관하다고 얘기하는 이유가 바로 여기에 있습니다. 신이라는 말로 대변되는 것은 이미 인간에게 내재되어 있습니다. 인간의 외부에는 어떤 힘도 없습니다. 그리고 그 힘은 자체의 고유한 방식으로 드러나야 합니다.

그럼 진화론을 믿으시나요?

—— 다윈의 이론은 고려할 가치가 전혀 없습니다. 획득된 형질이 대대로 유전되지 않는다는 그의 기본적인 학설은 잘못임이 입증되었습니다. 아마 뭔가가 진화하기는 할 겁니다. 하지만 우리가 '진화'라고 할 때 그 의미는 뭘까요?

단순한 것들은 복잡한 것들이 됩니다. 한데 현대인은 너무나 복잡한 존재가 되어 부득이 반대 방향으로 가지 않으면 안 될 지경입니다. 그렇다고 퇴화를 옹호해야 한다고 주장하는 건 아닙니다. 창세기로 돌아가 다시 시작할 수는 없는 일이죠. 인간은 오늘 서 있는 위치에서 시작해야 합니다.

하지만 나는 인간에게는 행동의 자유가 없다고 주장하고 있습니다. 인도인들이 이제껏 신봉해왔고 아직까지도 신봉하고 있는 숙명론을 이야기하는 건 아닙니다. 내가 그렇게 주장할 때 그것은 스스로를 변화시키는 것, 과거의 짐에서 벗어나는 것과 관련이 있습니다.

우리 개개인은 과거의 짐, 당신이 이야기하는 위대한 유산으로부터 해방되어야 합니다. 그렇게 하지 못한다면 현재 당면하고 있는 문제들에 대한 새로운 해법을 찾아낼 수 없습니다. 따라서 그런 과제는 각 개인에게 달려 있습니다. 그들은 모든 과거, 당신이 이야기하는 전통에서 벗어나야 합니다. 그것은 그들이 수천 년간 축적되어온 지혜에서 벗어나야 한다는 것을 뜻합니다. 그럴 때라야 그들은 오늘날 인류가 직면하고 있는 문제들에 대한 해법을 제시할 수 있습니다.

인간은 아직 그런 위치에 이르지 못했습니다. 사람들이 과거의 부담에서 해방되기 위해 할 수 있는 일은 아무것도 없습니다. 나는 바로 이런 의미에서 인간에게는 행동의 자유가 없다고 말한 겁니다. 당신은 여기로 오거나 오지 않을 자유를 갖고 있습니다. 경제학이나 철학이나 다른 어떤 학문을 연구하고 가르칠 자유를 갖고 있습니다. 당신은 제한된 자유를 갖고 있습니다. 하지만 국제적인 사건들을 마음대로 주무르거나 통제할 수 있는 자유를 갖고 있지는 못합니다. 그 누구도, 어떤 나라도 그런 힘을 갖고 있지는 못하죠.

당신도 잘 알고 있다시피 인도는 힘없는 나라입니다. 심지어는 미국도 그렇습니다. 과거 한때 미국은 전 세계에서 가장 강하고 부유한 나라였습니다만 이제는 그렇지 못합니다. 타임지誌조차도 미국을 표현할 때 가장 강하고 부유하다는 식의 수식어를 더 이상 쓰지 않습니다. 미국이나 러시아 같은 나라들조차 국제적인 사안들을 마음대로 주무르기는 고사하고 통제도 할 수 없을 지경이라면 인도 같이 가난한 나라가 뭘 할 수 있겠습니까? 꿈도 꿀 수 없는 일이죠.

 따라서 개인이 유일한 희망입니다. 한데 개인들도 역시 완전히 무력한 처지에 빠져 있는 것으로 보입니다. 그들은 인도뿐만 아니라 전 세계의 모든 과거, 모든 유산의 짐에서 자유로워져야 하니까요. 그러니 그들이 그 엄청난 부담에서 과연 자유로울 수 있겠습니까? 각 개인은 어떤 자유도 갖고 있지 못한 것처럼 보입니다. 그들은 행동의 자유를 갖고 있지 못합니다. 바로 그것이 모든 문제의 핵심입니다. 그러나 희망은 개인에게 있습니다. 어떤 요행, 이상한 우연이 따라주기만 한다면.

앞의 두 가지 말씀은 서로 모순된 것 같습니다.

—— 우리가 말하는 신, 당신이 말하는 의미에서의 신은 인간과는 무관한 존재입니다. 인간의 밖에는 어떤 힘도 없습니다. 한데 그 힘은 과거의 짐 때문에 드러날 수가 없습니다. 인간이 과거의 부담에서 해방될 때라야 비로소 내면에 존재하는 그것, 그 놀라운 힘이 드러납니다. 그런 의미에서 내 말에는 전혀 모순이 없습니다.

그런 사람은 세상사를 통제할 수 있나요?

—— 아뇨, 그렇지 않습니다. 그런 사람은 세상사를 주무르거나 통제하려 애쓰는 짓을 그칩니다.

그 사람은 단지 물결 따라 흘러가기만 하나요?

── 세상사와 함께 흘러가죠. 우리는 세상을 구원할 책임을 위임받지 않았어요. 누가 우리에게 그런 명령을 내렸겠어요? 세상은 오랜 세월 동안 흘러왔고 아주 많은 사람들이 왔다가 갔습니다. 세상은 자체의 방식대로 흘러갈 겁니다.

그러므로 그런 사람은 모든 문제에서 해방됩니다. 자신의 문제들뿐만 아니라 세상의 문제들로부터도. 설사 그런 개인이 영향력을 갖고 있다고 해도 그 영향력은 측정하기 힘듭니다.

그런 상태가 인간의 이상적인 상태일까요?

── 동물이 꽃이 되는 거와 같죠. 나로서는 자연에 무슨 목적이라는 것이 있는지 없는지 잘 모르겠지만, 있다고 치면 그런 상태가 목적이 되는 거겠죠. 자연에는 많은 꽃이 있습니다. 그것들을 보세요! 각각의 꽃들은 그 자체로 고유하고 유일무이합니다. 자연은 그 같은 꽃들, 그 같은 인간 꽃들을 창조하기 위한 목적을 갖고 있는 것 같습니다. 나로서는 단정적인 얘기를 할 수 없기 때문에 '것 같다는' 표현을 씁니다.

우리는 손가락으로 셀 수 있을 정도의 꽃만을 갖고 있습니다. 최근의 라마나 마하리쉬, 스리 라마크리슈나를 비롯한 몇몇 사람들 정도만. 오늘날 구루라고 자처하는 사람들은 그런 이들이 아니라서 그 사람들에 관해서는 언급하지 않겠습니다. 놀랍게도, 티루반나말라이에 앉아 있었던 그 한 사람(라마나 마하리쉬)이 서구에 미친 영향력은 이 모든 구루들의 영향력을 다 합친 것보다 훨씬 더 크니 놀랍지 않습니까. 아주 신기한 일이죠? 세상 한 구석에 은거하던 분이 인간 의식의 총체에 엄청난 영향력을 미쳤습니다.

과거 파리에 사는 한 기업인을 만나러 간 적이 있었습니다. 그 사람은 인도는 고사하고 종교문제에도 전혀 관심이 없는 사람이었어요. 그 사람은 인도를 싫어했습니다. (웃음) 그런데 집안에 라마나의 사진이 걸려 있어 나는, "왜 이 사진을 걸어두고 있나요?"라고 물었습니다. 그러자 그 사람은 이렇게 대답했습니다. "저 얼굴이 마음에 들어요. 저 분에 관해서는 아무것도 모릅니다. 저 분이 쓴 책을 읽을 마음도 없어요. 그냥 저 사진이 좋아서 걸어두고 있는 겁니다. 저 분에 관해서는 아무 관심도 없어요."

아마 그런 개인이 스스로를 돕고 세상도 도울 수 있을 겁니다.

나는 가끔 내 앞에 계시는 우리 교수님이 샹카라의 일원론인 아드바이타Advaita를 옹호한다고 해서 놀리곤 하죠. 철학에 관한 한 당신은 라마누자의 논점(제한적인 비이원론)을 넘어설 수 없다고. 철학은 거기서 멈춥니다. 일원론은 우리가 뭐라고 이야기할 수 없는 것입니다. 여러 가지 실용적인 목적들을 갖고 있음에도 불구하고 그것은 존재하지 않습니다. 그것이 그 한계입니다.

나는 라마누자차리야를 옹호하는 사람도 아니고 샹카라를 배척하는 사람도 아닙니다. 내가 아는 한, 철학도들은 라마누자차리야를 넘어설 수 없습니다. 당신은 내 견해에 찬동하지 않을지도 모르겠지만, 아무튼 철학적인 논점에 관한 한 라마누자의 논점이 한계점이자 궁극적인 지점입니다. 그 나머지는? 설사 어떤 일원론적인 입장이 존재한다고 해도 말로 할 만한 게 없으며, 이 세상에서 뭔가를 변화시키는 데 적용할 만한 것이 없습니다.

인간은 처음으로 인간이 됩니다. 인간이 우리가 이야기하는 유산의 짐, 인간 유산 총체(동양과 서양이 아닙니다. 동양과 서양이란 건 없습니다)의 짐에서 해방될 때라야 비로소 그런 일이 가능해집니다. 그럴 때라야 그는 개인이 됩니다. 생전 처음으로 개인이 됩니다. 그것이 바로 내가 얘기하는 개인입니다.

이러한 인간 의식에서 무슨 일인가가 일어날 때면 그것이 인류 전체 의식의 극히 미세한 부분에 이르기까지 파급효과를 갖기 때문에 그 개인은 분명 인간 의식에 영향력을 미칠 겁니다. 우리는 그런 경우를 연못에 돌을 던지면 여러 개의 둥근 파문이 일어나는 현상에 비유할 수 있습니다. 연못에 생기는 파문들처럼 그 영향력은 아주 서서히 번져나갑니다. 그 영향력은 어떤 도구로도 측정하기 힘듭니다.

인류에게 남아 있는 유일한 희망이 그런 것이 아닐까 싶습니다. 그런 개인은 처음으로 인간다운 인간이 됩니다. 그렇지 않을 때 그는 한갓 동물에 불과하죠. 그가 동물로 남아 있었던 것은 물려받은 유산 때문이었습니다. 자연의 관점에서 볼 때 부적자the unfit는 살아남을 수 없는데 그는 유산 때문에 살아남을 수 있었습니다. 그런 유산이 없었다면 자연은 이미 오래 전에 그런 동물 같은 인간들을 도태시켜버렸겠죠. 최적자the fittest가 아닌 부적자가 살아남을 수 있었던 데는 종교 덕이 큽니다. 이게 내 주장입니다. 당신은 동의하지 않을 수도 있습니다. 아니, 동의하지 않을 겁니다.

요컨대 이 이상적인 인간이란 의미는…
── 그는 완벽한 인간이 아닙니다. 이상적인 인간도 아니고. 그는 다른 사람들이 따라야 할 모델이 될 수 없습니다.

선생님은 그런 사람을 언급할 때 뭐라고 부르시나요?
── 그는 개인입니다. 그는 자기 안의 동물적인 모든 특성으로부터 해방된 인간이 됩니다. 동물들은 리더를 만들어내며 사람들의 내면에는 그런 동물적 특성들이 여전히 남아 있습니다. 사람들이 우두머리 개에 해당하는 리더를 만들어내고 그를 따르는 건 바로 그 때문입니다.

그는 슈퍼맨 같은 존재인가요?
── 그는 꽃과 같습니다. 그리고 꽃들은 각기 고유하고 유일무이하죠.

그는 선생님이 자주 말씀하시는 것처럼 자연스러운 상태 속에 있나요?
── 그는 자기 자신이 됩니다. 자신이 인류의 모든 유산에 의존해온 것이 잘못이었고, 동양 문화든 서양 문화든 간에 문화에 의존

하는 바람에 동물적 삶을 살아왔다는 충격적인 자각, 그의 내면에서 움트고 있는 그런 깨달음이 그를 번갯불처럼 내리칩니다. 그런 자각은 인류 전체에게 똑같이 적용됩니다. 개인의 연장延長이 국가요, 국가들의 연장이 세계이기 때문입니다. 아무튼 그렇게 해서 그는 과거의 짐에서 벗어나 생전 처음으로 개인이 됩니다.

자연 속에 있는 두 꽃 간에는 아무 상관관계가 없습니다. 따라서 자연이 이따금 한 번씩 낳는 고유하고 유일한 꽃들을 비교하거나 대조해보는 것은 무의미한 짓입니다. 그 꽃들은 저마다의 방식으로 얼마간의 영향력을 갖고 있습니다. 그런 영향력들이 자체 내에서 작은 식민지 쟁탈전들을 낳긴 하지만, 그런 과정은 지속됩니다. 그러니 이 세상을 구원해달라는 요청을 받은 사람이 대체 누구란 말인가요?

그것을 꽃들의 집단이라고 말할 수는 없을까요?

── 하지만 꽃들은 각자 자기만의 향기를 갖고 있습니다. 우리가 그토록 자랑해마지 않는 인류의 유산이 없었더라면 우리는 이 같은 꽃들을 아주 많이 갖게 되었을 겁니다. 지금 나는 자연의 방식, 진화의 목적 같은 것을 해석하거나 이해하려 하고 있는 게 아닙니다. 진화 같은 것은 아예 없을지도 모릅니다. 문화라는 게 없었더라면 자연은 훨씬 더 많은 꽃을 피워냈을 겁니다. 그러므로 문화는 인류가 자기 나름의 방식으로 스스로를 해방시키는 데 장애물이 된 겁니다. 개인이 어려움에 봉착하게 된 것은 바로 그것 때문

입니다.

 인류에게 그런 꽃은 어떤 가치가 있을까요? 우리는 그 꽃을 가만히 바라보거나 찬미하거나 시를 쓰거나 그림을 그릴 수도 있고, 그 꽃을 짓밟아버리거나 내던져버리거나 소의 먹이로 줄 수도 있습니다만 그 꽃은 여전히 존재합니다. 그것은 사회에 아무 쓸모가 없지만 그래도 존재합니다.

 문화가 없었더라면 세상은 당신들이 자랑해마지 않는 장미뿐만 아니라 각양각색의 다양한 꽃들을 피워냈을 겁니다. 사람들은 흔히 모든 것을 한 가지 모델로 정형화하고 싶어 합니다. 대체 무엇 때문에 그러는 거죠? 그런 반면에 자연은 때때로 서로 다른 꽃들, 그 자체로 고유한 꽃들, 그 자체로 아름다운 꽃들을 피워냅니다. 그럴 수 있는 가능성을 문화라는 놈이 압살해버렸습니다. 문화라는 놈은 인간의 목을 졸라 그가 모든 과거의 짐에서 해방되는 것을 가로막아버립니다.

선생님은 마흔아홉 살 때 이런 상태에 이르셨나요?

── 벼락같은 충격이 더없이 거대한 힘으로 나를 쳐서 모든 것을 박살내고 내 몸의 모든 세포와 분비선을 폭파해버렸습니다. 몸의 전체적인 화학적 성질이 완전히 변한 것 같았죠. 과학적인 증거도 없고 그걸 입증해줄 만한 과학계 사람도 없지만, 나는 이런 사실을 시장에 내놓고 팔려고 하는 게 아니기 때문에 사람들의 호기심을 만족시키는 데는 아무 관심이 없습니다. 나는 추종자들을 끌

어 모아 이런 변화를 일으키는 법을 가르치려는 게 아닙니다. 그런 일은 노력이나 의지를 통해서 일어날 수 있는 게 아닙니다. 그냥 일어납니다. 그래서 인과와는 무관한 일이라고 말하는 겁니다. 그런 일이 일어나는 목적이 뭔지 나는 모릅니다. 하지만 그런 일은 실재하는 것입니다.

전환이 일어났나요?

── 몸의 모든 화학적 성질이 변하면서 몸이 자체의 자연스러운 방식으로 기능하기 시작했습니다. 그것은 문화의 해독害毒을 받고 (나는 부러 이런 표현을 씁니다) 그것에 의해서 오염된 모든 것이 시스템 밖으로 배출되었다는 걸 뜻합니다. 그러고 나서 의식 혹은 생명(혹은 다른 어떤 이름으로 불러도 좋습니다)이 드러나 지극히 자연스러운 방식으로 기능했습니다. 그런 모든 독과 때가 시스템 밖으로 빠져나가야 합니다. 그렇지 않을 경우 신을 믿지 않는 사람이라면 무신론자가 되어 무신론을 가르치고 강연하고 설파하고 다닐 겁니다. 하지만 이렇게 변화된 개인은 유신론자도 아니고 무신론자도 아니고 불가지론자도 아닙니다. 그는 그다운 사람, 있는 그대로의 사람입니다.

　인류의 유산은 우리를 있는 그대로의 자기와는 다른 어떤 것으로 만들려고 애쓰는데 그런 유산이 빚어낸 모든 운동과 활동은 이제 종말을 고하며, 따라서 있는 그대로의 그 사람은 인간의 과거, 곧 전체 인류의 방해를 받거나 부담을 받지 않고 자신의 고유한 방식으로 스스로를 드러내기 시작합니다. 그러니 그런 사람은 사회에 아무 쓸모가 없는 사람입니다. 쓸모 있는 사람과는 정반대되는 사람이라 사회에 위협이 됩니다.

사회에 쓸모 있는 존재일지도 모른다는 의문이 일어나지는 않나요?

—— 전혀. 그 사람은 자기가 어떤 힘에 의해 세상을 변혁하도록 선택된 사람이라는 생각을 하지 않습니다. 그 사람은 자기가 구원자라거나 해방된 사람이라거나 깨달은 사람이라고 생각하지 않습니다.

아, 그 사람이 인류의 구원자로 자처하는 순간 하나의 전통을 세우는 셈이 되겠군요.

—— 맞습니다. 그의 추종자들이 그를 전통에 끼워 맞추는 순간, 그런 전통에서 벗어나게 해줄 또 다른 어떤 사람을 필요로 하는 상황이 발생하죠.

비베카난다가 스승인 라마크리슈나에게 아셨느냐고 묻자 라마크리슈나는 "알았다"라고 답했습니다. 그게 무슨 뜻일까요?

—— 그건 그 사람에게 물어봐야죠. 나는 대답할 수 없습니다. 나는 그 말이 무슨 뜻인지 모릅니다.

아마도 모든 개념은 특정한 틀 안에서만 타당성을 가질 텐데, 이제 라마크리

슈나는 그 틀 밖에 있고 모든 개념은 서로 무관하기 때문에 서슴없이 그렇게 대답한 겁니다.

— 나는 라마크리슈나의 말, 샹카라의 말, 붓다의 말에 아무 관심도 없습니다.

선생님은 그 모든 걸 다 내버리셨나요?

— 그런 표현은 쓰지 마세요. 내가 그걸 내버린 게 아니고 그게 내 시스템에서 빠져나간 겁니다. 그러니 내가 말하는 것은 그 자체로 말이 되거나 되지 않거나 합니다. 내 말은 어떤 권위의 지지도 필요로 하지 않습니다. 그런 사람이 사회에 위협이 되는 건 바로 그 때문입니다. 그는 인류 유산의 모든 기반을 침식시키기 때문에 전통에 위협이 됩니다.

선생님은 자넨의 일곱 언덕이니 7일이니 하는 말씀을 하셨는데요⋯

— 그 일곱이라는 숫자나 7일 동안 내게 일어났던 일들에는 아무 의미가 없습니다. 전혀. 신비로운 일들이나 신비주의 따위는 아무것도 아닙니다. 그 모든 것에는 아무 의미도 없어요.

내가 친구들에게 자주 이야기하듯이 나는 사람들을 해방시키기 위해 인도에 온 게 아닙니다. 강연하기 위해 온 것도 아니고. 그저 개인적인 일로, 유럽의 추운 겨울을 피하기 위해 온 겁니다. 여기는 생활비도 덜 드니까요. 내가 사람들에게 이야기하는 건 우연히 일어나는 일일 뿐입니다. 진짜예요. 의도적이었다면 연단에 올라

갔겠죠. 연단에 올라가는 게 무슨 의미가 있겠어요. 나는 그런 데 아무 관심이 없습니다. 전해줄 메시지가 없는 걸요.

모든 사람이 다 이 자연스러운 상태에 이를 수 있지만 그게 본인의 뜻대로 되는 게 아니라구요?

—— 본인이 원한다고 되는 게 아닙니다. 어느 누구의 뜻대로도 되는 것이 아니죠. 하지만 내가 무슨 특권이 있어서 이런 상태에 이른 게 아니고 또 내가 무엇인가에 의해 특별히 선택된 사람도 아니니 이것은 누구에게나 일어날 수 있습니다. 당신 안에 그게 있습니다. 내가 인간의 외부에는 어떤 힘도 없다고 말한 것은 바로 그 때문입니다. 당신의 내부에서 기능하고 있는 힘 혹은 생명은 내 것과 같은 것입니다. 한데 당신이 이야기하는 문화가 그것을 끌어내리고 있죠. 무엇인가가 드러나려고 애쓰고 있는데 문화가 그걸 끌어내려요. 일단 그것이 문화를 뿌리치고 나면 저절로 드러납니다.

이런 전환을 겪은 분들 간에 공통되는 어떤 특징들 같은 것이 있나요?

—— 이 상태에 든 사람에게서는 그런 의문이 일어나지 않습니다. 만일 내가 어떤 성자와 나를 비교했다면 그건 내게 비극적인 일이 될 겁니다. 우리는 공통된 어떤 결사結社, 단체 같은 것에 속해 있지 않습니다. 장미와 수선화와 들꽃 간에 무슨 공통점이 있나요? 각자가 다 그 자체로 고유한 아름다움을 갖고 있죠. 당신이 어느

꽃을 좋아하고 어느 꽃을 싫어하는 것은 다른 문제죠.

고유함이 이런 전환을 말해주는 지표가 되나요?

―― 아뇨, 이런 상태에 든 개인은 자신이 남다르다고 느끼지 않아요.

그럼, 다른 사람들이 볼 때는요?

―― 아마 남다르게 보이겠죠. 그런 상태의 표현은 독특하고 고유할 수밖에 없으니까. 당신에게 이런 일이 일어나면 당신은 자신의 유일무이함을 아주 남다른 방식으로 드러내기 시작할 겁니다. 그것이 어떤 식으로 그 자체를 드러낼 것인지는 당신도 모르고 나도 몰라요.

과학자들에 관해서는 어떤 견해를 갖고 계신가요? 선생님은 아인슈타인이 인류에게 크나큰 불의를 행했다고 말씀하셨습니다.

―― 그 사람이 원자탄을 만들 수 있게 함으로써 인류에게 더할 나위없는 해를 끼쳤다고 생각하지 않나요?

그분은 단지 물질과 에너지가 상호 교환될 수 있다고 말했을 뿐인 걸요.

―― 그런 발언은 원자탄을 만들어내는 결과를 빚고 말았죠. 미국이 원자탄 개발을 계속 추진해야 할 것인지 여부에 관한 질문을 받았을 때 그 사람은 이렇게 말했어요. "결단코 개발해야 합니다.

만일 우리가 하지 않는다면 독일이 할 겁니다." 아인슈타인이 아니었더라도 누군가가 그런 짓을 하긴 했을 겁니다.

그러니 그분에게는 선택의 여지가 없었죠. 그분은 두 개의 악 중에서 하나를 선택해야 했습니다.

── 아니 그렇지 않아요. 당신이 만일 두 개의 악 중에서 차악을 선택한다면 당신은 단지 악과 함께 끝나고 말 겁니다. 지금 우리에게 일어나는 일이 바로 그런 겁니다.

나는 그 사람을 인류 최대의 적으로 보지는 않습니다. 나는 지그문트 프로이트를 20세기 최대 사기꾼으로 여기고 있기도 하거든요. 그 사람은 전혀 아무 근거도 없는 이론을 설파했기 때문이죠. 따라서 그 사람은 20세기의 신용사기꾼입니다. 하지만 오늘날에는 신용사기꾼confidence trickster이라는 말이 인간을 지칭하는 속어 같은 것이 되었고, 모든 사람이 다 신용을 이용하고 있습니다. 그러므로 그런 의미에서 나는 이 모든 사람을 다 인류의 적으로 여기지는 않습니다.

어째서 이런 변화를 '재난'이라고 부르시나요?

── 사람들은 흔히 이른바 깨달음, 자아실현, 신의 현전God-realization(나는 이런 말들을 사용하는 것을 좋아하지 않습니다)이란 것을 황홀경 같은 것일 거라고 상상합니다. 영원히 행복하고 늘 열락의 상태에 있는 것일 거라고. 사람들이 자연스러운 상태에 든 사람들

에 대해서 갖고 있는 이미지들이 그렇습니다.

하지만 막상 이런 일이 어떤 개인에게 일어날 때 그 사람은 그런 이미지가 전혀 근거 없는 것이라는 점을 알아차리게 됩니다. 그런 상태가 영원한 행복, 열락일 것이라고 상상하던 사람의 관점에서 볼 때 그런 상태는 재난입니다. 그 사람은 행복한 뭔가를 기대하고 있는데 막상 일어나는 것은 그런 것과는 전혀 무관하니까요. 사람들이 그 상태에 관해 갖고 있는 이미지와 실제 상황 간에는 아무 상관관계가 없습니다. 그러므로 영원한 어떤 것을 상상하던 사람의 관점에서 그것은 재난입니다.

바로 그런 의미에서 나는 재난이라는 용어를 사용하고 있는 겁니다. 내가 종종 사람들에게, "만일 내가 여러분에게 이런 상태가 어떤 것일 거라는 걸 조금이라도 실감하게 해줄 수 있다면 여러분은 삿대로도, 긴 장대로도 이것을 건드리려 들지 않을 것"이라고 얘기하는 이유도 여기에 있습니다. 이것은 그런 사람들이 원하던 것이 전혀 아니기 때문에 그 사람들은 이것으로부터 달아나고 싶어 할 겁니다. 사람들이 바라는 것 같은 것은 존재하지 않습니다.

내가 이렇게 얘기하면 그 다음에는 이런 질문이 나옵니다. 어째서 그 모든 현자들은 이런 것을 영원한 열락, 영원한 생명이라고 얘기했을까요? 나는 그런 것에 전혀 아무 관심도 없습니다. 하지만 사람들이 그런 것에 관해서 갖고 있는 이미지는 내가 말하는 실제적인 것, 자연스런 상태와는 전혀 아무 상관이 없습니다. 그러니 나는 누군가가 깨달았느냐 깨닫지 못했느냐 하는 따위의 질문에는 아무 관심도 없습니다. 사람들이 말하는 깨달음 같은 것은 전혀 존재하지 않기 때문입니다.

선생님의 말씀을 듣고 보니 이런 질문은 좀 터무니없는 질문이 될 것 같긴 합니다만, 선생님은 전해줄 메시지 같은 걸 갖고 계시나요?
── 누구에게 줄 메시지를 말하는 건가요?

누구든 간에. 모두에게, 라고 해도 좋구요.
── 나는 전해줄 어떤 메시지도 갖고 있지 않습니다. 인류에게 줄 메시지도 없구요. 사람들은 내게, "그런데 어째서 선생님은 늘 말씀을 하시는 거죠?"라고 묻습니다. 나는 내가 아무도 도울 수 없다고 말하고 있는데 어째서 당신들은 여기 있는 거죠? (교수님을 지칭해서 얘기하는 건 아닙니다).

나는 이 '꽃'을 어떤 목적에도 이용할 마음이 없습니다. 그런 것이 바로 이 꽃의 향기입니다. 그런 개인은 동굴에 은거하거나 숨어 살 수 없습니다. 그는 세상 속에서 살아야 합니다. 달리 갈 곳이 없습니다. 그 특별한 꽃은 세상에서 향기를 발하는데 사람들은 그게 뭔지 모릅니다.

사람들은 그 꽃의 향기를 알아차리지 못하며, 알 방법도 없습니다. 그래서 사람들은 그것을 다른 것과 비교하길 좋아합니다. "이 꽃은 저 꽃 같은 냄새가 나는군. 이 꽃은 저 꽃 같이 생겼어." 사람들이 하는 짓은 그게 전부입니다. 당신이 그런 짓을 그치고 이 꽃이 무슨 꽃일까, 생전 처음 맡아본 이 향기가 어떤 향기일까 이해하려고 애쓸 때, 저 꽃이 아니고 당신이 찬탄해마지 않는 장미도 아니고 수선화도 아닌, 또 다른 꽃이 존재하게 됩니다.

어떤 사람들은 '수선화에 바치는 시'를 씁니다. 장미에 바치는 시를 쓰기도 하고. 어째서 장미가 그리도 중요한 꽃이 되었을까요? 모든 사람이 다 좋아하기 때문입니다. 야생화가 장미보다 훨씬 더 아름답습니다. 당신이 이렇게 비교하려는 짓을 그치고 그 꽃이 무엇이고 그 향기가 무엇인가를 이해하려 애쓰고, 최소한 상상해보려 애쓰기라도 할 때 새로운 꽃이 존재하게 됩니다. 그 꽃은 우리가 주변에서 자주 접하는 다른 어떤 꽃들과도 전혀 상관이 없는 새로운 꽃입니다.

감사합니다, 선생님. 이제 저는 한 시간 전에 여기 왔던 그 사람과 다른 사람이 되었습니다.

── 나도 고마워요.

chapter 4

당혹과 이해 사이에서

1972년에서 1980년까지 스위스와 인도에서
사람들과 나눈 이야기들 중에서 가려 뽑음

THE MYSTIQUE OF ENLIGHTENMENT

나는 세상에 전할 어떤 메시지도 갖고 있지 않습니다. 내게 일어나는 모든 일은 세상 사람들과 공유할 수 없습니다. 내가 어떤 연단에도 오르지 않고 어떤 강연도 하지 않으려 하는 것은 바로 그 때문입니다. 내가 강연을 할 수 없어서는 아닙니다. 나는 세계 전역에서 강의를 해왔습니다. 하지만 나는 말할 게 없습니다. 그리고 한 곳에서 질문 공세를 펴는 사람들에게 둘러싸인 채 앉아 있는 것을 좋아하지 않습니다. 나는 어떤 토론도 하려 들지 않습니다. 그저 사람들이 와서 나를 둘러싸고 앉을 뿐입니다.

  그 사람들은 자기네가 좋아하는 것을 할 수 있습니다. 누군가가 갑자기 내게 질문을 던지면 나는 그런 질문에 대답할 게 없다는 점을 지적하고 강조하면서 대답을 하려 애씁니다. 따라서 나는 단지 그 질문을 재구성해서 그 사람에게 되묻곤 합니다. 나는 게임 같은 걸 하는 게 아닙니다. 나는 사람들을 내 관점으로 끌어들이는 데는 관심이 없기 때문입니다. 그렇다고 의견을 제시하는 것도 아닙니다. 물론 나는 질병에서 신성神性에 이르는 모든 문제에 대한 의견을 갖고 있습니다. 하지만 그런 의견들은 다른 이들의 의

견만큼이나 무가치합니다.

  내가 말하는 내용을 액면 그대로 받아들여서는 안 됩니다. 모든 말을 액면 그대로 받아들이는 사람들 때문에 너무나 많은 말썽이 빚어지곤 합니다. 여러분은 모든 말을 검증해봐야 하고, 그것이 여러분이 기능하는 방식과 어떤 관계가 있는지 알아봐야 합니다. 모든 말을 검증해봐야 하긴 하지만 여러분은 그 말을 받아들일 만한 입장에 있지 못합니다. 불행히도 이 말은 사실이니 받아들이고 싶으면 받아들이고, 받아들이고 싶지 않으면 받아들이지 마세요. 이런 말을 받아 적으면 좋은 일보다는 해로운 일이 더 많이 생길 겁니다. 나는 아주 미묘하고 어려운 위치에 처해 있습니다. 나는 여러분을 도울 수 없습니다. 내가 말하는 것은 뭐든 다 여러분을 잘못 인도하기 십상입니다.

─── 질문을 할 때 간단히 좀 해주세요. 나는 아주 복잡한 구조의 질문은 따라가기 힘듭니다. 내게는 그런 어려움이 있습니다. 내가 지능이 떨어지는 사람이라서 그런지도 모르겠습니다. 개념적인 사고는 따라가기가 힘들어요. 여러분은 아주 단순한 말로 질문할 수 있습니다. 질문의 요지가 정확히 뭔가요? 질문 속에 이미 답이 들어 있기 때문에 나는 굳이 답변을 할 필요가 없습니다. 대체로 내가 하는 일은 그 질문이 여러분에게 무의미한 것으로 여겨지게끔 그 질문을 재구성하고 고쳐서 말하는 겁니다.

질문 속에 내재된 답을 밖으로 드러나게 하는 건가요?

─── 바로 그겁니다. 내가 질문의 요지가 뭔지 정확하게 이해하고 싶어 하는 것은 그 때문입니다. 그것은 말장난 같은 게 아닙니다. 나는 여러분에게 또 다른 질문을 던질 마음이 없습니다. 하지만

나는 여러분의 질문을 이해해야 합니다. 그러면 그것을 나 나름의 방식으로 표현해서 되돌려줄 수 있습니다. 그러면 여러분은 내가 굳이 "당신의 질문은 무의미한 질문입니다"라고 말하지 않아도 그 질문이 전혀 무의미한 것이라는 걸 스스로 알아차릴 겁니다.

이 대화는 우리 사이에 어떤 대화도 가능하지 않고 어떤 대화도 필요치 않다는 걸 알아차리는 지점에 이를 때라야만 비로소 도움이 됩니다. 내가 이해understanding나 알아차림seeing이라는 표현을 쓸 때 그 말들은 여러분이 알고 있는 것과는 다른 의미를 지닌 말들입니다. 내게 '이해'는 의문이 더 이상 존재하지 않는 상태를 뜻합니다. 거기에는 "이제 나는 이해했어!"라고 말하는 자가 없습니다. 바로 이런 점이 우리 사이에 존재하는 근본적인 어려움입니다. 여러분은 내가 말하는 내용을 이해하는 것을 통해서는 어디에도 이르지 못할 겁니다.

내가 강조하고 싶은 게 또 있습니다. 여러분이 내놓는 모든 질문은 자기 자신의 것이어야 합니다. 그러면 대화를 계속 하는 게 의미가 있습니다. 반드시 자기 자신의 의문이어야 합니다. 자 그럼, 과거에 그 누구도 입 밖에 내지 않은 의문, 자신의 의문이라고 부를 만한 것을 갖고 있나요?

우리는 사람들이 묻는 아주 많은 질문에 관심이 있습니다. 그런 것들이 바로 우리의 질문이라는 느낌이 있는데요.

── 그렇지 않습니다. 여러분은 이런 점을 알아차려야 합니다. 그런

chapter 4 : 당혹과 이해 사이에서 **173**

질문들은 결코 여러분의 진실한 질문이 아닙니다.

묻는 자가 사라져야 합니다. 묻는 자는 바로 답을 만들어내는 자고, 답을 통해서 존재하는 자입니다. 그렇지 않을 경우에는 묻는 자가 존재하지 않습니다. 나는 지금 말장난을 하고 있는 게 아닙니다. 여러분은 이미 답을 알고 있으며, 그저 나한테서 확인을 받고 싶어 하거나 자신이 안고 있는 문제를 해결할 수 있는 단서를 얻고 싶어 하거나 그냥 호기심에서 질문하는 겁니다.

만일 여러분이 그중의 어떤 이유로 나와 대화를 계속하고 싶어 한다면 그건 그저 시간 낭비가 될 뿐입니다. 여러분은 학자나 전문가를 찾아가야 할 겁니다. 그들은 그런 질문에 해결의 실마리를 던져줄 수 있습니다. 이런 종류의 대화에서 내가 관심을 갖고 있는 건 오직 하나, 곧 여러분이 자신의 의문을 제대로 정리formulate하도록 돕는 일뿐입니다. 자신의 것이라 부를 수 있는 의문을 명확하게 정리하도록 하세요.

지금 내게는 전혀 아무 의문도 없습니다. 나는 여기 와서 앉아 있고 내면은 텅 비어 있습니다. 하지만 그것은 여러분이 "비어 있음"이라고 말하는 의미에서의 텅 빔이 아닙니다. 빈 것과 찬 것은 서로 다른 게 아닙니다. 우리는 빈 것과 찬 것 사이에 경계선을 그을 수 없습니다. 하지만 지금 이 안에는 아무것도 없기 때문에 나는 내가 무슨 말을 할지 모릅니다. 나는 말할 거리를 준비해서 오지 않았습니다. 여러분이 내게서 뽑아가는 것은 여러분 자신의 것입니다. 내 것이 아닙니다. 지금 여기에는 내가 나 자신의 것이라고 부를 만한 게 아무것도 없습니다. 여러분이 내게서 답을 끌어냈기 때문에 이것은 여러분의 것입니다. 나는 그 답을 갖고서 할 게 전혀 없습니다. 이것은 답이 아닙니다. 나는 여러분에게 어떤 답도 제시하고 있지 않습니다.

이것은 다른 반사작용들과 비슷합니다. 여러분은 질문을 던지고, 거기에서 뭔가가 나옵니다. 그것이 어떤 식으로 작동되는지 나는 모릅니다. 그것은 생각에서 나오는 게 아닙니다. 내게서 나오는 모든 것은 생각이 빚어내는 게 아닙니다. 그런데도 뭔가가 나옵니다. 여러분이 공을 던지면 공이 튀어서 여러분에게 되돌아가고, 여러분은 그것을 일러 대답이라고 합니다. 내가 실제로 하고 있는 건 그 물음을 재구성해서 되던져주는 것뿐인데.

질문이 대답을 낳는 것인가요?

── 질문에 대한 답은 없으며, 따라서 질문은 더 이상 그대로 머물러 있을 수 없습니다. 그런 의미에서 나는 내가 이 세상에서 기능하는 데 필요한 의문들을 제외하고는 다른 어떤 의문도 갖고 있지 않습니다.

선생님의 대답은 제 질문의 반사작용에 불과한가요?

── 당신이 내 대답이라고 하는 건 내 대답이 아닙니다. 당신의 질문이 그대로 머물러 있지 않으니까요. 그 질문은 내 질문이 됩니다. 그 질문은 어떤 답도 갖고 있지 않기 때문에 어떤 답도 기다

리지 않습니다. 그 질문은 타버리며, 그때 에너지가 존재합니다. 당신은 아홉 시간, 열 시간씩 계속 얘기할 수 없습니다. 한데 나는 할 수 있어요. 그렇게 하는 건 에너지를 잡아먹는 게 아니라 줄곧 에너지를 더해줍니다. 말하는 것은 에너지 그 자체입니다. 말은 에너지의 표현입니다.

만약 제가 양자역학에 관해 묻는다면 뭐라고 말씀하시겠습니까?

―― 흐음, 나도 몰라요. 어떤 경우에도 질문이 사라지니 이렇게 얘기할 수밖에. 내가 양자역학에 관해서 갖고 있는 지식이나 정보가 있고, 그것들이 화살처럼 곧바로 튀어나오죠. 안에 들어 있는 건 뭐든 다 튀어나와요. 하지만 "신은 존재하나요?", "삶은 단지 우연인가요?", "완벽한 정의가 세상을 지배하나요?" 같은 질문들에는 답이 없기 때문에 그냥 타버립니다.

저는 누군가요?

―― (웃음) 당신은 자신이 누군지 아주 잘 알고 있어요.

그게 무슨 뜻인가요?

―― "내가 누군가요?"가 정말로 당신 자신의 질문거립니까? 전혀 그렇지 않죠. 그건 어딘가에서 주워온 겁니다. 여기서 골칫거리는 물음이 아니라 묻는 자입니다. 만일 당신이 그런 질문을 주워오지 않았다면 다른 걸 주워왔을 겁니다. 당신은 사십년이 지난 뒤에도

여전히 삶의 의미가 뭐냐고 물을 겁니다. 살아 있는 사람은 결코 그런 질문을 하지 않을 겁니다. 당신은 분명 삶의 의미를 알지 못하고 있어요. 당신은 살아 있는 게 아니라 죽어 있는 겁니다. 내가 당신에게 삶의 의미를 말해준다 한들 무슨 소용이 있겠어요? 그것이 당신에게 무슨 의미가 있겠어요?

묻는 자가 존재하나요?

── 묻는 자는 존재하지 않습니다. 존재하는 것은 단지 물음뿐입니다. 모든 물음이 다 같습니다. 그것들은 기억에 남아 있는 물음들의 기계적인 반복일 뿐입니다. 당신이, "내가 누군가요?", "삶의 의미가 무엇인가요?", "신은 존재하나요?", "내세가 존재하나요?"라고 물을 때 이 모든 물음은 오로지 기억에서 나옵니다. 내가 당신에게 자신의 질문거리를 갖고 있느냐고 물은 건 바로 그 때문입니다.

아주 정밀하게 살펴보면 "내가 누군가요?"라는 물음은 머무르지 않고 사라진다는 말씀인가요?

── 물음과 묻는 자를 나눌 수 없기 때문입니다. 물음과 묻는 자는 같습니다. 만일 당신이 이런 사실을 받아들인다면 일은 아주 간단합니다. 물음이 사라지면 그와 더불어 묻는 자도 사라집니다. 하지만 묻는 자가 사라지고 싶어 하지 않기 때문에 물음은 그대로 남아 있습니다. 묻는 자는 물음에 대한 답을 얻고 싶어 합니다. 그

물음에 대한 답이 없기에 묻는 자는 영원히 남아 있게 됩니다. 묻는 자의 관심은 답을 얻는 데 있는 게 아니라 계속 존재하는 데 있습니다.

하지만 답을 얻고자 하는 주의집중 상태는 여전히 남아 있습니다.

── 그 주의집중이 바로 묻는 자입니다. 그 기다림이 묻는 자입니다. 그 질문에 대한 답을 기다리고 답이 있을 것이라고 바라는 것이 묻는 자입니다. 그것들은 서로 다르지 않습니다. 묻는 자는 그렇게 교묘하게 각기 다른 상황들로 탈바꿈합니다. 묻는 자는 우선 자기가 주의집중하고 있다고 주장합니다. 그는 답을 얻고 싶어 하기에 깊은 주의를 기울입니다. 그는 자신이 답을 원하지 않을지도 모른다는 조언 같은 것은 듣고 싶어 하지 않습니다. 그는 그 답을 갖고 뭘 하려는 걸까요?

그는 주의 집중하고 있고 기다리고 있고 기대에 부풀어 있습니다. 그는 그 세 가지 모두인데, 어째서 그러고 있는 걸까요? "나는 누군가Who am I?"라는 물음에 답이 없기 때문입니다. 당신은 제 힘으로 그걸 알 방법이 없습니다.

who와 I를 서로 연결해주는 것은 동사 am입니다. am은 who와 I가 마치 서로 다른 것들인 양 그것들을 연결시켜줍니다. 한데 동사 am은 연속성입니다. 따라서 am이 없다면, 그것이 사라지는 게 가능하다면, 굳이 who와 I를 연결시켜줄 것이 필요치 않을 것입니다. who와 I는 같은 것입니다.

동사 am이 사라진다면?

—— 물음도 역시 사라지죠. 동사가 없다면 물음은 존재할 수 없습니다. "who I"는 무의미한 말입니다. am이 꼭 있어야 합니다. am은 who와 I를 갈라놓는 작용을 합니다. 당신은 그렇게 해서 그런 질문거리를 만들어냈습니다. 그리고 그 물음은 그것에 대한 답이 있다는 것을 암시하고 있습니다. 그렇지 않다면 당신은 스스로에게 그런 질문을 제기하지 않았을 겁니다. 모든 물음은 당신이 그 물음에 대한 막연한 어떤 답을 갖고 있기 때문에 존재합니다. 일테면, "현재의 나 이외의 다른 어떤 자가 분명히 존재할 거야" 같은 답을. 내 얘기가 이해됩니까?

죽은 뒤에는 어떤 일이 일어날까요?

—— 죽음에 관한 모든 질문은 무의미합니다. 당신 같은 젊은이들의 경우에는 특히나 더 그래요. 당신은 삶을 살지도 않고 있어요. 그런데 왜 그런 어리석은 질문을 합니까? 왜 그런 데 관심을 갖고 있죠? 살아 있는 사람은 그런 질문을 할 틈이 없습니다. 살고 있지 않은 사람들만이 "내가 죽은 뒤에는 어떤 일이 일어날까요?"라는 질문을 합니다. 당신은 살고 있지 않아요. 우선 당신의 삶을 사세요. 그리고 때가 되면 알아보지 뭐, 라는 식으로 그 문제를 그냥 놔두세요. 나는 그런 종류의 철학에는 아무 관심도 없습니다.

아무 일도 일어나지 않을 겁니다. 죽음 같은 것은 없어요. 무엇이 죽을 거라고 생각하세요? 대체 뭐가? 이 몸은 해체되어 구성

요소들로 돌아갈 뿐 사라지는 건 아무것도 없어요. 몸을 불태워버릴 경우에는 남은 재가 토양을 비옥하게 해주고 작물들의 싹이 트는 걸 도와줄 겁니다. 강물에다 던져버리면 물고기 밥이 됩니다. 한 가지 형태의 생명은 또 다른 형태의 생명을 먹고 살아가며, 그렇게 해서 생명에 연속성을 부여해줍니다. 그러므로 생명은 불멸입니다.

하지만 그런 사실이 죽음의 두려움에 사로잡힌 사람들을 도와주지는 못할 겁니다. 결국 '죽음'은 두려움, 뭔가가 종말에 이를 것이라는 두려움이죠. 여러분이 자기로 알고 있는 '나', 자기 자신으로 체험하는 '나', 그 '나'는 종말에 이르고 싶어 하지 않습니다.

하지만 그 '나'는 이 몸이 다른 몸들처럼 죽을 것이라는 사실도 알고 있습니다. 여러분은 다른 이들의 죽음을 체험하며, 이 몸이 사라져도 '나'라는 것이 지속될지 여부를 확신하지 못하기 때문에 그런 체험은 무섭고 끔찍한 것으로 다가옵니다. 그래서 그 '나'는 내세를 만들어냅니다. 내세의 존재 여부를 알려면 이런 점을 아는 것이 아주 중요합니다. 두려움이 그런 세계를 만들어내며, 따라서 두려움이 사라지면 죽음의 문제도 역시 사라지고 맙니다.

여러분은 자신의 죽음을 체험할 수 없습니다. 내가 해탈이나 해방에 과도하게 집착하는 사람들에게 당신들 모두는 예외 없이 죽기 직전에 해탈할 것이라고 말하는 것은 바로 그 때문입니다. (웃음) 하지만 그때 가서는 분명 너무 늦죠. 몸이 기진맥진한 상태라 새롭게 소생할 수 없습니다. 그리고 이제 여러분에게는 죽는 일이 일어날 수 있습니다.

여러분은 자신의 죽음에 관해서 아무것도 알 방도가 없습니다. 지금에도, 이른바 목숨이 끊어질 때도. 앎이, 앎의 연속성이 끝나지 않으면 죽음은 일어날 수 없습니다. 여러분은 죽음에 관해서 뭔가를 알고 싶어 합니다. 죽음을 자기 앎의 일부로 만들고 싶어 합니다. 하지만 죽음은 신비로운 것이 아닙니다. 그런 앎의 끝이 죽음입니다.

죽음 뒤에 무엇이 계속될 거라고 생각하세요? 살아 있는 동안에는 무엇이 존재하나요? 실체가 어디 있나요? 아무것도 없습니다. 영혼이라는 것도 존재하지 않습니다. 죽은 뒤의 일에 관한 이런 의문만 존재할 따름이죠. 그 답, 곧 내 답이 아니라 여러분의 답을 찾으려면 이제 그런 의문이 사라져야 합니다. 그런 의문은 죽음 뒤에 연속되는 무엇인가가 존재하리라는 가정 혹은 믿음에서 나온 것이니까요.

어떤 순간들에는 선생님이 표현하신 독특한 논리의 사슬을 따라갈 수가 있고, 선생님이 무슨 말씀을 하고 계신지 아주 강하게 느낄 수 있습니다. 어떻게 해서 그런 상태에 이르게 되는지는 잘 모르겠습니다. 한데 일단 그런 상태에 이르고 나면 갑자기 심한 불안감에 휩싸이게 됩니다.

—— 묻고 있는 그것, 즉 묻는 자의 존재가 위태로운 상황에 처해서 그런 겁니다.

바로 그렇습니다. 그 때문에 심한 패닉 상태에 빠지게 됩니다.

── 그것이 문제입니다. 당신은 근본적인 건 감히 묻지 못합니다. 그렇게 했다간 당신에게 아주 소중한 어떤 것, 당신이 '나'로 알고 있고 '나'로 체험하고 있는 자아의 연속성이 파괴될 테니까요.

감히 물었다고 한다면, 그 다음에는 어떤 일이?

── "그 다음에는 어떤 일이?" 같은 것이 따라붙을 여지가 없죠. 그리고 나서는 그저 작용이 시작됩니다.

저는 과감하게 부딪쳐나가고 싶은 마음이 간절합니다. 어떻게 하면 과감해질 수 있을까요?

── 물음 그 자체는 그 물음에 대한 답을 찾아낼 수 있는 고유한 능력을 갖고 있습니다. 답이 없다면 물음은 더 이상 머물러 있지 못합니다. 당신은 자신의 밖이나 안에서 답이 나오기를 기다리고 있습니다. 한데 이 두 영역 모두가 아무 짝에도 쓸모없다는 것이 드러난다면 그 물음은 어떻게 될까요?

내가 그런 답을 거부하는 것은 남들의 말이나 체험에 동의하지 않아서가 아니라 나에 관한 한 그런 것이 아무 쓸모가 없기 때문입니다. 진실일 수도 있지만 쓸모가 없기 때문에 모조리 거부하는 겁니다. 그렇게 해서 내 경우에는 밖에서 도움 받는 일이 끝났습니다. 그런 것이 사라져버려도 내 쪽에서는 아무런 무력감도 느끼지 않습니다. 밖에서 오는 도움과 무력감은 긴밀히 얽혀 있어서 분리시키려야 시킬 수가 없습니다.

  진짜 골칫거리는 해법입니다. 만일 여러분이 문제를 풀 수 없다면 그것은 더 이상 문제가 아닙니다. 여러분은 문제보다는 해법에 더 관심을 갖고 있습니다. 한데 그 해법은 지금이 아니라 미래에만 적용되므로 그것은 해법이 아닙니다. 여러분이 문제를 푸는 시점은 당연히 지금이 아니라 미래잖습니까?

  어째서 여러분은 해법을 찾아내는 데 골몰할까요? 그런 것은 자신에게 도움이 되지 않았는데도 여러분은 여전히 그런 것을 찾고 있습니다. 여러분은 문제가 아니라 해법에 관심이 있습니다. 도대체 뭐가 문제입니까? 내가 묻고 싶은 건 그게 전부입니다. 여러분에게는 아무 문제도 없는데 여러분은 해법을 이야기하고 있습니다.

  여러분은 남들이 제공해준 답들에 좀처럼 만족을 하지 못합니다. 그래서 내게 찾아옵니다. 여러분은 내가 깨달은 사람이라고 생각합니다. 여러 가지 질의응답이 오가지만 그래도 여전히 이런 식의 질문을 합니다. 여러분은 자신이 알고 있는 것을 확인받고 인가받고 싶어 하지만, 여기 앉아 있는 이 사람은 여러분의 틀에 맞지 않는 얘기만 늘어놓기에 여러분은 내 말에 동의하지 않습니다. 여러분은 본인의 물음에 대한 답을 기필코 찾아내려 합니다.

  그런 식의 추구는 깨달음 같은 것은 없다는 깨달음으로 끝이 납니다. 여러분은 추구하는 것을 통해서 자아로부터 해방되고 싶어 하지만 자아로부터 해방되기 위해서 애쓰는 그 자가 바로 자아입니다. 이렇게 간단한 사실을 어떻게 하면 여러분에게 이해시킬 수 있을까요?

사실, '어떻게'는 없습니다. 만일 내가 여러분에게 '어떻게'라는 말을 했다면 그것은 단지 그런 추구에 더 많은 힘을 덧보태주고, 그 힘을 더 강화시키는 결과만을 초래할 겁니다. '어떻게, 어떻게, 어떤 방법으로?'야말로 모든 물음 중에서 가장 빈번하게 제기되는 물음입니다.

여러분이 남들이나 내가 제공해주는 답을 답이라고 생각하는 한 '어떻게'는 계속 꼬리를 끌고 남아 있을 겁니다. 여러분이 자신에게 답을 제공해줄 만한 사람들이라 여기는 이들의 답에 의존하는 한 물음은 영원히 남아 있을 겁니다. 그런 답은 답이 아닙니다. 그게 답이라면 물음은 더 이상 존재하지 않을 겁니다. 그 답은 여러분 스스로에게서 나와야 합니다.

그리고 그런 답은 과정 없이 나와야 합니다. 과정은 여러분을 물음에서 멀어지게 하고 물음의 힘을 약화시킵니다. 과정이 없다면 물음은 점점 더 강해집니다. 여러분은 그 물음에 대한 답 말고는 어떤 것도 원치 않게 됩니다. 더 이상 어떤 것에도 관심을 갖지 않게 됩니다. 날마다, 남은 평생토록 여러분에게는 그것, 즉 '어떻게?'가 유일한 물음이 됩니다.

'어떻게?'는 남들이 제공해주는 답들과 관련이 있으므로 여러분은 그런 모든 답을 거부해야 합니다. 물음은 저절로 타버려야 합니다. 여러분이 자신의 안팎에서 나오는 답을 고대하는 한 물음은 타버릴 수 없습니다. 물음이 저절로 타버릴 때 이미 존재하는 것이 저절로 드러나기 시작합니다. 그것이야말로 다른 어떤 사람들의 답이 아니라 자신의 답입니다. 그 답은 이미 존재하고 있고 저절로 드러날 것이기 때문에 여러분은 그 답을 찾으려고 애쓸 필요도 없습니다. 여러분은 학자가 될 필요가 없고 책을 읽을 필요가 없고 아무것도 할 필요가 없습니다. 이미 존재하는 것이 저절로 드러나기 시작할 것입니다.

그런데도 여러분은 그런 식의 물음에 대한 답을 그토록 간절히 원합니까? 평생을 물구나무서서 지내고 나무에 매달려 지낸 사람들조차 어디에도 이르지 못했답니다. 주위에 개미탑들만 잔뜩 자라났을 뿐 그 사람들은 어떤 결과도 얻지 못했어요. 그렇게 한다는 게 결코 쉬운 일이 아닌데도.

내게 이런 일이 일어났을 때 나는 과거에 내가 엉뚱한 방향으로 추구해왔다는 걸, 그리고 이것은 종교적인 것이나 심리적인 것이 아니라 모든 감각의 능력이 최고조에 달한 상태로 기능하는 생리적인 현상이라는 걸 알았습니다. 내 물음에 대한 답이 바로 그것이었습니다.

모든 물음은 같은 물음의 변주로 서로 다르지 않습니다. 여러분은 얼마나 열성적인가요? 얼마나 진지한가요? 물음에 대한 답을 얼마나 간절히 원하는가요? 물음은 자신이 이미 알고 있는 답들에서 나옵니다. 여러분은 내가 이른 상태가 어떤 것인지 알고 싶어 하고, 그것을 여러분의 앎, 곧 전통의 일부로 만들고 싶어 합니다.

앎 또는 지식은 끝장이 나야 합니다. 어떻게 하면 이렇게 간단한 사실을 이해할 수 있을까요? 알고자 하는 여러분의 바람은 여러분의 앎에 운동량을 덧보태줄 뿐입니다. 여러분에게는 앎이 여전히 존재하고 있고 운동량을 그러모으고 있는 중이라서 내가 이른 상태가 어떤 건지 알려야 알 수가 없어요. 여러분의 관심사는 오로지 앎의 지속뿐이죠.

만일 책이 사람들에게 뭔가를 가르칠 수 있었다면 세상은 이미 오래 전에 천국이 되었겠죠. 기술적인 문제, 예컨대 녹음기를 고치는 문제들이라면 책에서 도움을 얻을 수 있을 겁니다. 하지만 이런 문제들에서는 책이 아무 쓸모가 없어요. 이 대화가 무슨 가치가 있는 건지도 잘 모르겠어요.

하지만 나는 진전이라는 건 없다는 점을 분명히 해두고 싶습니다. 여러분은 원래의 자리에서 꼼짝하지 않을 겁니다. 여러분은 한 걸음도 떼지 않았어요. 본래 한걸음도 내디딜 필요가 없습니다.

저는 우리의 만남에서 중요한 것은 말이 아니라고 확신합니다. 말을 넘어선 어떤 것이 있는 것 같습니다.

── 난 모르겠는데요. 댁도 그렇게 단정적으로 말할 수는 없을 걸요. 당신 자신이 그려낸投射 것일 수도 있으니까. 말을 넘어선 어떤

것이 있다면 그것은 저절로 작용합니다. 내 안에서, 당신의 내면에서, 저 밖의 정원에 있는 민달팽이와 지렁이의 내면에서 기능하는 이 의식은 같은 것입니다. 한데 내 안의 의식에는 어떤 경계선도 없지만 당신의 의식에는 경계선들이 있습니다. 당신은 그 경계선들에 에워싸여 있어요. 어쩌면 이 제한 없는 무한한 의식이 당신을 밀어대는지도 모르겠네요. 내가 그러는 건 아니에요. 나하고는 아무 상관없는 일이니까.

그것은 언제 어느 때나 수평을 유지하려는 물과도 같아요. 그런 게 그것의 속성이죠. 당신의 내면에서 일어나고 있는 일이 바로 그것입니다. 생명은 자신을 에워싸고 있는 것, 생각과 체험의 죽은 구조를 부수려고 합니다. 그런 구조는 생명의 속성이 아니니까. 생명은 그런 구조에서 빠져나오려고 합니다. 활짝 열고 나오려고 해요. 그런데 당신은 그걸 원치 않죠. 당신은 그 구조에 균열들이 나 있는 걸 보자마자 회반죽을 가져와 빈틈없이 채워 다시 봉해버립니다.

당신을 밀어대는 것이 꼭 이른바 깨달은 사람, 영적인 사람, 신이 현전한 사람일 이유는 없습니다. 저기 있는 저 나뭇잎도 그것이 할 수 있는 일을 하게끔 허용해준다면 당신에게 같은 가르침을 줄 수 있어요. 당신은 그것이 그렇게 하도록 허용해줘야 해요. 나도 그렇게 해야 하구요. "그것이 하게 하라"는 것이 당신 쪽에서 의지 같은 것을 작동시킨다는 뜻을 함축하고 있기는 하지만 말입니다. 물론, 내가 말하려는 뜻은 그게 아닙니다.

생명이란 뭔가요?

── 당신은 생명life이 뭔지 결코 알지 못할 겁니다. 생명에 관해서는 누구도 입을 뻥긋할 수 없습니다. 이런저런 식으로 정의를 내릴 수는 있겠지만 그런 정의들은 무의미합니다. 당신은 생명에 관한 이론을 세울 수 있지만 그런 이론은 당신에게 아무 가치도 없습니다. 그런 이론을 통해서 이해할 수 있는 건 아무것도 없습니다. 그러니 '생명이란 무엇인가?'라는 질문은 하지 마세요. 그런 물음에는 답이 없으니 그 물음은 오래 머물러 있을 수 없습니다. 당신은 정말로 그 답을 모르고 있으니 그 물음은 사라지고 맙니다.

그런데 당신은 반드시 답이 있을 거라고 생각하고 있기 때문에 물음이 사라지도록 가만 내버려두지 않습니다. 당신은, 자신은 비록 그 물음의 답을 모른다 해도 이 세상 어딘가에는 답을 해줄 누군가가 있을 거라는 생각을 합니다. 이 세상 그 누구도, '생명이란 무엇인가?'라는 물음의 답을 제공해줄 수 없습니다.

우리는 정말로 모릅니다. 그러니 그런 물음은 계속 머물러 있을 수 없습니다. 그 물음은 타버립니다. 그 물음은 생각에서 나오고, 따라서 그것이 타버릴 때는 에너지가 존재합니다. 연소 작용이 일어나죠. 생각이 타버리면서 물리적인 에너지를 제공해줍니다. 그와 마찬가지로 물음이 탈 때는 물음과 아울러 묻는 자도 사라집니다. 물음과 묻는 자는 서로 다른 게 아닙니다.

물음이 타버릴 때는 에너지가 존재합니다. 여러분은 그 에너지에 관해서 어떤 말도 할 수 없습니다. 그것은 이미 드러나 있고, 무수히 많은 방식으로 스스로를 표현하고 있습니다. 그것에는 어떤 한계도, 경계도 없습니다. 그것은 여러분의 것도 아니고 내 것도 아닙니다. 그것은 모두의 것입니다. 여러분은 그것의 일부입니다. 그것의 표현입니다. 꽃이 생명의 표현인 것과 마찬가지로 여러분도 역시 생명의 또 다른 표현입니다. 이 세상 만물의 배후에 있는 것이 바로 생명입니다. 여러분은 그것이 무엇인지 결코 알지 못할 겁니다.

여러분은 동물과 다르지 않습니다. 여러분은 그런 사실을 인정하고 싶어 하지 않죠. 여러분과 동물의 유일한 다른 점은 여러분은 생각을 한다는 점입니다. 동물에게도 생각이 있긴 하지만 인간의 경우에는 생각이 훨씬 더 복잡하게 펼쳐지죠. 그게 차이점입니다. 동물들은 생각을 하지 않는다고 말하지 마세요. 동물들도 생각을 합니다. 하지만 인간의 경우에는 생각의 구조가 너무나 복잡해졌습니다. 문제는 어떻게 이런 구조로부터 자신을 해방시키고, 이런 구조를 세상에서 적절하게 기능할 수 있는 수단으로 활용하느냐 하는 겁니다. 그 외의 다른 용도로는 전혀 쓸모가 없죠.

생각은 단지 부수적인 가치만을 갖고 있습니다. 일테면 남들과 이야기를 주고받고, 세상에서 적당히 생활하는 데 필요한 정도의 가치만. "기차역이 어디죠? 토마토를 사려면 어디로 가야 하나요? 시장이 어디죠?" 따위의 말만 주고받을 수 있으면 됩니다. 철학적인 개념들은 전혀 무의미한 것들이라 필요치 않습니다. 의식주처럼 꼭 필요한 것 이상의 것들을 갖고 싶어 하는 것이야말로 여러분의 자기기만이 시작되는 지점이며, 그 자기기만에는 한도 끝도 없습니다. 그러니 그 모든 생각은 전혀 무의미합니다. 그런 것들은 여러분을 소모시켜 버릴 뿐입니다.

누군가와 이야기를 나눌 때 외에 생각하는 것은 불필요합니다. 그런데 어째서 사람들은 노상 자기 자신과 이야기를 주고받는 걸까요? "나는 행복해", "나는 불행해", "나는 불쌍해", "저건 마이크야", "이 사람은 남자야", "저 남자는 대단한 사람이야" 등등. 사람들은 왜 이런 짓을 하고 있을까요? 모두가 다 스스로에게 이야기를 합니다. 그리고 누군가가 큰소리로 혼자서 이야기하기 시작할 때라야만 사람들은 그를 정신병원에 집어넣어버립니다. (웃음)

그렇게 하는 게 매우 피곤한 일이라는 말씀이시죠. 저도 선생님의 말씀에 동의합니다. 생각은 우리를 소모시키며, 자연히 우리는 생각하는 짓을 그칠 방법을 찾게 됩니다.

── 생각은 우리를 소모시키며, 불행히도, 우리가 생각을 그치게 하기 위해 사용하는 모든 방법은 우리를 더욱 더 소모시키는 결과를 빚어냅니다. 그런 일과 관련된 모든 기법이나 시스템은 상황을 더 악화시키기만 합니다. 우리가 생각을 그치게 하기 위해 할 수 있는 일은 아무것도 없습니다.

좋습니다. 그럼, 선생님은 어떻게 생각을 그치게 하셨나요?

── 당신은 "어떻게 생각을 하지 않게 되었느냐?"고 묻고 있어요. 그 질문에 어떤 뜻이 숨어 있는지 알고 있나요? 당신은 어떤 길, 방법, 시스템, 기법 등을 알고 싶어 해요. 그러면서 여전히 계속해서 생각하죠.

저는 생각하고 싶지 않습니다. 만일, 제 질문이 잘못되었다면 더 나은 질문을 제시해주실 수도 있을 것 같은데요.

── 당신이 정말로 생각하고 싶어 하지 않는지를 난 잘 모르겠네. 당신이 '이런 짓을 하는 게 정말 지긋지긋하다'고 생각할 정도가 되어야 하는데, 당신을 그 정도에 이르도록 도와줄 수 있는 사람은 아무도 없어요.

제가 그 정도 수위에 이르도록 선생님이 저를 도와주실 수는 없나요?

── 설령 그런 정도에 이른다 해도 당신은 생각을 그칠 수 없다는 사실을 알게 될 겁니다. 생각할 필요가 있을 때는 생각이 일어납니다. 생각할 필요가 없을 때는 생각이 있는지 없는지도 모릅니다. 있건 없건 나는 상관하지 않아요. 하지만 생각할 필요가 있을 때는 남과 소통하도록 이끌어주고 도와주기 위해 생각이 일어납니다. 생각하는 게 필요한지 여부를 결정해주는 것은 이쪽이 아니라 저쪽입니다. 상황이 생각을 하도록 요구합니다. 이쪽의 뜻대로 생각을 일으키는 게 아닙니다.

우리는 생각에 관해서 온갖 이야기를 합니다. 여러분이 생각을 주시하는 게 가능할까요? 가능하지 않습니다. 주시하는 또 다른 생각이 있습니다. 그 문제의 교묘한 측면이 바로 그겁니다. 생각은 자체를 둘로 나눕니다. 그렇게 하지 않으면 여러분은 생각을 주시할 수 없습니다. 한 생각이 또 다른 생각을 주시할 때 두 생각이 있는 게 아니라 한 생각만 있습니다. 그런 주시는 두 개의 생각이 있다는 느낌을 안겨주지만, 사실은 하나의 움직임만 있을 따름입니다.

그럼, 무엇이 그런 분리를 낳게 하는 걸까요? 생각입니다. 그런 분리를 통해 여러분의 생각은 구르기 시작합니다. 아주 교묘한 속임수죠. 그것은 하나의 움직임입니다. 여러분이 '생각'이라고 부르는 것을 주시하는 놈이야말로 여러분이 생각이라고 정의내리는 그것입니다.

여러분은 스스로에게 '생각이란 무엇일까?'라는 물음을 제기합니다. 한데 그 물음이 바로 생각입니다. 그 물음에는 답이 없습니다. 여러분이 어떤 답을 제시하건 그건 단지 정의나 설명에 불과합니다. 여러분은 "생각은 이런 거야"라고 말할 수 있습니다. 나는 생각에 관해서 많은 말을 해왔습니다. "생각은 시간이다, 공간이다, 물질이다, 이것이다, 저것이다"라는 식으로. 여러분이 애기할 수 있는 건 기껏해야 그런 정도일 겁니다.

하지만 여러분이 생각을 똑바로 주시하면서 답을 찾아내고 싶어 한다 해도 생각을 볼 방법이 없습니다. 여러분은 생각을 경험할 수 없기 때문에 제 힘으로 생각이 뭔지 알아낼 방법이 없습니다. 여러분은 오로지 자신이 생각에 관해서 갖고 있는 지식을 통해서만 생각을 경험할 수 있습니다.

남들이 제공해주는 답을 받아들이지 않을 때는 어떤 일이 일어날까요? "생각이란 무엇인가?"라고 물을 때는 무슨 일인가가 일어나야 합니다. 그런 물음에는 우리가 알고 있는 답 말고는 어떤 답도 없기 때문에 타버립니다. 그 물음이 있었던 자리에 여러분이 갖고 있는 것은 답, 곧 에너지입니다. 그런 물음(생각)은 물질입니다. 생각이 타버릴 때 존재하는 것은 에너지이며, 에너지는 생명의 드러남입니다. 달리 말해 '생명'과 '에너지'는 동의어입니다.

생각은 어디에서 올까요? 안에서 나올까요, 밖에서 들어올까요? 인간 의식은 어디에 자리 잡고 있을까요? 우리가 서로 소통하기 위해, 혹은 그저 생각에 관한 실감을 제공해주기 위해, '생각의 영역'이란 게 있다고 가정해봅시다. 우리는 그런 영역 속에서 기능하고 있으며, 아마도 우리는 '안테나'를 하나씩 갖고 있을 겁니다. 그 안테나는 우리가 태어난 문화의 산물이며, 그것은 외부에서 이런 저런 생각들을 포착해내고 있습니다.

인간 의식은 온 누리에 두루 존재해 있고, 여러분은 그 의식에서 분리된 존재가 아니기에 인간 의식이 어디에 자리 잡고 있는지 알아낼 방도는 전혀 없습니다. 두뇌생리학자들과 심리학자들이 인간 의식이 자리 잡고 있는 곳을 알아내려는 목적 하나만으로 천문학적인 돈을 써가면서 온갖 실험을 하고 있지만 끝내 그 비밀을 알아내지 못할 겁니다. 나는 지금 독단적인 주장을 펼치고 있는 게 아닙니다.

그 안테나를 통해서 생각들을 포착해낼 수 있는 어떤 능력은 존재합니다. 그 안테나가 정확히 뭔지는 모르겠지만, 아무튼 우리가 그런 능력을 증대시킬 수 있을까요?

―― 왜 그런 능력을 증대시키고 싶어 하세요? 나는 그런 능력이 한계가 있다는 것을 사실로 받아들입니다. 나는 내 능력이 유전적으로(당신들의 과학적인 용어를 사용하자면) 제한되어 있다고 얘기하고 있는 겁니다. 나는 개인의 그런 능력이 아주 한정되어 있고, 유전적으로 결정된다고 생각해요.

하지만 우리는 그런 유전적 잠재력조차도 일부만을 사용하고 있잖습니까.

―― 극히 일부만 사용하고 있죠. 이런저런 이유로 문화는 그런 잠재력이 전체적이고 완벽하게 발전해나갈 가능성을 제한해버렸습니다. 그 발전 과정의 어딘가에서 생각이 필요했지만, 이제 생각은 인류의 적이 되었습니다. 문화가 진화 과정(진화 과정 같은 것이 과연 존재하는지 아닌지 나는 잘 모릅니다. 단정적으로 말할 수는 없지만 그런 것이 있는 것 같기는 합니다)의 가능성을 가로막고 있기에, 문화가 '완전한 인간', '종교적 인간', '진짜 신사', '지조 있는 사람' 등과 같은 인간상들을 만들어냈기에 생각은 인류의 적이 되어버렸습니다. 그

런 인간상들은 우리가 타고난 특성과는 정반대되는 것들인데. 그 타고난 특성을 일러 나는 개성personality이라 부릅니다.

나는 개성이라는 말을 심리학자들과는 아주 다른 의미로 사용합니다. 모든 사람은 고유하고 유일무이한 개성을 갖고 있으며, 그 개성은 스스로를 표현하려고 노력합니다. 한데 문화는 '정상인'이라고 하는 개념을 만들어냈습니다. 그런 식의 캐릭터를 만들어내는 것은 사회의 지속성을 도모하기 위해서입니다.

그런 식의 캐릭터 만들기 메커니즘은 그 사회에 속하는 이들을 억누르고 제한합니다. 나는 바로 이런 의미에서 개성이라는 말을 사용합니다. 현재의 세계 인구 70억 명 중에서 당신 같은 사람은 어디에도 없습니다. 생리학적으로 얘기하자면 각각의 개인은 진화 과정이 빚어낸 놀라운 걸작들이며, 따라서 나는 각 개인이 고유하고 유일무이하다고 얘기하는 겁니다.

이 세상에 존재하는 모든 이들은 스스로를 표현하고 인간으로 꽃피어나려 애쓰고 있습니다. 인간은 동물적 본능들을 모조리 잃어버렸고, 인간적 본능들을 계발해내지 못했습니다. 사람들이 얘기하는 염력, 투시력, 초인적인 청력 같은 것들이 바로 인간적 본능들입니다. 그런 본능들은 꼭 필요한데, 그것은 인간 유기체가 다음의 두 가지에 관심을 갖고 있기 때문입니다.

하나는 그 유기체가 어떤 희생을 치르더라도 반드시 살아남아야 한다는 점입니다. 그것은 왜 살아남아야 할까요? 그건 나도 모릅니다. 그러니 이렇게 묻는 것 자체가 어리석은 일입니다. 아무튼 생존이야말로 가장 중요한 것의 하나입니다. 인간 유기체는 자체의 생존 메커니즘을 갖고 있으며, 그런 메커니즘은 생각의 움직임의 생존 메커니즘과는 아주 다릅니다. 다른 하나는 번식입니다. 그 유기체는 자손을 번식시켜야 합니다. 이 두 가지가 인간 유기체, 살아 있는 유기체의 근본 특성입니다.

문화는 개성이 스스로를 자기답게 표현하는 것을 불가능하게 만들었습니다. 문화는 다른 구상들을 갖고 있기 때문입니다. 문화는 신경증적 상태를 빚어냈습니다. 그것은 생각의 분열증적 움직임을 조장해냈습니다. 만일 스스로를 자기답게 표현하고 활짝 꽃피어나는 것들이 존재한다면 이 분열증적 움직임은 끝장나고 말 겁니다. 그런 가능성은 인간적 메커니즘의 일부입니다. 그런 가능성은 인간 유기체 속에 이미 내장되어 있습니다. 그러므로 인간의 이 분열증적 움직임, 이 신경증적인 상태는 종말을 고해야 합니다. 하지만 우리가 할 수 있는 게 과연 있을까요?

그런 분열증적 움직임, 신경증적 상태를 끝장내려면 어떻게 해야 하나요?

── 문제는 어떤 레벨에서 어떤 방향으로 어떤 행동을 하건 간에 여러분이 하는 모든 것은 생각의 구조에 지속성을 부여해준다는 점입니다. 정신과 육체의 분리 상태는 끝장나야 합니다. 사실 정신과 육체는 전혀 분리되어 있지 않습니다. 나는 '정신mind'이라는 말에 어떤 이의도 없습니다만, 그것은 특정한 어떤 한 위치나 영

역에 자리 잡고 있지 않습니다. 여러분 몸의 모든 세포들은 자체의 정신을 갖고 있으며, 각 세포의 기능 혹은 작용은 다른 세포들의 그것과 아주 다릅니다.

따라서 몸의 모든 화학적 성질이 변해야 합니다. 그 화학적 성질은 내 표현 방식을 빌려 얘기하자면, 일종의 연금술을 거쳐야 합니다. 운 좋게도, 다행히도, 인간 유기체 속에는 생각의 통제를 받지 않는 어떤 영역들이 있습니다. (이런 사실은 내가 발견했습니다. 이런 사실을 믿고 안 믿고는 여러분 마음대로 하세요.) 여러분이 '내분비선'이라고 부르는 선gland들이 바로 그것입니다.

다행히도, 라뇨?

── 다행이고 운이 좋은 거죠. 그렇지 않았다면 인류는 끝장이 났을 겁니다. 우리가 그 분비선들을 통제하는 날 인류는 종말을 고할 겁니다. 인간은 사회 구조 속에서 하나의 부품에 불과한 존재가 되어버릴 테니까(사실은 이미 그렇게 되어 있지만). 인간이 누릴 수 있는 어떤 사소한 자유도, 개성이 스스로를 표현할 수 있는 어떤 작은 기회도, 모조리 사라져버릴 겁니다.

이 선腺들은 생각의 통제권 밖에 있습니다. 힌두교도들은 그것들을 '차크라'라고 부릅니다. 선들은 힌두교도들이 차크라가 있다고 생각하는 곳과 똑같은 자리들에 위치해 있습니다. 심령체psychic body에는 선들이 존재하지 않습니다. 심령체나 원인체causal body 같은 것들은 존재하지 않습니다. 힌두교도들이 상상으로 만들어낸 것들입니다. 그 사람들은 우리가 '내분비선'이라고 부르는 것들을 체험했음이 분명합니다.

사람들은 뇌하수체pituitary gland, 송과체pineal gland, 가슴샘thymus gland 같은 선들이 왜 그 자리에 있는지, 그것들이 어떤 기능을 하는지 등을 밝혀내기 위해 많은 연구를 하고 있고, 그런 연구에 어마어마한 돈을 쓰고 있습니다. 나는 '차크라'라는 말을 쓰고 싶지 않아 '내분비선'이라는 말을 씁니다.

그것들이 활성화되지 않으면 인간이 참다운 자기로 꽃피어날 기회는 사라지고 맙니다. 나는 진화 과정 같은 것이 존재한다고 내놓고 말할 수 없지만 그런 것은 존재하는 것도 같습니다. 진화 과정의 본질이 뭐고 그것의 목적이 뭔지는 모르겠지만 아무튼 그런 과정은 뭔가를 창조해내려고 애쓰는 것 같습니다. 이 인간 유기체 전체가 꽃처럼 활짝 피어나지 못한다면 인류는 불완전한 채로 남을 겁니다. '꽃'이라는 말에는 신비주의적인 뉘앙스가 깃들어 있어서 그런 말을 쓰고 싶지 않은데 어쩔 수 없어 쓰게 되네요.

잠재력이 실현된다는 뜻인가요?

── 맞아요. 그것의 실현을 방해하는 것이 문화입니다. 여러분의 몸에서 문화와 관련된 모든 것이 빠져나가야 합니다. 이렇게 말한다고 해서 팬스레 바깥 세상에 있는 것들을 몰아내려 들지는 마세요. 나는 책들을 불태우고 사원을 무너뜨리라고 말하는 게 아닙

니다.

우리가 문화에서 벗어날 수 있는 본원적인 힘을 갖고 있을까요?

―― 여러분은 바로 그런 존재입니다. 사회는 우리 밖이 아니라 안에 있습니다. 문화는 인간 의식의 한 부분이며, 따라서 인간이 과거에 체험하고 느낀 모든 것은 의식의 한 부분을 이루고 있습니다.

그러나 우리가 적절한 답을 갖고 있지 않은 의문의 하나는 '어떻게 이런 의식이 한 세대에서 또 한 세대로 전해지는가?'입니다. 그건 정말 미스터리입니다. 몇 십 년에 걸친 여러분의 체험뿐만 아니라 동물의 의식과 식물의 의식과 새의 의식까지를 망라한 모든 체험은 의식의 일부입니다. (환생하는 실체entity는 없습니다. 어떤 실체도 없기에 내가 보는 관점에서는 윤회니 환생이니 하는 온갖 이야기가 잠꼬대나 다름없습니다.) 여러분이 잠자면서 자신이 마치 새처럼 날고 있는 것 같은 꿈을 꾸는 건 바로 그 때문입니다. 남자들이 갖고 있는 성적 판타지들, 동물적 체위들, 카마수트라[1] 같은 것들도 세대에서 세대로 전승되는 의식consciousness의 일부입니다. 그 의식이 어떻게 전승되는지는 나도 모릅니다. 나는 그 점에 관해 적임자가 아니기 때문에 뭐라 말할 수 없습니다. 하지만 의식이 그 전승의 수단이 아닌가 싶습니다.

---

1 4세기 인도 사람 바츠야야나가 쓴 성애에 관한 교본.

유전자보다 훨씬 더 강력한 수단인가요?

―― 예, 훨씬 더. 유전자는 의식의 일부일 뿐이죠. 의식은 사물을 체험하는 면에서 아주 강력한 요소입니다. 하지만 우리가 의식 전체의 내용을 밝혀내는 것은 불가능합니다. 의식은 너무나 광대하니까요.

내분비선의 기능을 촉진하려면 어떻게 해야 할까요?

―― 나는 한 가지 면에서 의학기술에 거부감을 갖고 있습니다. 인간을 이해하고자 하는 욕구는 곧 인간을 통제하려는 의도에서 나온 것이거든요. 내가 의학기술을 그리 탐탁지 않게 여기는 것은 그 때문입니다. 내분비선들을 멋대로 통제할 수 있게 되면 인간의 개성을 마음대로 변화시키려 들 겁니다. 굳이 세뇌를 하려들 필요가 없죠. 세뇌는 아주 힘든 과정이니까.

만일 자연이 그 자체의 방식대로 진행되도록 허용되었더라면 모든 사람이 다 유일무이한 꽃이 되었을 겁니다. 어째서 이 세상에 장미만 있어야 합니까? 무엇 때문에? 들꽃이나 민들레도 장미만큼이나 아름답고, 만물의 구도에서 장미 못지않게 중요한 것인데. 어째서 재스민과 장미와 그 밖의 몇몇 꽃들만 있어야 하는 걸까요?

그러므로 앞으로 점진적인 변화가 아니라 갑작스러운 변화가 일어날 가능성이 있습니다. 모든 구도를 일거에 깨부수려면 아주 갑작스럽고 폭발적인 방식의 변화가 일어나야 합니다.

개인의 내면에서요?

── 그렇습니다. 이런 변화는 사회나 종교나 신비주의와는 무관합니다. 그런 것들과는 전혀 상관없어요. 이런 변화는 인간 의식 전체에 영향을 미칠 테지만 이것은 어디까지나 추측에 불과합니다. 나로서는 단언할 수 없습니다. 하지만 영향을 미치는 것은 분명합니다. 이 우주에는 오로지 하나의 마음, 하나의 의식만 존재하니까요. 자기 안에서 일어나는 것은 필연코 인간 의식 전체에 영향을 미치게 마련입니다. 하지만 그 영향은 아주 미미할 겁니다.

이런 변화를 촉진하려면, 사람들을 멋대로 통제하지 않으면서 이런 결과들을 낳으려면, 어떻게 해야 할까요?

── 전체를 변화시키기 위한 포괄적인 자극요인 같은 것은 없습니다. 여러분이 관심을 갖고 있는 '어떻게'는 변화를 함축하고 있는 용어입니다. 어째서 여러분은 이해하고 싶어 하죠? 나는 이해해서는 안 된다는 얘기를 하는 게 아니라 여러분의 이해 이면에 잠복해 있는 배후 동기는 어떤 변화를 가져오고자 하는 것이라는 점을 말하고 있는 겁니다. 그런 점이야말로 우리 문화의 일부입니다. 문화가 그것을 요구합니다.

우리 내면에서는 끊임없는 전쟁이 벌어지고 있습니다. 그것은 자연스럽게 스스로를 드러내려 애쓰는 것과 그런 드러남을 방해하려는 문화 사이의 전쟁입니다. 여러분이 과연 문화의 속박에서 해방될 수 있을까요? 혹은 해방될 수 있는 무슨 방법이 있을까요? 의지를 통해서 그렇게 할 수 있을까요? 대답은, 아니요, 입니다. 의지를 통해서는 아무것도 할 수 없습니다. 그런 일은 저절로 일어나야 합니다. 내가 그런 일은 인과와는 무관하게 일어난다고 말하는 것은 바로 그 때문입니다.

과거 역사에서 그런 일이 일부 사람들에게 일어났던 것 같습니다. 그런 사람들은 각자 자기만의 방식으로 그 고유함과 유일무이함을 드러냈으며, 그 고유함은 각자의 성장배경에 따라 다릅니다. 각자의 고유함은 성장배경의 표현입니다.

그러나 만일 오늘날 이런 일이 어떤 개인에게 일어난다고 한다면, 저절로 일어나야 할 겁니다. 자연은 때때로 자체의 방식으로 어떤 꽃, 인간 진화의 최종적 산물을 낳곤 하니까. 인간 진화의 그 최종적 산물은 진화과정에 의해서 또 다른 꽃을 피워내기 위한 모델로 이용될 수 없습니다. 진화 과정이 어떤 하나의 꽃을 피워낸다면 그걸로 족한 겁니다. 우리는 그 꽃을 보존할 수 없습니다. 그 향기를 보존할 수 없습니다. 보존하려 들었다간 악취를 풍길 테니까. 진화 과정 혹은 진화의 움직임(원한다면 뭐라고 표현해도 좋습니다)은 자신이 완성해낸 꽃을 또 다른 꽃을 창조하기 위한 모델로 이용하는 데 아무 관심이 없습니다.

한데 방금 전에 당신이 던진 물음에는 답이 없기 때문에 대답하기가 아주 어렵습니다. 그 '어떻게'는 사라져야 합니다. 그게 유일한 길입니다. '어떻게'는 길이 있고 방법이 있고 기법이 있다는 뜻을, 당신이 자신의 화학적 성질에서의 이런 총체적인 변화, 이런 연금술을 일으키기 위해 뭔가 할 수 있는 게 있다는 뜻을 함축하고 있기 때문에 마땅히 사라져야 합니다. 그런 방법들은 본래의 목적을 거스르는 짓입니다.

자신이 그런 물음에 대한 답을 찾을 길이 없는 상황에 처해 있다는 것을 알았을 때야말로 무슨 일인가가 일어날 수 있는 순간입니다. 그런 때야말로 이미 존재하는 방아쇠 장치가 모든 것이 폭파되도록 돕는 순간입니다. 이해하고 싶고 변화를 일으키고 싶다는 욕망에서 자유로워진 '어떻게?'라는 물음은 여전히 남아 있습니다. 그 물음은 생각이며, 생각은 결국 진동입니다. 생각에는 본래 원자 구조가 내재되어 있습니다. 생각에는 원자가 깊이 파묻혀 있습니다. 그런데 생각이 옴짝달싹 할 수 없을 때, 어떤 방향으로도 튀어나갈 수 없을 때 그 생각에 무슨 일인가가 일어납니다.

이제 '어떻게?'라는 오직 한 생각만 남아 있습니다. 이 유기체가 관심을 갖고 있는 유일한 물음은 '어떻게 하면 모든 속박을, 목을 죄어들어오는 문화의 모든 영향력을 떨쳐버릴 수 있을까?'입니다. 이 유기체가 갖고 있는 유일한 의문이 그것인데, 그것은 말이나 생각이 아니라 의문의 형태로 존재합니다. 그 인간 유기체의 총체가 그 한 가지 물음이 됩니다. 내 말이 이해가 되는지 모르겠네요.

그 한 가지 물음은 모든 세포 속에서, 모든 뼈의 골수에서 고동치면서 문화의 속박에서 벗어나려 애씁니다. 그 한 가지 물음, 그 한 생각은 곧 구원자입니다. 그 물음은 도저히 답을 찾을 길이 없다는 것을, 자기가 아무것도 할 수 없다는 것을 알아차리고는 폭발해버립니다. 그것이 움직일 수 있는 어떤 방법도 없고 옴짝달싹할 공간도 없을 때 그런 '폭발'이 일어납니다. 그 폭발은 핵폭발과 버금갑니다. 그것은 생각의 연속성을 분쇄해버립니다.

  생각은 따로따로 떨어진 불연속적인 것들이기 때문에, 사실 생각의 연속성이란 것은 존재하지 않는데, 뭔가가 그것들을 이어 붙여 줍니다. 여러분이 '나', '자아', '중심'이라고 부르는 것은 허구적인 존재입니다. 여러분이 자아를 주시할 때, 그 주시 대상인 자아를 만들어내는 자아에 관해서 여러분이 갖고 있는 지식이 바로 그것이기 때문입니다. 그러므로 내게 자각이니, 자기 인식이니 하는 모든 말은 무의미합니다. 그런 말들은 지식의 틀에 속하는 것들입니다. 그런 것들은 말장난에 불과합니다.

  생각의 연속성이 종말을 고하면서 생각들은 자연스러운 리듬을 타고 흘러갑니다. 그리고 나서 생각은 서로 연결될 수 없습니다. 연결고리들이 끊어졌고, 일단 한번 끊어진 뒤에는 그걸로 끝입니다. 생각의 폭발은 한번으로 그치는 게 아닙니다. 한 생각이 일어날 때마다 매번 폭발합니다. 그것은 핵폭발과 같아서 온몸을 산산이 부셔버립니다.

  그것은 쉬운 일이 아닙니다. 그것은 당사자의 종말입니다. 그것은 제 몸의 모든 세포와 신경을 박살내는 엄청난 충격입니다. 나는 그 순간에 끔찍한 육체적 고문을 겪었습니다. 당사자가 그 폭발을 체험하지는 않습니다. 체험할 수가 없습니다. 하지만 그 사람

몸의 모든 화학적 성질을 변화시키는 것은 그 폭발의 여파, '낙진'입니다. 그런 뒤 생각은 더 이상 이어지지 않습니다. 온갖 사물을 경험하고자 하는 끊임없는 욕구도 사라집니다.

이런 과정을 지켜보는 누군가 혹은 무엇인가가 있습니까?

── 인위적이고 허구적인 정체성으로서의 누군가는 사라졌습니다. 그러고 나서, 아니 지금 이 순간에도 느낌을 말아내는 자가 없습니다. 생각을 굴리는 자가 없습니다. 말을 하는 자가 없습니다. 그저 순수하고 단순한 컴퓨터 같은 것이 자동적으로 작동할 뿐입니다. 그 컴퓨터는 여러분의 물음에, 내 물음에 아무 관심이 없습니다. 그 컴퓨터는 이런 메커니즘이 어떻게 작동되는지 이해하려고 애쓰는 일에 아무 관심이 없습니다. 그래서 우리가 우리의 논리적이고 합리적인 생각의 결과로 갖게 되는 모든 의문은 더 이상 아무 쓸모가 없습니다. 그런 의문들은 중요성을 상실해버렸습니다.

그 메커니즘은 자동적으로 작동합니다만, 비범한 한 가지 지능을 갖추고 있습니다. 그것은 무엇이 자기한테 좋은지 잘 알고 있습니다. 그 지능을 신성神性이라고 부르지는 마세요. 당사자 몸의 메커니즘을 관장하는 그 특별하고 놀라운 지능의 관심사는 보호입니다. 그것이 하는 일은 오로지 그것의 생존을 지키는 데만 국한되어 있습니다. 그것의 관심사는 그게 전부입니다.

그러고 나서 감각들이 아주 중요한 요소가 되었습니다. 감각들은 생각할 필요가 있을 때를 제외하고는 생각의 간섭을 받는 일 없이 제 능력을 최고조로 발휘하기 시작합니다.

여기서 한 가지를 분명히 하고 가야겠습니다. 생각은 스스로 알아서 작동하지 않습니다. 생각은 늘 요청이 있거나 필요할 때만 일어납니다. 생각은 상황의 요청을 따라갑니다. 생각이 필요한 상황이 되면 생각이 일어납니다. 그렇지 않을 때는 일어나지 않습니다. 생각은 여러분이 사용하는 펜과도 같습니다. 여러분은 그 펜으로 아름다운 시 한 편을 쓰거나 수표장을 쓰거나 할 수 있습니다. 요청이 있을 때 생각은 일어납니다. 생각은 단지 사람들과 소통할 목적을 위해서만 존재하며, 그 밖의 경우에는 전혀 무가치합니다.

그러고 나서 그 사람은 이제 생각이 아니라 감각들의 인도를 받습니다. 따라서 감각을 통제한다는 식의 이야기들은 죄다 너절한 헛소리에 불과합니다. 감각들은 고유하고 선천적인 통제 혹은 조정의 메커니즘을 갖고 있습니다. 그것은 후천적으로 획득된 것이 아닙니다. 야마와 니야마[2]를 포함해서 감각의 통제와 관련된 모든 얘기는 허접쓰레기 같은 것입니다. 감각들은 자기 조정 메커니즘을 갖추고 있습니다. 여러분은 미각을 통제하려 할 수도 있습니다. 하지만 이런 상태에 이른 사람은 스스로를 훈련시키거나 통제할

---

[2] 요가에서 나온 용어들로, 야마yama란 남들을 포함한 외부 세상과 효과적으로 관계를 맺고 행동하는 것에 대한 지침이고, 니야마niyama란 내면을 포함한 자신과 효과적인 관계를 맺고 행동하는 것과 관련된 내용.

필요가 없습니다. 이런 물리적인 유기체 혹은 인간 유기체는 생각이나 정신이 아니라 오로지 감각작용의 인도만 받을 뿐입니다.

평범한 사람의 입장에서는…

── 당신은 평범한 존재가 아닙니다. 비범한 존재입니다. (웃음) 이 세상에 당신 같은 사람은 아무도 없습니다. 당신은 《우파니샤드》가 이야기하는 '유일무이한 사람'입니다.

이런 상태에 드는 일이 일어나는 건 여러분이 뭘 하거나 하지 않기 때문이 아닙니다. 내가 '인과와는 무관한'이란 말을 쓰는 이유가 여기에 있습니다. 어떤 원인이 있어서 그런 일이 일어나는 게 아닙니다. 인과 관계를 세우는 데 관심이 있는 구조는 더 이상 존재하지 않습니다. 그 존재에게 남아 있는 유일한 것은 생존입니다. 그리고 그 생존은 한계가 있습니다. 그것은 자체의 운동량을 갖고 있으며, 그 운동량이 다하고 나면 사라집니다.

이런 존재는 생리적인 방식으로나 혹은 다른 어떤 방식으로 자기 같은 또 다른 존재를 낳거나 만들어낼 수 없습니다. 그 때문에 나는 이 존재를 인간 진화의 최종적 산물이라고 말하는 겁니다. 꽃으로서나 다른 인간의 형태로서나 간에 또 다른 그런 존재를 재생해낼 필요가 없습니다. 그 몸의 화학적 성질 전체가 변하는 것은 그 때문입니다. 호르몬들도 변합니다. 그 사람은 남자도 여자도 아닙니다. 그런 사람은 이 사회에 전혀 쓸모가 없고, 다른 사회를 만들어낼 수도 없습니다. (웃음)

'완전perfection'이란 어리석은 생각입니다. 말솜씨나 악기연주 솜씨는 완전해질 수 있습니다. 하지만 내가 말하려는 건 그게 아닙니다. 사람들은 오랜 세월에 걸친 훈련이나 수행을 통해서 완전한 인간이 되고 싶어 합니다만 그런 상태는 완전해질 수 있는 어떤 것이 아닙니다. 그런 일이 일어난다는 어떤 보증도 없습니다. 어째서 그런 일이 일어나는지에 대한 해답도 없습니다. 그런 상태는 재생될 수 없습니다.

사람들은 우리 앞에 완벽한 인간상을 세워 놓았고, 그런 이상이 모든 것을 잘못된 길로 이끌어가고 있습니다. 완전한 인간은 전혀 존재하지 않습니다. 내가 말하는 '변화'가 일어난 사람은 완벽한 존재가 아닙니다. 그는 아주 특이하거나 괴팍하거나 어리석거나 엉터리없는 사람일 수 있습니다. 그는 완벽한 인간과는 거리가 먼 사람입니다. 그는 탁월한 천재가 되지 않습니다. 내일 그는 놀라운 어떤 물건을 발명해내거나 모든 행성에 사람을 보내는 위업을 달성해내지도 않을 겁니다. 그런 것과는 전혀 무관하죠! 한계는 한계로 남아 있습니다. 그런 한계는 물려받은 겁니다.

나는 내가 저지른 행동의 전후前後를 따져 묻는 일 같은 건 하지 않습니다. "이렇게 했어야 했는데, 저렇게 하지 말았어야 했는데, 이런 말은 하지 말았어야 했는데"라고 되뇌는 짓은 일절 하지 않습니다. 어떤 후회도, 변명도 하지 않습니다. 내가 하는 모든 행동은 자동적으로 일어납니다. 주어진 어떤 상황에서 나는 이미 행동한 것과 다르게 행동할 수 없습니다. 그 특정한 상황에서 일어나는 유일한 행위를 합리화하거나 논리적으로 생각할 필요가 없습니다.

다음번의 행동은 달라질 겁니다. 실제적인 의미에서 볼 때 여러분에게는 그것이 비슷한 상황일 수도 있지만 내게는 아닙니다. 미지의 요소, 새로운 요소가 있어서 내 행동은 달라질 겁니다. 여러분은 그런 걸 두고 일관되지 않다거나 모순된다고 볼지도 모릅니다만 나는 다른 식으로는 행동할 수 없습니다. 그 두 행위 사이에는 어떤 관련도 없습니다.

그런 행동은 심리적인 것이 아니라 육체적인 것입니다. 나는 그 특정한 순간에 일어나지 않는 것은 전혀 기억하지 못합니다. 대응reaction은 없고 반응response만 있을 따름입니다. 하지만 당신은 늘 대응을 하고 있죠. "이건 옳고, 저건 틀려"라는 식의 판단이 따라붙습니다. 내가 이야기하는 반응은 주어진 상황에 대한 육체적인 반향입니다. 나는 늘 육체적인 차원에서 기능합니다. 지금 당신을 보면서 나는 아무 생각도 하지 않고 있습니다. 내 시선은 당신에게 고정되어 있습니다. 그런데 만일 시선을 옆으로 돌리면 당신은 지워져 버립니다. 당신 대신 문 손잡이가 존재합니다. 내게 당신은 없는 존재입니다. 마음에서조차도 사라집니다(마음이란 건 없습니다.)

필요할 경우에는 다시 떠오릅니다. 여러분이 질문을 던질 경우에는. 대응은 대상에 관해서 '옳다, 그르다, 선하다, 악하다'라고 생각합니다. 반응은 생각의 간섭을 받지 않고 그냥 보는 겁니다. 반응은 육체적인 것이고 대응은 정신적인 겁니다. 여러분은 늘 대응하고 있습니다. 여러분은 밖에 있는 것들에 육체적으로 반응하지 않습니다.

누군가가 선생님을 때리려 든다고 할 때 선생님은 뭔가 대비를 하실까요?

—— 가설적인 상황이군요. 아마 반격을 하지 않을까 싶은데, 잘 모르겠네요. 나는 비폭력을 주장하진 않습니다. 문제는 여러분이 모든 상황에 대비하고 싶어 한다는 점이죠.

누군가가 선생님을 때린다면 두려움을 느끼실까요?

—— 육체적인 두려움 같은 건 있습니다. 그런 두려움은 인간 유기체를 보호하는 데 필수적인 것이죠. 그건 아주 중요합니다. 그 유기체는 특정한 상황에서 뭘 해야 할지 알고 있기 때문에 뭘 해야 좋을지 생각할 필요가 없습니다. 미리 대비하는 일 같은 건 없습니다. 뱀이 있으면 뒷걸음질 칩니다. 그러면 상황은 종료된 것이고 그는 그 일에 관해 생각하지 않습니다. 이 유기체는 생리적인 보호 이외의 것에는 아무 관심도 없습니다.

생명은 당신을 인도해줍니다. '생명life'이란 말은 그 전체적이고 총체적인 것을 신비화하기 때문에 나는 그 말을 쓰고 싶지 않습니다. 이 유기체는 스스로를 보호하는 데 관심이 있고 생존하는 법을 알고 있습니다. 산책 나갈 때 나는 친구들에게 이렇게 말합니다. "제발, 생각하지 말고 바라봐요!" 생각할 필요가 없습니다. 그저 눈과 귀를 사용하세요. 그러면 그것들이 여러분을 인도해줄 겁니다.

시야가 유난히 맑아지고 청각 메커니즘은 극도로 민감해집니다. 생각이 맑아지는 게 아닙니다. 요즘 사람들은 '감각박탈 실험sensory deprivation'이라고 하는 걸 합니다. 그 사람들이 이루고자 하는 것은 이 경우와는 정반대되는 겁니다. 여기서는 감각들이 작용할 기회를 박탈당하지 않습니다. 완전히 감각들의 잔칫날이죠. 자기네가 원하는 곳으로 가고 원하는 것을 생각합니다. 일어나는 그대로 가만 내버려두죠. 갠지스 강물처럼. 여러분이 둑에서 반쯤 탄 시신을, 시커먼 구정물을, 더러운 온갖 것을 던져버려도 오 분쯤 지나면 강물은 투명하게 맑아집니다. 생각이 일어나는 경우도 그와 같습니다. 좋은 생각, 나쁜 생각, 음탕한 생각, 영적인 생각이 따로 없습니다. 모든 생각이 다 같습니다.

여러분은, "그런 분이 어떻게 음탕한 생각을 할 수가 있죠?"라고 물을지도 모릅니다. 그 사람이 그런 생각을 억누르거나 그런 생각이 마음껏 활개 칠 여지를 주기 위해 할 수 있는 일은 아무것도 없습니다. 그건 그저 리얼리티요 사실입니다. 내 아내와 진하게 사랑을 나눴던 기억이 이따금 뜬금없이 떠오르곤 합니다. 하지만 그런 생각이 뿌리박으려고 할 때면 내 안의 모든 것이 팽팽해집니다. 특별히 뭘 하려고 들 필요가 없습니다. 그런 생각들은 오래 머물 수 없습니다. 연속되는 일이 없고 쌓이는 일이 없습니다. 그게 뭔지 알면 그것으로 끝납니다. 또 다른 생각이 일어납니다.

하지만 여러분의 경우에는 생각이 끝나지 않습니다. 여러분은, "내가 어떻게 이런 음탕한 생각을 할 수가 있지?"라고 중얼거립니다. 여러분은 자신이 음탕한 생각을 갖고 있다면 자유롭지 않을 것이라고 생각합니다. 하지만 만일 음탕한 생각을 전혀 하지 않는다면 여러분은 분명 살아 있는 사람들이 아닙니다. 성자건 죄인이건 사람은 누구나 모든 자극에 반응할 수밖에 없습니다.

승화 같은 건 없습니다. 그 따위 얘기들은 죄다 헛소리입니다. 성자들은 곧잘 거짓말을 합니다. 그런 건 허튼소리요 쓰레기 같은 소리니 믿지 마세요. 스스로를 나무라고 죄인이라고 자책하는 짓거리들에 무슨 의미가 있나요? 무슨 잠꼬대 같은 소리를 늘어놓고 있나요! 여러분은 당연히 반응해야 합니다. 여자가 있으면 당연히 그에 대한 신체적인 반응이 일어날 수밖에 없습니다. 그렇지 않다면 여러분은 시체입니다.

하지만 이 자연스러운 상태에서는 어떤 것도 연속되지 않고 쌓이는 것도 없습니다. 늘 다른 것이 다가옵니다. 생각들이 일어났다가 사라집니다. 같은 생각이 반복해서 나타나곤 합니다. 그것은 그 나름으로 재미있습니다. 그렇다고 해서 내가 재미를 보고 싶어 하는 자로서 이런 생각들을 주시했다는 뜻은 아닙니다. 대부분의 시간 동안 그런 생각들이 일어났다는 것조차도 모릅니다. 그것들은 머물 수 없습니다. 늘 움직입니다. 골치 아픈 일이 있다는 것을 알아차릴 때도 문제없습니다. 그런 생각은 오래 머물 수 없습니다.

다음 생각에 밀려나버립니다.

아무것도 하려고 들 필요가 없습니다. 무슨 생각이 일어나고 있는지 미처 알아차리기도 전에 그것은 사라져버립니다. 여러분이 그것을 보려고 애를 쓸 때 그것은 이미 그 자리에 없습니다. 여러분이 보고 있는 것은 전에 있었던 것과는 전혀 다른 것입니다. 생각은 말썽꾼이 아닙니다. 생각은 여러분이 방 한 구석에 쭈그리고 앉아서 그것을 조정하고 통제하려고 할 때라야만 문젯거리가 됩니다. 생각은 내면에서 샘물처럼 솟아나고 있습니다. 그러니 어떻게 그걸 통제할 수 있겠어요? 여러분은 생각에 대한 통제력을 갖고 있지 못하기 때문에 그걸 통제한다는 것은 불가능합니다. 생각을 통제하려는 모든 훈련이나 수행은 쓸데없는 짓입니다. 여러분은 어떤 것도 할 필요가 없습니다.

이런 상태에 든 사람은 바위가 아닙니다. 그 사람은 일어나고 있는 모든 것에 영향을 받습니다. 그 사람은 애써 갑옷을 만들려고 애쓰지 않습니다. 종교적인 사람들은 흔히 갑옷으로 완전무장하곤 합니다만 자연스러운 상태에서는 무엇인가를 끊임없이 쌓는 과정이 끝납니다. 그 레벨에서는 오로지 육체적인 작용만 일어납니다. 감각은 야생마처럼 들뛰어 다닙니다. 감각을 통제하고 조정하는 자가 없습니다. 감각은 상황의 요구에 따라서 사방으로 내달립니다.

이런 작용은 생명의 움직임, 생명의 참된 움직임이며, 거기에는 어떤 방향성도 없습니다. 만일 자신이 아무것도 할 수 없는 무력한 처지라는 것을 받아들이기만 한다면 문제는 해결됩니다. 내가 여러분에게는 어떤 행동의 자유도 없다고 말하는 것은 그 때문입니다. 나는 숙명론적인 철학을 이야기하고자 해서가 아니라 과거가 현재에 간섭하고 현재를 물들이는 것을 방지하기 위해서 이렇게 말하는 겁니다.

성적 에너지의 승화에 관한 모든 이야기는 부질없는 얘기에 불과합니다. 나는 과거에 그런 실험을 해봐서 그것이 뭔지 잘 알고 있기 때문에 이렇게 단호하게 이야기하는 겁니다.

성 에너지를 보존하려는 방식을 통해서는 어떻게 해도 스스로를 개선시키지 못할 겁니다. 그건 너무나 어리석고 우스꽝스러운 짓입니다. 사람들은 왜 그렇게 성 에너지에 혹심한 스트레스를 주는 걸까요? 절제, 금욕, 독신생활은 여러분을 자연스러운 상태에 들게 하는 데 아무 도움도 되지 않을 겁니다. 오늘 섹스를 해도 내일 이런 일이 일어날 수 있으며, 심지어는 섹스를 하는 동안에도 일어날 수 있습니다.

무엇인가를 체험하고 있는 자가 없는 순간이 올 때야말로 이런 일이 일어날 수 있는 때입니다. 꼭 거룩한 성자의 설법을 들어야만 이런 일이 일어나는 건 아닙니다. 나뭇잎 떨어지는 소리, 소나 말 우는 소리가 들릴 때 홀연히 그런 일이 일어날 수 있습니다. 무엇인가를 보고 해석하는 짓을 그치면, 저절로 그런 일이 일어날 겁니다.

승화 같은 것도 없고 올라가는 것도 없습니다. 빠져나가는 것만 있을 뿐입니다. 한데도 거룩한 분들은 그런 사실을 받아들이려 하지 않습니다. 만일 그 사람들이 충분히 정직한 사람들이라면 자기네가 무슨 소리를 지껄이고 있는지 알 겁니다.

불행하게도 섹스는 다른 활동들과 분리되어 있습니다. 왜죠? 나는 늘 그 이유가 궁금합니다. 섹스는 다른 활동들과 하나라서 분리될 수 없습니다. 그런데 어째서 사람들은 섹스를 다른 수준의 행위로 취급하는 걸까요? 그 때문에 문제가 생겨납니다. 인도에서만 그런 게 아니라 서구에서도 그렇습니다. 기독교도 역시 그것들을 따로 떼어놓습니다. 아마 안전이나 재산상의 이유로 그럴 겁니다. 하지만 이제 우리는 그런 문제들을 처리할 방법들을 갖고 있습니다. 과거에는 그러기가 쉽지 않았겠죠.

신경증적 간극neurotic hiatus이라는 아름다운 말이 있습니다.

—— 그런 것이 생긴 건 종교 탓입니다. 종교가 그런 걸 빚어냈죠. 우리 행위에 대한 물음은 사실 도덕적인 문제입니다. 우리에게는 새로운 도덕적 행위 규칙들이 필요합니다. 그런 것이 있어야 하며 그렇지 않을 경우 우리는 제 기능을 할 수 없습니다. 이제 그것이 문제입니다. 아무튼 서구인들은 이제 새로운 규칙들을 찾고 있습니다. 낡은 규칙들은 시대에 뒤떨어져 이미 시효가 끝났습니다. 요즘 누가 섹스 때문에 마음을 졸입니까? 이제 섹스는 아주 쉬운 것이 되었고, 누구나 다 내놓고 그런 얘기를 합니다. 현대의 가장 획기적인 발견의 하나는 경구피임약입니다. 그 약이 모든 걸 바꿔놓

있습니다.

여러분에게 질문 하나 할까요? 여러분이 말하는 정상인은 어떤 사람인가요? 그런 사람이 있기는 한가요? 물론 여러분은 사람들을 정상인과 그렇지 않은 사람들로 나눠 놨고, 그렇게 할 만한 심리학적, 철학적 기준들을 갖고 있습니다. 건강한 사람은 어떤 사람인가요? 건강이란 뭘까요? 나는 가끔 어떤 사람이 정상인인지 궁금해 합니다. 그렇다고 해서 그런 의문을 갖고 있다는 뜻은 아닙니다.

각각의 사회가 무엇이 정상인지를 규정하죠. 평범한 사람들은 늘 홀로가 아니라 다른 이들과 함께 있고 싶어 하고, 따라서 그는 다른 사람들과 조화를 이룹니다. 제가 정상인에 관해서 갖고 있는 유일한 정의가 그것입니다.

── 그런 사람, 곧 당신이 말하는 평범한 사람과 정반대되는 비범한 사람조차도 이 사회 내에서 살아야 합니다. 그는 멀리 달아나 동굴 속에서 명상만 하면서 살 수 없습니다. 그는 이 사회와 상충되는 사람이 전혀 아닙니다. 세상이란 건 본래 환영에 지나지 않는 것이지만 그래도 그는 세상이라는 현실reality을 받아들입니다. 그는 모두가 인정하는 그 현실을 받아들이면서 세상 속에서 기능하고 작용합니다. 그 점은 아주 중요합니다. 나는 동굴 속에 쳐 박혀 앉아 노상, "나는 브라흐만(우주의 근원)이다"라고 중얼대고 브라흐만에 관해 명상하면서 살 수 없습니다.

그런 사람에게는 세상이 유일한 현실이며, 그 외의 다른 현실은 없습니다. 궁극적 실체는 잠꼬대 같은 소리입니다. 그런 건 존재하지 않습니다. 한갓 신화에 불과합니다. 세상이 유일한 현실입니다. 그것 말고 다른 무슨 현실이 있나요? 여러분이 사회가 느끼는 대로 느끼는 한 여러분은 그 사회의 일부입니다. 여러분은 자기 고유의 생각과 체험과 느낌 같은 것을 갖고 있지 않으므로 이 사회에서 달아날 수 없습니다. 여러분은 사회와 분리되어 있지 않으며, 여러분이 곧 사회입니다. 내가 지금 말하는 것에는 사회적이거나 종교적인 내용 따윈 없어요.

이 질문을 선생님께 되돌려드려도 될까요? 선생님에게는 어떤 사람이 정상인입니까?

── 내가 보기에 정상인 같은 건 없습니다. 이른바 미쳤다는 사람을 볼 때면 그 사람이 미친 건지, 아니면 그 사람을 미친 사람 취급하는 사람들이 미친 건지 헷갈립니다. 요전 날 사람들한테 농담 하나를 들려준 적이 있습니다.

정신병원에 있는 한 친구가, "나는 예수 그리스도야"라고 말했습니다.

같은 방의 또 다른 환자가, "나는 네가 예수가 아니라는 걸 알아"라고 말했습니다.

첫 번째 환자가 발끈해서, "내가 예수가 아니라는 걸 네가 어떻게 알아?"

그러자 또 다른 환자는 이렇게 말했습니다. "나는 하나님이고 내가 너를 창조해냈어. 그러니 내가 어떻게 너를 모를 수 있겠어."
(웃음)

여기서도 사정은 마찬가지입니다. 사원에 가 보면 모든 사람이 쭈그리고 앉아서 "아함 브라흐마스미Aham Brahmasmi(나는 브라흐만이다)"라고 중얼거리거든요. 이게 무슨 넋 나간 짓입니까? 그렇다고 해서 내가 그런 관행에 반대한다는 건 아닙니다.

스스로에게, "내가 정상인가?"라고 물어본 적이 있으세요?

── 아뇨, 그런 적 없어요. 내가 신문 잡지 중에서 이따금 한 번씩 읽는 유일한 것은 시사주간지인 〈타임Time〉입니다. 나는 그걸 꼼꼼하게 다 읽습니다. 왜 읽느냐구요? 나는 이 세상에서 살고 있고, 이 세상에서 무슨 일이 일어나고 있는지 알고 싶어서요. 읽지 말아야 할 이유가 없죠. 그 밖의 모든 책들은 나를 개선시키는 법, 변화시키는 법, 목표에 이르는 법, 근사한 사람이 되는 법을 이야기합니다. 나는 있는 그대로의 나 이상의 다른 어떤 존재도 되고 싶지 않기에 그런 책들에는 전혀 흥미가 없어요.

어떤 사람들은 내게 왜 추리소설을 읽느냐고 물어봅니다. 추리소설에는 많은 액션이 있어서 보죠. 영화를 보러갈 때는 주로 서부영화를 봅니다. 거기에도 많은 액션이 있거든요. 텔레비전을 볼 때는 광고방송만 봅니다.

선생님은 자신이 보는 것에 영향을 받으시나요?

―― 나도 다소 영향을 받아요. 나도 이 세상의 일부고 따라서 영향을 받죠. 말려들지는 않지만 영향은 받아요. 말려드는 것과 영향을 받도록 허용해주는 것에는 차이가 있어요. 모든 창문이 활짝 열려 있어 뭐든 다 들어올 수 있습니다.

우리의 종교 분야 사람들은 아주 괴이한 발상들을 갖고 있어요. 몸을 고문하질 않나, 못 침대 위에서 잠을 자질 않나, 온갖 것을 통제하거나 부정하질 않나. 아무튼 별의별 우스꽝스러운 짓들을 다 벌여요. 무엇 때문에 그러죠? 왜 어떤 것들을 부정하나요? 그 이유는 나도 모르겠어요. 맥주 한 잔 하러 술집에 가는 사람과 사원에 가서 라마[3]의 이름을 거듭 되뇌는 사람 간에 무슨 차이가 있나요? 거기에 어떤 기본적인 차이가 있는지 모르겠어요.

인도에서는 아마 술집에 가는 걸 반사회적 행동이라고 볼 테지만 서구 사람들은 그렇게 생각하지 않아요. 술집에 가든 사원에 가든 둘 다 현실도피예요. 나는 현실도피에 반대하는 건 아닙니다만, 이 길로 도망치든 저 길로 도망치든 간에 다 도피입니다. 사람들은 자기 자신에게서 도망치고 있죠.

우리가 뭘 하거나 하지 않는 것은 전혀 문제가 되지 않습니다. 거룩한 사람이 되려고 수행하거나 인격자가 되려고 자기도야를 하는 것은 사회적으로 가치 있는 일이지만 이런 상태에 이르는 것

---

[3] 비슈누 신의 일곱째 화신.

과는 전혀 무관한 일입니다.

물론 우리는 사회에서 살고 있죠. 한데 자각이나 깨달음 같은 것이 사회적 가치와는 무관한 것인가요?

── 전혀 무관합니다. 나는 가끔 강간범, 살인자, 도둑, 죄수, 사기꾼 같은 사람들에게도 이런 일이 일어날 수 있다는 식의 극단적인 표현을 하곤 합니다!

그런 일이 정말로 일어난 적이 있나요?

── 일어날 수 있습니다. 실제로 그런 적이 있었는지는 모르겠지만 가능성은 있죠. 도덕적인 행위규칙은 이런 일과는 아무 관계가 없습니다. 그렇다고 자연스러운 상태에 든 사람이 부도덕하다는 뜻은 아닙니다. 이런 사람이 부도덕할 수는 없어요. 그건 불가능한 일입니다.

그런 인물의 행위가 사회에서 통용되는 도덕률과 자동적으로 맞아 떨어진다는 말씀인가요?

── 그 사람의 행위 패턴은 아마 어느 정도까지는 도덕적, 종교적 규칙의 틀에 들어맞을 겁니다. 하지만 그 사람은 위험인물입니다. 내가 지금 얘기하는 내용은 당신이 자기 자신으로 알고 있고 자기 자신으로 경험하고 있는 그 자에게 위협이 됩니다. 당신의 자아에게는.

어떻게 위협이 된다는 거죠?

── 당신은 이런 말을 받아들일 수 없습니다. 어떻게 받아들일 수 있겠어요?

하지만 그런 일이 자동적으로 일어난다면, 선생님이 위험인물이라는 게 무슨 문제가 되겠어요? 선생님은 그런 상태에 이를 방법을 누구에게도 일러줄 수가 없는데.

── 내가 이런 개인이 사회에 아무 쓸모도 없다고 얘기하는 이유가 바로 거기에 있습니다. 그 사람은 희귀 새, 희귀 식물과도 같죠. 그러니 그 사람을 새장이나 박물관 안에 가둬두고 구경하도록 하세요. 그 사람은 아주 이질적인 사람입니다.

하지만 결코 위험하진 않잖아요?

── 사회의 틀에 들어맞지 않는 사람이기 때문에 더더욱 위험해요.

사람들은 앞으로 백년 안에 인류의 생존이 위협받게 될 거라고 이야기하고 있습니다.

── 그 말을 믿으세요? 인간이라는 종은 오랜 세월 살아남아온 종이니 어떻게 해서든 생존할 방법을 찾아낼 겁니다. 내 관점은 이렇습니다. 우리는 사랑이나 보편적인 형제애 등의 덕이 아니라 우리가 우리 스스로를 소멸시킬지도 모른다는 공포심 덕에 함께

사는 법을 터득하게 될 거라고. 남을 다치게 하려 들면 저도 다칩니다. 심리적인 타격이 아니라 물리적인 타격을 가하려 들 때 말입니다. 그런 사실을 깨달을 때라야만 비로소 우리는 함께 사는 법을 배우게 될 겁니다.

각 개인이 자신의 안전만을 도모하려고 애쓰는 한 전체적이고 포괄적인 안전이란 있을 수 없습니다. 우리는 국제 관계에서의 데탕트detente(긴장완화)를 곧잘 이야기하는데, 사실 개인들의 관계에서도 데탕트가 필요합니다. 개인들의 관계에서 긴장완화가 이루어질 때라야 비로소 전체적인 안전이 확보될 수 있습니다. 그런 것이 이루어지지 않은 상태에서 보편적 형제애니 생명의 통일성이니 생명의 하나 됨이니 하고 떠들어봐야 아무 소용없습니다. 오로지 공포심만이 우리를 평화롭게 더불어 살도록 해줄 겁니다. 그런 현실이 마음에 들건 들지 않건 상관없이 그렇습니다. 전 세계에서 가장 막강한 권력자라 하더라도 당신이 권총을 겨누고서 춤을 추라고 하면 출 수밖에 없습니다.

인류는 어떤 식으로든 살아남을 겁니다. 인류는 모든 것이 한 방에 날아가도록 방치하지 않을 겁니다. 넋 나간 사람, 미치광이가 아니고서야 우리 모두가 한 방에 날아갈 때가 왔다는 생각을 할 사람은 아무도 없을 겁니다.

인류는 오랫동안 살아남아 왔는데 이제 와서 우리는 느닷없이 온갖 가치에 관해 떠들어대고 있습니다. 왜 그러는 걸까요? 그런 것들은 우리가 조화와 평화 속에서 살아가도록 하는 데 아무 도움이 되지 않았는데. 지금과 같은 온갖 도덕적 문제를 불러일으킨 주체는 우리 자신입니다. 식물들과 동물들에게는 종교적인 문제가 없습니다. 지금과 같은 종교적인 문제들을 불러일으킨 주체도 역시 우리 자신입니다.

지금 내가 하고 있는 얘기는 사회와는 아무 상관도 없는 얘기며, 나는 어떤 집단행동에 관해서도 생각할 수가 없는 사람입니다. 그러므로 여기 이 사람은 자연이 낳은 사물과 같은 존재며, 이 사람에게는 남들이 자기를 인정해주거나 해주지 않는 것 따위는 전혀 중요하지 않습니다. 이 사람은 이 사회에 아무 쓸모가 없는 사람입니다.

이 사회 사람들이 내가 자기네에게 위협이 된다고 생각하는 날이면 당연히 나를 죽이려 들 겁니다. 어쨌거나 나는 개의치 않습니다. 사회가 나를 죽여 없앤다 해도 상관없어요. 이 세상에 남아 있는 것이 내게는 별로 중요한 일이 아니니까. 내게는 전도자적 열정이나 인류를 구원하고 싶다는 소망 같은 게 없습니다. 대체 누가 내게 인류를 구원하라는 명령을 내렸단 말입니까? 인류는 오랫동안 존재해왔고, 앞으로도 계속 존재할 겁니다.

나는 성스러운 일을 하는 사람이 아닙니다. 나는 내 노래를 부릅니다. 사람들이 찾아오면 말을 합니다. 아무도 찾아오지 않으면 산책을 하거나 새들이나 나무를 바라봅니다. 세상에서는 아주 많은 일이 일어나고 있습니다. 하지만 나는 밖으로 나가 연단에서 강연을 하지 않습니다. 나는 그런 일 하기에 적당한 사람이 아닙니다.

단순한 사람입니다. 까닭 없이 일을 복잡하게 만들고 싶어 하지 않습니다.

　내 입장은 아주 간단합니다. 나는 언제든 만날 수 있는 사람입니다. 나는 내 사생활이라고 부를 만한 것을 갖고 있지 않습니다. 아무나 수시로 나를 찾아올 수 있습니다. 나는 그 사람들을 보고, "안녕하세요, 물어볼 게 있으면 말씀하시죠"라고 말합니다. 내가 할 수 있는 건 그런 정도가 고작입니다. 그밖에는 드릴 게 아무것도 없습니다.

　앎 혹은 지식은 신비롭고 불가사의한 게 아닙니다. 여러분은 자신이 행복하다는 것을 알고 있고, 선풍기나 전등의 작동에 관한 이론들을 파악하고 있습니다. 우리가 얘기하는 지식은 이런 겁니다. 한데 여기에 또 다른 지식, 곧 영적인 지식이 있습니다. 영적인 지식과 음란한 지식 간에 어떤 차이가 있을까요?

　우리는 그런 지식들에 각기 다른 이름을 부여해줍니다. 신에 관한 판타지들은 용인되지만 섹스에 관한 판타지들은 음란하고 육욕적인 것이라고 규정합니다. 그 둘은 전혀 다르지 않습니다. 그런데도 하나는 사회적으로 용인되고 다른 하나는 용인되지 않습니다. 사람들은 각각의 지식을 체험의 특별한 영역들에 가둬놓았고, 그 때문에 하나는 영적인 것이 되고 다른 하나는 음란한 것이 됩니다. 내게는 양쪽 다 음란해 보이는데.

　살아 있는 유기체에게 필수적인 모든 지식은 필요한 것들입니다. 하지만 내게 신, 진리, 실재Reality에 관한 모든 의견이나 생각은 전혀 무의미합니다. 그것들은 모두 문화적인 가치들입니다. 그것들은 살아 있는 유기체의 생존과는 전혀 무관한 것들입니다. 그것들은 사회적으로, 독단적으로 고정된 종교적인 가치들입니다.

우리의 모든 취향은 밖에서 주어진 것입니다. 좋은 것과 싫은 것도 역시 마찬가지입니다. 절대적인 도덕 같은 것은 없습니다. 내가 말하는 '도덕morality'은 행위의 전과 후를 문제 삼는 것을 뜻합니다. 그것은 전적으로 사회적인 것입니다. 좋은 사람은 어떤 점에서 좋다는 걸까요? 사회에 좋다는 뜻이겠죠. 사회가 원활하게 돌아가기 위해서는 도덕 규칙들이 필요합니다. 종교적인 사람들은 우리 내면에 경찰관을 심어놓았습니다. 그는 어떤 행동은 옳다고 규정하고 어떤 행동은 그르다고 규정합니다. 그는 우리가 행동하기 전후에 그런 식의 판결을 내립니다. 한데 그런 짓은 우리한테 전혀 도움이 되지 않습니다.

온갖 문제를 만들어내는 것은 생각입니다. 인간의 문제는 본질적으로 도덕적인 딜레마입니다. 자기 행위의 전후에 관해서 물음을 제기하는 것. 그것은 종교적인 문제가 아니라 신경증적인 문제가 되었습니다. 여러분의 몸 전체가 그 문제와 결부되어 있습니다. 신조차도 신경증적인 문제입니다. God(신)이라는 단어를 뒤집어 놓으면 dog(개)가 됩니다. 그런데도 여러분의 전 존재는 God(신)이라는 말을 들었다 하면 대번에 반응합니다. 여러분이 갖고 있는 모든 믿음은 심리적인 것들일 뿐만 아니라 신경증적인 것이기도 합니다.

여러분은 무엇이 선인지 알지 못합니다. 무엇이 자기한테 좋은 것인지만 알고 있습니다. 여러분이 관심 갖고 있는 건 오로지 그것뿐이며, 그것은 사실fact입니다. 모든 것이 그 사실을 중심으로 돌아갑니다. 모든 처세술과 이성도 그것을 중심으로 돌아갑니다.

나는 비꼬고 있는 게 아닙니다. 그것은 사실입니다. 거기에 잘못된 건 전혀 없습니다. 나는 그런 것에 반대하는 게 아닙니다. 상황은 수시로 변하기 마련인데 모든 상황을 통틀어 여러분을 이끌어주는 것은 바로 그런 사실입니다. 그게 잘못됐다고 말하는 것은 아닙니다. 만일 그게 잘못이라면 여러분에게 뭔가 잘못이 있다는 게 되겠죠. 여러분이 선과 악처럼 사람들이 양극이라고 부르는 장에서 움직이고 있는 한 모든 상황마다 늘 어느 것 하나를 고르게 될 겁니다. 어쩔 수 없이 그렇게 해야 하죠.

도덕적인 사람은 겁쟁이입니다. 도덕적인 사람은 겁 많은 사람, 새가슴입니다. 그래서 그 사람은 도덕적으로 행동하고 남들의 행실을 비판합니다. 툭하면 정의의 분노를 터트리고! 참으로 도덕적인 사람(그런 사람이 있다고 하면)은 도덕이라는 말을 입에 올리지도 않으며, 남들의 행실을 비판하지도 않습니다. 절대로!

인간은 항상 이기적이며, 그가 이타적임을 미덕으로 삼고 있는 한 끝내 이기적인 사람으로 남을 겁니다. 나는 이기적인 사람들을 비난하는 게 아닙니다. 나는 이타심에 관해서 논할 마음이 추호도 없습니다. 이타심은 전혀 근거 없는 말입니다. 사람들은, "내일은 사심 없는 사람이 되겠어. 내일은 훌륭한 사람이 될 거야"라고 말합니다. 하지만 내일이 되어도, 모레가 되어도, 혹은 내생에 다시 태어나도 그들은 여전히 이기적인 사람으로 남아 있을 겁니다.

이타심이라는 건 무슨 뜻일까요? 사람들은 만나는 사람마다 붙잡고 이타적인 사람이 되라고 말합니다. 대체 왜 그러는 걸까요? 나는 어느 누구에게도 "이기적으로 행동하지 말라"고 말한 적이 없습니다. 이기적이 되어라, 계속 이기적으로 살아라! 이것이 내가 전하는 메시지입니다. 깨달음을 얻고자 하는 것도 이기심입니다. 부자가 자비를 베푸는 것도 역시 이기심의 발로입니다. 앞으로 그는 관대한 사람으로 기억될 테니까요. 사람들이 그 사람의 동상을 세워줄 겁니다.

나는 사람들이 기본적인 즐거움들에 탐닉하는 것에 전혀 반대하지 않습니다. 그들이 뭘 하든 나는 전혀 비판하지 않습니다. 사람들은 자기네가 하는 것보다 더 재미있는 뭔가가 있다고 생각하기 때문에 쉬지 못합니다. 이상적이고 완벽한 행동방식에 관한 생각을 갖고 있기에 쉬지 못합니다. 어째서 이런 일이 계속되는 걸까요?

우리는 훌륭한 생애를 살았다는 느낌을 갖고 싶어 하죠.

── 생애가 끝날 때는 전 생애를 쓸데없는 데다 허비했다고 후회하겠죠. 사람들은 변화하기 위한 어떤 노력도 하지 않아요. 그래서 내세라는 개념을 만들어냈죠. 그들의 불만은 거짓에 가깝습니다.

만일 그들이 진실로 인류에게 관심이 있다면 변화하기 위해 참으로 뭔가를 할 겁니다.

'어떻게 살 것인가'라는 질문이 끊어지고 나면 삶 그 자체가 가장 중요한 것이 됩니다. 문화라는 짐에서 해방되어야 합니다. 물론 사람들은 문화를 쉽게 떨쳐 버리지 못합니다. 예컨대 아침에 목욕하는 습관 등을. 하지만 아침 목욕은 아주 단순한 일입니다. 나 역시도 목욕을 합니다. 아침 목욕에 종교적인 것과 관련된 것이 뭐가 있단 말입니까? 사람들은 자기네가 하고 있는 일보다 더 흥미로운 뭔가가 있다고 생각합니다. 그런 생각만 떨쳐버리면 그들이 하고 있는 일은 아주 아주 흥미로운 일이 됩니다.

우리는 욕망 없는 경지를 닦아야 한다는 말을 듣습니다. 하지만 삼사십년 동안 욕망을 없애는 수행을 해도 욕망은 여전히 남아 있습니다. 그러니 뭔가가 잘못된 겁니다. 욕망에는 아무 잘못도 있을 수 없습니다. 잘못이 있다면 욕망 없음無慾을 실천해야 한다고 말한 사람에게 있는 게 분명합니다.

욕망은 있는 그대로의 사실이고 욕망 없음은 허구입니다. 그 허구가 사람들을 미혹하고 있습니다. 욕망은 존재합니다. 욕망 그 자체는 잘못일 수가 없으며, 욕망은 엄연히 존재하는 것이기에 허구가 될 수 없습니다. 분노는 존재하는 것이기에 분노 자체는 허구일 수가 없습니다.

사람들은 어떤 에너지에 관해 얘기하면서 그것을 신이라고 규정합니다. 혹은 그게 뭔지는 신만이 아실 거라고 하고. 한데 욕망이나 분노를 문젯거리로 만들어버린 것이 바로 생각이라는 걸 모르세요? 분노는 에너지고 욕망도 에너지입니다. 여러분이 얻고 싶어 하는 모든 에너지는 여러분 안에서 이미 잘 작동하고 있습니다. 도대체 무엇 때문에 에너지를 얻고 싶어 하죠?

사람들은 생각을 통해서 이 에너지를 파괴하고 있습니다. 문제를 불러일으키는 주범은 생각입니다. 생각이 없다면 문제도 없어요. 요컨대 내 말은 생각을 통해서는 문제를 해결할 수 없다는 겁니다. 생각은 오로지 문제를 불러일으키는 짓만 할 수 있습니다.

사람들은 자기네가 성자의 본보기로 여기는 이가 욕망을 적절히 다스리거나 몰아냈기 때문에 자기네도 생각을 통해서 욕망이라는 문제를 해결할 수 있으면 합니다. 만일 그 성자라는 사람이 여러분이 상상하는 것처럼 어떤 욕망도 갖고 있지 않다면 그 사람은 시체입니다. 그 사람을 손톱만큼도 믿지 마세요! 그런 사람은 조직체를 만들어서 여러분이 바친 돈으로 호화롭게 살아갑니다. 여러분은 그런 자를 부양해주고 있습니다. 그 자는 먹고 살기 위해 그런 짓을 하고 있습니다. 세상에는 늘 그런 자에게 꿀떡 넘어가는 바보들이 있습니다. 그런 자는 이따금 한 번씩 여러분이 자기 앞에 엎드려 절하는 걸 허락해줍니다.

만일 여러분이 그런 자와 함께 살고 있다면 무척이나 놀라게 될 겁니다. 그런 자를 자주 맞대면해보다 보면 더할 나위 없는 충격을 받게 될 겁니다. 그래서 그런 자들은 늘 혼자 떨어져서 지냅니다. 그 자들은 여러분이 자기네를 유심히 살펴볼까봐 늘 두려워합니다. 부자들은 여러분이 돈 때문에 자기네를 해칠까봐 늘 두려워합니다. 이른바 성자라는 사람도 똑 마찬가지입니다. 그런 사람은 절대로 여러분을 만나려 하지 않습니다. 그런 사람을 만나는 것은 당신들의 나라 대통령을 만나는 것보다 훨씬 더 어렵습니다. 그런 사람은 본인이 자기에 관해서 이러저러하게 말하는 내용과는 전혀 다른 사람입니다.

하지만 자연스러운 상태에 이른 이들은 사람들 속에서 살아갑니다. 사람들은 늘 그런 이들을 만나볼 수 있습니다.

삶의 의미, 목적은 무엇인가요?

── 당신은 내게 "무엇인가가 무슨 목적을 갖고 있느냐?"고 묻고 있습니다. 당신은 이제까지 남들한테서 많은 의미와 목적을 제공받아왔습니다. 그런데 아직까지도 삶의 의미, 목적을 찾고 있나요? 이 세상 모든 사람이 삶의 의미와 목적을 이야기합니다. 많은 구원자와 성자와 현자들이 그 물음에 대한 답을 제공해왔습니다. 인도에만도 그런 사람이 수두룩한데 당신은 오늘도 여전히 같은 걸 묻고 있어요.

아마 그런 답들에 만족을 하지 못해서거나 스스로 그 답을 찾아나서는 데 별로 관심이 없어서 그랬겠죠. 내가 보기에 당신은 답을 찾는 데 관심이 없는 것 같습니다. 왜냐하면 그 답은 두려운 것이거든요. 아주 겁나는 겁니다. 진리 같은 것이 과연 존재할까요?

스스로에게 그런 질문을 던져본 적이 있나요? 누군가가 진리를 말해준 적이 있나요?

세상에는 너무나 많은 진리가 있죠.
── 자기가 진리를 추구해왔고 진리란 이런 거다, 라고 주장하는 자들은 죄다 거짓말쟁이, 허풍선이, 사기꾼들입니다! 여러분은 진리가 뭔지 스스로 찾아내고 싶어 합니다. 한데 진리를 찾아낼 수 있을까요? 진리를 붙잡아 그것을 높이 쳐들고 "이것이 진리다"라고 말할 수 있을까요?

여러분이 어떤 답을 진리로 받아들이든 거부하든 본질은 똑같습니다. 받아들이거나 거부하는 건 개인적인 편견, 편향성에 달려 있습니다. 따라서 여러분이 어떤 진리든 간에 직접 진리를 발견하고 싶어 한다면 받아들이거나 거부하는 식의 양자택일적 입장에 서 있는 사람이 아닌 겁니다.

여러분은 진리 같은 것이 존재한다고 가정하고 있습니다. 리얼리티(궁극적 리얼리티든 다른 리얼리티든 간에) 같은 것이 존재한다고 가정하고 있습니다. 한데 여러분에게 골칫거리를, 고통을 불러일으키는 것은 바로 그런 가정입니다.

신, 진리, 리얼리티를 체험하고 싶다면, 그 문제를 해결하기에 앞서 우선 자기 안에 있는 체험구조experiencing structure의 본질부터 이해해야 합니다. 자신이 사용하고 있는 도구인 그 체험구조를 잘 살펴봐야 합니다. 그런데 여러분은 자신의 체험구조로는 붙잡을 수 없는 것을 붙잡으려 하고 있기에 이 체험구조는 다른 것이 들어올 수 있도록 하기 위해 그 자리에 있어서는 안 됩니다.

그 다른 것이란 게 뭔지 여러분은 결코 알지 못할 겁니다. 진리는 움직임이기 때문에 여러분은 진리를 결코 알지 못할 겁니다. 그것은 움직임movement입니다! 그것은 붙잡을 수 없고 담아둘 수 없고 표현할 수 없습니다. 그것은 우리가 관심을 갖고 있는, 논리적으로 확인된 전제 같은 것이 아닙니다. 그러므로 진리는 여러분이 직접 발견해야 합니다. 내 체험이 무슨 소용이 있겠어요? 우리는 수많은 체험을 기록해왔습니다만 그런 것들은 여러분이 진리를 찾는 데 아무 도움도 되지 않았습니다. 여러분을 계속 지탱해주는 것은, '앞으로 다시 십년이나 십오 년 동안 진리를 계속 추구하다 보면 언젠가 나는…'이라는 소망입니다. 사람들의 소망이란 그런 구조를 갖고 있기 때문이죠.

그 사람은 평생을 그렇게 보낸 끝에 마침내 자신이 아무것도 발견하지 못했다는 사실을 깨닫게 되겠군요.

── 아무것도 얻지 못하죠. 그 사람이 깨닫는 것은 그것입니다. 이른바 자각이란 찾아낼 수 있는 자아가 없다는 사실을 제 힘으로 깨닫는 것을 말합니다. 그런 사실은 아주 충격적인 일이 될 겁니다. '어째서 내가 평생을 허비해온 거지?' 그리고 그런 자각은 모든 신경과 세포, 심지어는 뼈의 골수 세포까지 파괴할 것이기 때문에도 충격적인 일이 됩니다.

앞에서도 말했다시피 그것은 결코 견디기 쉬운 일이 아닐 겁니다. 그것은 황금쟁반 위에 얹어서 여러분한테 건네지는 것이 아닐 겁니다. 여러분은 더없이 쓰디쓴 환멸에 사로잡힐 것이고, 그때서야 진리가 저절로 드러나기 시작합니다. 나는 진리를 발견하려고 애쓰는 게 쓸데없는 짓이라는 걸 발견했습니다. 진리는 우리가 붙잡을 수도 담아둘 수도 표현할 수도 없는 것이기에 나는 진리를 추구하는 것이 어리석은 짓이라는 걸 깨달았습니다.

선생님의 상태를 알아듣게 설명해주실 수 있나요?

—— 내가 뭔가를 말로 전달하려 하는 순간 그것은 사라져버립니다. 내가 전달하는 것은 단지 그것의 그림자에 불과합니다. 그것은 이미 그것이 아니죠.

그럼 그것은 말로 전할 수 없는 체험인가요?

—— 그렇습니다. 그 상태는 체험할 수 없습니다. 체험할 수 없는 것은 전달할 수 없거든요. 나는 표현할 수 없다거나 전달할 수 없다는 식의 용어들을 쓰고 싶지 않습니다. 그렇게 말하면 마치 표현할 수 없고 전달할 수 없는 뭔가는 있다는 느낌을 주거든요. 나는 아무것도 모릅니다. 거기에는 아무것도 없습니다. 그리고 나는 거기에 아무것도 없다는 말도 하고 싶지 않습니다. 그런 말을 하면 당신은 재빨리 내 말을 붙잡을 거거든요. 그것을 일러 비어있음이니 공空이니 해쌀 것이거든요. (웃음)

나로서는 오로지 이런 식으로만 표현할 수 있습니다. 거기에 있는 모든 것은 체험할 수 없다. 거기에 뭐가 있는지 나는 모른다. 전혀 알 방법이 없다. 당신이 좋아하는 베단타 철학[4]의 전문용어를 사용해서 말해볼까요.

미지未知의 것 같은 것은 존재하지 않는다. 당신이 미지의 것이라고 하는 것에 관해 뭘 알고 있다고 한다면 그것은 미지의 것이 아니다. 미지의 것 같은 것이 존재하는지 어떤지 나는 전혀 모른다. 당신이 미지의 것에 관해 알고 있는 모든 것, 미지의 것이라고 하는 것에 관해 체험한 모든 것은 이미 당신 지식의 일부가 되었기 때문에 미지의 것이 아니다.

당신이 원하는 게 뭐죠? 그게 뭔지 내게 말해보세요. 자신이 알지 못하는 것은 물어볼 수 없어요. 당신은 지금이고 다른 언제고 간에 이 자연스러운 상태에 관해서는 아무것도 알지 못해요. 지금 이 순간 당신이 깨달은 사람이라고 가정해봅시다. 설사 그렇다 해도 당신은 이것에 관해 어떤 것도 알 방법이 없어요. 이런 상태는 결코 당신 지식의 일부가 될 수 없어요.

이런 사람은 이제 어떤 것도 체험할 수 없다는 것을 깨달았습니다. 내 말이 이해가 가는지 모르겠네요. 개체성, 고립, 분리는 더 이상 존재하지 않습니다. 당신을 분리시키고 고립시키는 것은 당신의 생각입니다. 생각은 경계선을, 국경선을 만들어냅니다. 한데

---

4 인도철학의 주류에 해당하는 범신론적, 관념론적 일원론.

경계선들이 없어지고 나면 생각은 어떤 한계도 없는 무한한 것이 됩니다.

그렇다고 해서 그 사람이 자기의식의 무한함을 체험할 수 있다는 건 아닙니다. 그 사람의 의식 내용이 너무나 광대해 그 사람은 그것에 관해 무슨 말도 할 수 없습니다. 내가, "그것은 앎이 없는 상태입니다"라고 말하는 건 그 때문입니다. 그 사람은 정말로 모릅니다.

한데 그 사람은 자기가 모른다는 것을 어떻게 알까요? 자신이 모른다고 스스로에게 말한다는 뜻이 아니라, 본인이 평상시의 의식 상태에 관해서 전혀 알 길이 없다는 뜻입니다. 그 누구도 알 방법이 없습니다. 그 사람 쪽에서 무엇인가를 포착하려는 시도조차도 없습니다.

경험을 쌓지 마세요. 만일 여러분이 어느 것 하나라도 경험하고 싶어 한다면 온갖 미스터리가 떼로 몰려와 여러분의 문을 노크할 겁니다. 그런 상태는 전혀 경험이 아닙니다. 여러분은 궁극적 실체, 진리, 신 따위를 체험하는 데 관심이 있습니다. 하지만 체험할 수 없는 것을 체험하려고 하는 것은 전혀 쓸데없는 짓입니다.

그렇다고 해서 그런 상태가 체험구조를 초월한 것이라는 뜻은 아닙니다. "그것은 내가 설명할 수 없는 것이다, 내가 어떻게도 할 수 없는 것이다…"라는 얘기를 하는 게 아닙니다. 체험구조가 종말을 고한다는 얘기입니다. 만일 여러분이 자신이 뭘 보면서도 그게 뭔지 인지하지 못한다면, 꽃을 보고도 꽃인 줄 모르고 장미를 보고

도 장미인 줄 모른다면, 그것은 여러분이 존재하지 않는다는 뜻입니다. 여러분은 대체 어떤 존재일까요? 여러분은 모든 체험의 무더기, 그런 체험들에 관해서 갖고 있는 지식의 무더기에 불과합니다.

나는 뭘 보면서도 그게 뭔지 모릅니다. 내 감각적 인지능력이 최고조에 달해 있음에도 내 안에는 "이것은 녹색이야, 저것은 갈색이야, 저 사람은 머리가 하얗구나, 당신은 안경을 끼고 있군…"이라고 말하는 자가 없습니다. 내가 그런 사물들에 관해서 갖고 있는 지식은 뒷전에 물러나 작동하지 않고 있습니다.

따라서 나는 '내가 깨어 있는 건가, 자고 있는 건가?'를 알 길이 없습니다. 내가 이런 의식 상태 속에서는 깨어있는 것과 꿈꾸는 것과 깊이 잠들어 있는 것이 전혀 구분되지 않는다고 말하는 것은 그 때문입니다. 우리는 이것을, 산스크리트어를 사용해서 말하자면 투리야[5]라 부를 수 있습니다. 투리야는 이런 것들을 초월한다는 뜻이 아니라 이런 식의 구분이 전혀 존재하지 않는다는 뜻입니다.

선생님의 세계에서는 꿈이 없나요?

── 어느 면에서는 삶 전체가 큰 꿈과도 같습니다. 지금 나는 당

---

5 **투리야**turiya: 산스크리트어에서 '네 번째'라는 의미로, 힌두 철학에서는 깨어있고, 꿈꾸고, 깊이 잠든 세 가지 일반적인 의식의 상태가 아닌 네 번째를 가리킴. 세 가지 의식 상태 너머에 항상 존재하는 조건 없는 순수 의식 또는 순수 의식의 경험을 의미하며, 일반적인 세 가지 의식 상태들이 출현하는 바탕이 되지만 그 자체가 또 하나의 '상태state'는 아니라고 정의됨.

신을 보고 있지만 사실 나는 당신에 관해서 아무것도 모릅니다. 이것은 꿈입니다. 꿈속의 세상. 거기에는 어떤 리얼리티도 없습니다. 체험구조가 의식(여러분이 원하는 어떤 이름으로 불러도 상관없습니다)을 조작하지만 않는다면 삶 전체는 경험적 관점에서 보는 큰 꿈입니다. 그 관점은 이런 상태에 든 이의 관점이 아니라 당신들의 관점을 뜻합니다.

여러분은 사물들, 밖에 있는 대상들뿐만 아니라 본인의 느낌과 체험까지를 아우르는 모든 것에 리얼리티를 부여해주고는 그것들을 진짜라고 생각합니다. 여러분이 잔뜩 쌓인 자신의 지식을 동원해서 그것들을 해석하지 않을 때, 그것들은 사물들이기를 그칩니다. 여러분은 그것들이 뭔지 정말로 모릅니다.

이 앎이 없는 상태는 꿈속에서 사는 것과 같나요?

―― 당신들에게는 그렇죠. 여러분은 사물들에게 리얼리티를 부여해 주고는 정작 이 앎이 없는 상태는 꿈이라 부르고 싶어 합니다. 사실, 나는 내가 살아 있는지 죽었는지조차도 알지 못합니다.

그런 상태에서는 궁극적 리얼리티는 고사하고 리얼리티 같은 것도 더 이상 존재하지 않습니다. 나는 이 세상에서 마치 내가 모든 것의 리얼리티를 당신들이 받아들이는 것과 같은 방식으로 받아들이는 것처럼 행동합니다. 예를 하나 들어봅시다. 나는 사람들을 만나면 늘 이런 질문을 던집니다. 당신은 자신이 움직이는 삼차원 공간을 경험할 수 있습니까?

경험할 수 없습니다. 여러분은 분명 무한히 긴 가로와 세로, 높이에 관한 지식을 갖고 있습니다. 지식을 통하는 방법 말고 당신들이 삼차원 공간을 어떻게 경험할 수 있습니까? 당신들은 사차원은 둘째 치고 삼차원조차도 경험할 수 없습니다. 사실 우리는 삼차원에 관해서 알지 못합니다.

이와 마찬가지로 내게는 저 벽이 존재하지 않는다고 말할 수 있습니다. 저 벽에 관한 어떤 직접적인 경험도 없다는 의미에서 그렇습니다. 그렇다고 해서 내가 저 방향으로 걸어갈 때 벽에 부딪칠 거라는 뜻은 아닙니다. 그것은 물이 흐르는 것과도 같습니다. 흐르는 물이 장애물을 만나면 작용이 일어납니다. 물은 넘쳐흐르거나 빗겨 갑니다. 뒷전에 물러나 있는 지식이 작용하기 시작할 때라야 비로소 그런 작용이 일어나는 것이 가능해집니다. 하지만 내가 그 방향으로 걸어가기 시작하는 지금 당장에는 장애물의 문제 같은 것은 없습니다.

내가 '물질'이라는 말을 사용할 때는 과학자들이 그 말을 사용하는 것과 같은 의미로 사용하는 것이 아닙니다. (카펫을 만져보면서) 여기서 접촉하는 일이 일어납니다. 그러면 영리한 사람은, "접촉이 일어났다는 것을 어떻게 아시죠?"라고 묻습니다. 여러분은 그 접촉을 앎이라고 말할 수 있습니다. 하지만 그것이 딱딱하다고 말하는 순간 여러분은 그것에 견고함이라는 개념을 부여해준 것입니다. 그런 개념을 부여해주지 않았다면 그것은 딱딱할까요 부드러울까요? 여러분은 그것을 직접 체험할 수 있습니까?

나는 모릅니다. 언어는 사람을 잘못 인도하기가 아주 쉽습니다. 내가 '직접'이라는 말을 사용하면, 사람들은 뭔가를 직접 체험하는 방법이 있는가보다 생각합니다. 한데 내가 '직접'이라는 말을 사용할 때는 우리가 어떤 것도 체험할 수 없다는 뜻에서 그렇게 말하는 겁니다. 내가 비스타비전[6]에 관해서 얘기할 때 나는 내가 비스타비전을 체험할 수 있다는 뜻으로 그렇게 말하는 게 아닙니다.

내가 말하는 그 상태를 여러분은 체험할 수 없습니다. 그러니 그 상태를 체험하려고 애쓰지 마세요. 나도 체험할 수 없고, 여러분도 체험할 수 없고, 이 세상 그 누구도 체험할 수 없습니다.

그럼 왜 이런 얘기를 하느냐구요? 그야 여러분이 거기 있고 나는 여기 있으니까.

기차를 타야 하는 등의 일을 할 때가 아니라면 지금 이 순간에서 살고 계시나요?

―― 그런 것을 일러 "순간에서 순간으로 산다"고 하는 것은 오해의 소지가 아주 많은 말입니다. 여러분은 순간에서 순간으로 사는 것을 결코 포착할 수 없습니다. 그런 것은 여러분의 의식적인 생각은 물론이요 의식적인 존재의 일부도 될 수 없습니다.

'나'라는 구조에 현재는 없습니다. 존재하는 모든 것은 과거이며, 과거는 미래 속에 자신을 투영하려고 합니다. 여러분은 과거,

---

[6] 가로가 훨씬 더 긴 대형 화면.

현재, 미래에 관해서 생각할 수 있습니다만 현재나 미래는 존재하지 않습니다. 오로지 과거만 존재합니다. 여러분의 미래는 과거의 투영에 지나지 않습니다. 설령 현재가 존재한다 해도 여러분은 그것을 결코 체험할 수 없습니다. 여러분은 현재에 관한 지식만을 체험할 뿐이고, 그 지식은 과거이기 때문입니다.

그러니 여러분이 '지금'이라고 부르는 순간을 체험하려 애쓰는 것이 무슨 의미가 있겠어요? 여러분은 지금 이 순간을 결코 체험할 수 없습니다. 여러분이 뭘 체험하든 간에 그것은 지금 이 순간의 체험이 아닙니다. 그러니 지금 이 순간은 여러분의 의식적인 존재의 일부가 될 수 없는 것이요, 여러분이 표현할 수 없는 겁니다. 여러분의 경우 지금 이 순간은 존재하지 않습니다. 오로지 개념으로서만 존재할 뿐이죠. 나는 지금 이 순간에 관해서는 말하지 않습니다.

만일 여러분이 저기 있는 저 벤치 같이 평생 동안 사용하고 다뤄온 단순한 것도 경험할 수 없다면, 어떻게 초월적인 것을 경험하기를 기대할 수 있나요? 여러분은 저 벤치같이 단순한 것도 경험할 수 없습니다. 경험하는 것은 단지 그것에 관해서 갖고 있는 지식뿐이며, 지식은 늘 외부에서 들어옵니다. 지식은 자신의 것이 아니라 남의 것입니다. 만일 여러분이 남의 체험을 경험한다면 그것은 자신의 체험이 아닙니다. 그 지식은 누군가가 와서 가져갈 겁니다. 여러분보다 더 입심이 좋은 사람이 와서 "그건 경험하기에 적당한 방법이 아닙니다, 다른 방법이 있어요"라는 식의 얘기를 떠벌일 겁니다.

　내가 알고 있는 바로는, 그런 상태에 들기 위한 준비 같은 것은 없습니다. 사다나도 명상도 필요치 않습니다. 여러분은 사십년 동안 물구나무서서 지낼 수 있지만 그래봤자 아무 일도 일어나지 않을 겁니다. 아마 여러분은 자신이 경험할 수 있는 것을, 자신이 원하는 것들을 경험하게 될 겁니다.

　생각은 특이한 놈입니다. 여러분은 견실한 어떤 물건을 만들어 내 저 밖에 내놓고는 만져보고 느껴보고 경험해볼 수 있고, 말도 걸 수 있습니다. 여러분은 그 물건을 특별한 것이라고 생각합니다. 여러분은 이런 모든 경험을 두루 거쳐야 합니다.

　이따금 너무나 특이해서 과거에 여러분이나 그 누구에게도 일어났을 성 싶지 않은 체험 같은 것이 뜬금없이 일어날 때가 있습니다. 하지만 그것은 어딘지 모르는 데서 뜬금없이 불쑥 튀어나온 게 아닙니다. 그것은 의식에 저장된 앎의 일부입니다. 여러분이 태어나기 전에 인류가 경험한 모든 것이 의식의 일부를 이루고 있습니다. 그 모든 것은 오물입니다. 여러분이 체험하는 모든 것은 오물입니다. 제아무리 심오한 체험이라 해도 마찬가지입니다. 체험은 이 자연스러운 상태와는 아무 관련도 없습니다. 과거에 누군가가 그런 걸 경험했습니다. 여러분이 뭘 경험했든 간에 그것은 모두 무가치합니다. 그것은 이 상태가 아닙니다.

　당신들이 경험하는 모든 것은 생각이 빚어낸 겁니다. 지식이 없다면 경험할 수 없습니다. 그리고 경험은 지식을 강화시켜 줍니다.

그것은 개가 제 꼬리를 물려고 뱅뱅 도는 것 같은 악순환입니다.

의식의 확장은 아무것도 아닙니다만 사람들은 그것을 너무나 대단한 것으로 여깁니다. 명상이나 요가 따위보다는 마약이 의식을 훨씬 더 쉽게 확장시켜줍니다. 나는 LSD를 복용하는 많은 사람들을 알고 있습니다. 이런 말을 한다고 해서 내가 LSD를 옹호한다고 오해하지는 말아주세요. LSD를 복용할 경우, 여러분이 거대한 산 앞에 서 있다고 한다면 갑자기 의식이 문자 그대로 그 산만큼 거대하게 확장됩니다. 의식의 이런 갑작스러운 확장은 여러분의 내면에서 엄청난 에너지를 방출시킵니다.

의식의 확장은 몸에 어떤 영향을 미칠까요? 몸은 의식의 갑작스러운 확장에 반응합니다. 몸이 의식의 갑작스러운 확장에 반응할 수 있는 유일한 방법은 숨을 헉하고 들이쉬는 것입니다. 그렇게 하면 호흡 패턴 전체가 변합니다. 사람들이 '숨 막히는 경치'라는 표현을 쓰는 것은 바로 그 때문입니다.

과거에 뭄바이 근처에 있는 엘레판타 석굴에 간 적이 있었어요. 알다시피 거기에 거대한 종교적 석상들을 모셔놓았죠. 한데 내가 그 앞에 서 있었을 때 갑자기 내 의식이 그 석상 크기만큼 확장되었습니다. 그런 경험은 언제든 일어납니다. 그것들은 별 것 아닙니다.

여러분이 '이쪽 편'이든 '저쪽 편'이든 간에 그런 체험은 아무 의미도 없습니다. 사실 이 상태에서는 어떤 경계선도 없기 때문에 이쪽 편도, 저쪽 편도 존재하지 않습니다. 여러분에게 깨달음의 새

벽이 밝아오면 그런 체험은 제아무리 심오한 것이라 해도 전혀 아무 가치가 없습니다.

여러분은 열락의 상태에 들 수도 있습니다. 여러분은 내가 말한 재난을 겪은 뒤에도 존재하는 모든 것이 갑자기 사라지면서 열락의 상태, 황홀한 상태를 맛볼 수 있습니다. 한데 그런 건 아무 의미도 없습니다. 체험은 나도 하고 여러분도 합니다. 그 차이가 뭐죠?

인도의 성자들은 열락의 상태나 몸 의식의 부재라고 하는 아주 사소한 것을 체험하고는 뭔가 대단한 일이 일어나고 있다고 생각합니다. 그런 모든 체험은 의식을 제한하는 것이며, 따라서 아무 도움도 되지 않습니다. 하지만 사람들은 늘 그렇게 제한된 의식 속에서 움직이고 있기 때문에 아마 당신들은 그런 것들에 큰 관심을 갖고 있을 겁니다.

사람들은 LSD가 무서운 것이라는 가정에서 출발합니다. 왜들 그러는지 모르겠어요. 나는 그것을 지지하는 것도 아니고 권하는 것도 아닙니다. 마약은 단지 체험을 낳을 뿐이고, 내가 이야기하는 그 상태는 체험이 아닙니다. 그러나 서구에서는 남녀를 막론하고 많은 젊은이가 LSD를 사용합니다. 그 젊은이들이 갑자기 인도의 명상이나 요가, 깨달음 같은 것에 관심을 갖게 된 것은 자기네의 부나 문화적 가치들에 불만을 품어서가 아니라 바로 LSD 때문입니다. 그들은 LSD를 사용해왔고, 그것은 그들에게 의식에는 자기네가 알고 있는 것 이상의 어떤 것이 분명히 있다는 느낌을 안겨줬습니다. 하지만 그런 체험은 평범한 체험입니다.

앞에서 말한 모든 종교적 체험은 사람들이 마약을 사용할 때 맛보는 경험과 다르지 않습니다. 내가 알고 있는 한 소년은 티벳 문화에 관해서는 생전 들어본 적도 없었는데, LSD를 하는 사람들의 전문용어를 빌어 말하자면 '여행을 떠났을 때' 온갖 종류의 만다라mandara(신비로운 문양들)를 보는 경험을 했습니다. 소년은 그 문양들에 관해 사람들에게 얘기하기 시작했고, 그러는 과정에서 어떤 티베트 사람을 만났는데 그 사람은 소년에게 그것들이 만다라들이라고 설명해줬습니다.

어떻게 이런 일이 일어나는 게 가능할까요? 당신들은 굳이 티베트에 가볼 필요가 없습니다. 여러분이 어디서 살고 있든 간에 그 모든 것은 의식의 일부를 이루고 있습니다. 도널드 덕[7]조차도 인간 의식의 일부가 되었습니다.

여러분은 자신만의 체험이라고 부를 수 있는 어떤 것도 체험할 수 없습니다. 뭘 체험하든, 제아무리 심오한 체험을 했다 해도, 그것은 자기 의식의 일부인 지식의 결과물입니다. 과거에 누군가가 열락, 지복 같은 것을 경험하고 그것을 무아경이라고 불렀음이 분명하며, 그 사람이 꼭 여러분이 아니라 하더라도 그런 경험은 여러분의 의식의 일부가 됩니다. 결국 여러분은 새로운 경험이라는 것은 존재하지 않는다는 결론에 이를 수밖에 없습니다. 과거에 누군가가 경험을 했으니 그것은 자기 것이 아닌 겁니다.

---

7 디즈니 만화영화에 등장하는 오리 캐릭터.

성자saint들이나 신비주의자들은 현자sage들이 이야기하는 그 상태를 체험하며, 따라서 여전히 이원적인 장에서 머무르고 있는 반면 현자들은 분리되지 않은 의식 상태 속에서 작용하고 있습니다. 신비주의적 체험은 지적인 체험이 아니기 때문에 놀라운 것입니다. 성자나 신비주의자는 그런 체험 덕에 모든 것을 여느 사람들과 다르게 보고 느끼고 체험하며, 현자들이 말한 내용을 사람들에게 알아듣기 쉽게 설명해줄 수 있습니다.

세상 사람들은 당연히 현자들이 아니라 성자들에게 감사해 합니다. 성자들이 아니었다면 현자들은 오래 전에 사람들의 뇌리에서 깨끗이 사라졌을 테니까요. 현자는 어떤 권위에도 의지하지 않습니다. 그가 말한 내용이 곧 권위입니다. 현자들이 이 자연스러운 상태에 관해서 이야기했고, 성자들 중의 일부는 이것을 체험했으며, 그 체험은 그들의 체험의 일부가 되었습니다. 성자들은 그런 체험을 시나 음악 같은 것을 통해서 사람들과 나누려고 애썼습니다. 하지만 그것은 남들과 공유할 수 있는 체험이 아닙니다. 사실, 그것은 체험도 아닙니다.

성자는 사람들에게 이야기하려고 애쓰며, 따라서 그는 늘 이원성의 장에 머물러 있습니다. 그 반면에 현자는 분리되지 않은 의식 상태 속에서 존재합니다. 현자는 자기가 자유롭다는 것을 알지 못하며, 따라서 그는 남들을 해방시켜 줘야 한다는 의무감 같은 것을 갖고 있지 않습니다. 그는 그냥 존재할 뿐이고 그 상태에 관해 이야기하다가 조용히 사라집니다.

가우다파다[8]는 어떤 제자도 두지 않았습니다. 그는 사람들에게 가르치기를 거부했습니다. 라마나 마하리쉬는 최소한 동시대 사람이라 우리는 그에 관해서 약간은 알고 있습니다. 그는 아무도 가르치지 않았고, 아무도 제자로 삼지 않았습니다. 그런 사람은 다른 어떤 사람의 권위에도 의존하지 않습니다. 위대한 스승들은 어떤 권위도 내세우지 않으며, 성자들에게 설명해주지도 않습니다. 성자들은 사람들이 모든 것을 다르게 보고 다르게 해석하도록 거들어줍니다.

사다나(영적인 수행)를 통해서는 현자가 될 수 없습니다. 현자는 되고 싶다고 해서 되는 것이 아닙니다. 현자는 제자를 둘 수 없습니다. 추종자를 거느릴 수 없습니다. 그것은 남들과 나누어가질 수 있는 체험이 아니기 때문입니다. 평범한 체험은 안 그런가요? 우리는 그런 체험도 남들과 공유할 수 없습니다. 섹스를 전혀 경험해보지 못한 사람에게 섹스 경험이 어떤지 설명해줄 수 있습니까?

현자는 모든 과거로부터 해방된 사람이기에 독창적이고 유일무이한 존재입니다. 신비주의자의 체험조차도 과거의 일부입니다만 현자의 경우에는 그렇지 않습니다. 그렇다고 해서 현자에게서 과거가 모조리 사라진다는 뜻이 아니라 과거가 어떤 정서적인

---

8 **가우다파다**Gaudapada(640~690년경): 인도 베단타 학파의 학자이자 아드바이타Advaita(不二一元論) 베단타 학파의 창시자.《만두키야 카리카Mandukya-karika》를 남김.

내용도 갖고 있지 않다는 뜻입니다. 현자의 경우에는 과거가 연속적으로 작용하지 않고 그의 행동이 과거의 그림자에 물들지도 않습니다.

이것은 궁극적인 것입니다. 여러분은 자신을 완전히 버려야 합니다. 즈나나 마르가jnana marga(지혜의 길)는 없습니다. 마르가(길, 방법)가 전혀 없습니다. 그것은 링 안에 타월을 던지는 것 같은 완전한 항복이며, 거기서 나오는 것이 바로 즈나나(지혜)입니다. 그것은 우리가 일상에서 쓰는 포기라는 의미에서의 포기가 아닙니다. 그것은 여러분이 할 수 있는 게 전혀 없다는 뜻입니다. 그것은 전면적인 포기, 총체적인 무력함입니다.

여러분 쪽에서의 노력이나 의지를 통해서는 그런 상태에 이르지 못합니다. 사람들은 뭔가를 얻으려는 속셈을 가졌을 때라야만 비로소 뭔가를 포기하려 드는 법이니까요. 내가 '전면적인 포기 상태'라는 말을 쓰는 것도 그 때문입니다. 그것은 모든 노력이 끝나버린 포기 상태입니다. 그런 상태에서는 뭔가를 얻으려는 의도가 내포된 모든 움직임이 그칩니다. 이런 원함이건 저런 원함이건 간에 모든 원함이 완전히 없는 상태입니다.

그런 상태에서는 무엇보다도 굶주림이 존재하지 않습니다. 배고픈 사람은 굶주림에서 벗어나기 위해 무슨 짓이든 닥치는 대로 하려 들 텐데, 그 사람은 이내 굶주림에서 벗어나기 위해 자신이 할 수 있는 일이 아무것도 없다는 사실을 깨닫게 될 겁니다. 어떤 기적이 일어날 거고, 그 기적이 어딘가에서 자신에게 뚝 떨어질 거라는 희망조차도 사라져야 합니다.

만일 여러분이 굶주림을 면하기 위해 할 수 있는 일이 아무것도 없다면, 무슨 일인가가 일어날 겁니다. 그런 종류의 일이 일어난 모든 사람들은 절망의 끝까지 가봤고 자신이 가진 모든 걸 다 걸고 참으로 열심히 노력한 사람들입니다. 그런 상태는 쉽게 오는 게 아닙니다. 누군가가 황금쟁반 위에 얹어서 건네주는 게 아닙니다.

그것it은 아주 단순한 것입니다. 너무나 단순해서 복잡한 사고구조를 가진 사람들은 그걸 가만 내버려두려 하지 않습니다. 하지만 나는 그런 사람들에게, "거기에 당신들이 할 수 있는 게 있습니까?"라고 묻습니다. 그 누구도 그런 굶주림을 억지로 만들어낼 수는 없습니다. 나는 늘 왕겨의 비유를 들곤 합니다. 일단 왕겨더미에 불이 붙으면 그것은 모조리 다 타버릴 때까지 줄곧 타들어가기만 합니다. 그런 상태는 여러분이 인위적으로 조성할 수 없습니다. 여러분은 아마 재주 좋고 입심 좋은 사람들이나 최면술사 뺨치게 남을 혹하게 할 줄 아는 사람들의 부추김을 받거나 최면에 빠질 겁니다. 세상에는 그런 자들이 너무도 많습니다.

이런 상태에서는 체험 같은 것이 없습니다. 사람들은 뭔가 알 것 같아서 상상을 하곤 하는데 상상이 끝나야 합니다. 이걸 뭐라고 표현해야 좋을지 모르겠네요. 상상의 부재不在, 의지의 부재, 노력의 부재, 어떤 지향성을 가진 움직임이나 모든 레벨과 모든 차원에서의 움직임의 전면적인 부재가 바로 그것입니다. 그것은 전혀 체험할 수 없는 것입니다. 그것은 체험이 아닙니다.

　당신들은 열락과 지복, 사랑 따위를 체험하는 데 관심이 있지만 그것들은 죄다 무가치한 것들입니다. 만일 내가 열락을 경험했다고 칩시다. 그것이 과연 열락입니까? 그것은 내가 갖고 있는 지식이 만들어낸 겁니다. 그것은 열락이 아니라 지식입니다. 지식에서 해방되는 것은 쉬운 일이 아닙니다. 여러분이 바로 지식입니다. 이승에서 여러분이 얻은 지식들뿐만 아니라 수천만 년 동안 쌓인 지식, 유사 이래 모든 인류가 겪은 경험들을 통해서 켜켜이 쌓인 지식까지를 모두 아우르는 지식.

　사람들은 경험을 합니다. 그리고 그 경험 위에 어마어마한 구조물을 세워놓습니다.

선생님은 그것it을 간단한 것이라고 했다가 어려운 것이라고 했다가 하시네요.

── 아니, 나는 그것이 너무나 단순해서 복잡한 사고 구조를 가진 사람들은 그걸 가만 내버려두려 하지 않는다고 얘기했죠.

　나는 나에 관해서 쓴 신문잡지 기사들이 마뜩치 않습니다. 그 사람들은 나를 종교적인 사람으로 소개하려고 하는데, 나는 그런 사람이 아닙니다. 그 사람들은 내가 강조하는 가장 중요한 점을 이해하지 못하고 있습니다. 그런 기사들은 내 얘기를 제대로 전달해주지 못하고 있어요. 인류는 인류의 구원자들로부터 구원받아야 합니다! 종교적인 사람들은 스스로를 속이고 전 인류를 우롱하고 있습니다. 그자들을 내쫓아버리세요! 그런 것이야말로 참으로 용기 있는 행동입니다.

"아브하얌 바이 브라흐만Abhayam vai Brahman(궁극적 실체에는 두려움이 없다)"을 거듭 암송하는 게 무슨 덕이 있나요? 두려움 없음은 모든 공포증으로부터의 해방을 뜻하는 게 아닙니다. 인간 유기체가 생존하려면 그런 공포증들이 꼭 필요합니다. 우리는 높은 곳에 대한 두려움, 깊은 곳에 대한 두려움을 가져야 합니다. 그런 두려움이 없다면 추락할 위험성이 있습니다.

그런데 당신들은 싸우러 전쟁터에 나가는 젊은이들에게는 용기를 가르쳐주고 싶어 합니다. 어째서 그러고 싶어 하는 거죠? 다른 사람들을 죽이고 본인들도 살해당하라고. 그런 게 당신네 문화입니다. 기구를 타고 대서양을 횡단하고 뗏목을 타고 태평양을 횡단하는 것은 누구라도 할 수 있는 일이니 용기가 아닙니다. 두려움 없음은 그렇게 멍청한 게 아닙니다.

용기는 여러분의 이전 사람들이 느끼고 체험한 모든 것을 쓸어내 버리는 것을 뜻합니다. 여러분 각자는 유일무이한 존재이자 과거의 모든 것보다 더 위대한 존재입니다. 모든 것을 끝장내버려야 합니다. 제아무리 거룩하고 성스러운 전통들일지라도 모든 전통을 쓸어내 버려야 합니다. 그리고 나서야 비로소 여러분은 자기 자신이 될 수 있습니다. 그것이 바로 개체성입니다. 여러분은 생전 처음으로 개인individual이 됩니다.

여러분이 누군가에게 의존하고 어떤 권위에 의존하는 한 개인이 아닙니다. 무엇인가에 의존하는 한, 개별적인 유일무이함은 드러날 수 없습니다. 어떤 권위에도 의존해서는 안 됩니다. 개인은 자신의 고유한 권위를 갖고 있습니다. 그는 어떤 해석도 하지 않을 것이고 어떤 권위에도 의지하지 않을 겁니다. 그렇다고 자신을 유일무이한unique 존재라고 부르지도 않을 겁니다.

문제는 그런 사람이 굳이 입을 열지 않을 때조차도 그의 존재 자체가 누군가의 본보기가 된다는 점입니다. 누군가가 아침부터 저녁까지 내 곁에 죽치고 앉아 있다 한들 내가 그걸 어떻게 말릴 수 있겠습니까? 가끔 그 사람들은 무아경에 빠지곤 합니다. 그 사람들은, "지금 제게 일어나고 있는 일을 과연 부정하실 수 있을까요?"라고 합니다. 그럼 나는, "당신 마음 내키는 대로 하세요"라고 말합니다.

내가 당신들이 갖고 있는 것보다 추호도 더 갖고 있지 않다는 사실을 당신들에게 어떻게 납득시켜줄 수 있을까요? 당신들이 갖고 있지 않은 것들은 나도 갖고 있지 않아요. 당신들이 비참하고 불행한 신세가 되는 것은 바로 당신들이 누군가로부터 무엇인가를 얻고 싶어 하기 때문입니다. 환상의 종말은 곧 '나'의 종말입니다. 그러니 당신들은 환상 없이는 존재할 수 없습니다. 기껏 할 수 있는 일이라고는 하나의 환상을 또 다른 환상으로 바꿔놓는 것뿐입니다.

모든 수행의 불합리함과 어리석음을 이해시키기는 여간 어려운 일이 아닙니다. (말하자면 나는 모든 탈출구를 봉쇄하고 있습니다. 배수구

마저 막아 여러분을 한 구석으로 몰아넣고 있습니다. 여러분은 숨이 막혀 죽어야 합니다.) 참된 스승만이 그런 사실을 깨닫고 여러분에게 일러줄 수 있을 뿐 그 밖의 사람들은 어림도 없습니다. 경전이나 푸라나[9]를 해설해주는 사람들 역시 어림도 없습니다. 그런 이들은 하나같이 자격미달입니다.

참된 스승만이 말해줄 수 있습니다. 참된 스승은 어떤 종류의 수행도 권하지 않습니다. 그는 누군가에게 이런 일이 일어난다고 할 때 그 사람은 누구의 도움도 필요로 하지 않으리라는 것을 알고 있기 때문입니다. 그 사람에게 많은 어려움이 닥치긴 하겠지만 그럼에도 그런 일은 일어날 겁니다.

여러분이 하는 짓은 하나같이 그런 일이 일어나는 걸 가로막고 있습니다. 그런 식으로 수행하는 건 잘못 가고 있는 겁니다. 그래 봤자 아무 일도 일어나지 않을 테니까요. 여러분은 자기네가 무슨 짓을 하건 그것들이 하나같이 자기중심적인 행위라는 것을 깨닫지 못합니다. 어떤 방향으로 노력하건 간에 그것들은 하나같이 모든 것을 강화시키거나 왜곡시킬 뿐입니다.

그런 점을 이해하기는 아주 어렵습니다. 여러분이 사용하고 있는 수행 방편들은 모두가 원인과 결과, 곧 인과의 장에서 나온 겁니다. 그 방편들은 원인과 결과 없이 일어나는 일에는 아무 쓸모가 없습니다. 그것들이 이 상태를 이해하기 위한 방편이 아닌 것

---

9 **푸라나**Purana : 힌두교의 신화와 전설 등을 모아놓은 책.

은 바로 이런 이유 때문입니다. 그리고 그 외의 다른 방편들도 없습니다.

이 상태는 인과와는 무관한 것입니다. 그것은 획기적인 도약입니다. 그것은 여기에서 저기로 대번에 뛰어넘어갑니다. 여러분은 그 양쪽을 서로 연결시킬 수 없습니다. 여러분은 나를 강 건너편에 배치해놓고는 배를 타고 건너가고 싶어 합니다. 그 배는 물 새는 배며, 따라서 당신들은 물에 빠질 겁니다. 한데 강 건너 둑은 존재하지 않으며, 여러분이 건널 강과 배도 존재하지 않습니다. 그런 사실을 이해하기는 정말 어렵습니다. 여러분은 하나의 이미지를 만들어 강 건너편에 배치해놓았습니다. 그래서 나는 이렇게 이야기합니다. "맙소사, 나는 여러분과 같은 둑 위에 있습니다. 여러분이 건널 강이 없고, 따라서 뱃사공도 필요치 않아요!"

그 누구도 여러분을 인도해줄 수 없습니다. 그 길은 아무도 모르기 때문에 여러분에게는 아무 지침도 없습니다. 만일 내가 알고 있다면 기꺼이 길잡이가 되어드릴 겁니다. 길잡이로 자처하고 나서는 사람들은 여러분을 어디로도 인도해줄 수 없습니다. 구루들을 부정하기 때문에 이런 얘기를 하는 건 전혀 아닙니다. 구루들은 자기네가 여러분을 도와줄 수 없다는 것을 잘 알고 있습니다. 여러분이 보는 경전들에도 같은 얘기가 나옵니다. 이것은 신비롭고 불가사의한 얘기가 아닙니다.

성가 중에, "그것이 선택하는 사람 누구에게나 그 일이 일어난다"라는 구절이 있습니다. 그 구절은 여러분의 외부에 어떤 힘이 있다는 걸 뜻하는 게 아닙니다. 그 잠재력은 이미 여러분 안에 갖춰져 있습니다. 그것은 폭발할 능력을 갖고 있습니다. 이상한 우연과 약간의 행운이 곁들여져 생각이 둘로 나눠지지 않고 그대로 남아 있을 경우 그 생각에 필연코 무슨 일인가가 일어납니다. 그것은 핵폭발과도 같습니다. 그것도 한번이 아니라 무수히 많은 폭발이 일어납니다. 그 폭발이 일어날 때는 존재하는 모든 게 다 폭발해버립니다. 그것은 연쇄반응입니다. 모든 세포가 연속해서 터져버립니다.

그런 일이 일어나기는 그리 쉽지 않습니다. 논리나 힘이나 누군가의 가르침이나 만트라mantra(신비로운 음절)를 염송하는 것으로는 안 됩니다. 누구도 그런 일이 일어나게 할 수 없습니다. 하지만 그런 일이 일어날 가능성은 누구에게나 다 있습니다. 그것은 본래 일어나고자 하는 속성을 갖고 있기 때문입니다. 십억 명에 한 명 꼴로 그런 일이 일어나는 것은 바로 그런 속성 때문입니다. 여러분이 아니라 몇몇 개인에게만 그런 일이 일어났다는 건 여러분이 기회를 얻지 못했다는 걸 뜻합니다.

그런 일은 어떤 원인도 없이 일어나기 때문에 인과와는 무관합니다. 따라서 나는 여러분에게 그런 일이 일어나게 해줄 수 없고 일어나게 하는 방법도 가르쳐줄 수 없습니다. '어떻게'가 없습니다. 내가 거기에는 어떤 원인도 작용하지 않고 재현하게 해줄 수도 없다고 말하는 건 그 때문입니다. 복제품을 만들어내는 것은 아무 가치가 없습니다. 어떤 스승도 자기와 같은 스승을 만들어낼 수 없습니다. 이건 내 사적인 의견이 아닙니다. 붓다는 또 다른 붓다를 남겨놓지 않았습니다. 스승은 추종자들을 거느릴 수 있지만, 그에게는 제자들이 아무리 노력해도 복제할 수 없는 뭔가가 있습니다. 자연은 어떤 것을 모델로 삼아서 또 다른 것을 복제해내지 않습니다.

  여러분이 자신을 정화하기 위해 하는 모든 행위는 아무 의미가 없습니다. 정화하려는 노력이 여러분에게 아무 도움도 되지 않기 때문입니다. 여러분을 성자로 만들어줄 수는 있지만 그 이상은 건드리지 못합니다. 생물학자들의 말에 의하면 생물계의 경우 인간처럼 그렇게 정화하는 일은 오로지 퇴화한 종들에서만 일어날 수 있다고 합니다. 퇴화한 생물종은 과거에 한 번도 재생되지 않은 고유하고 유일무이한 어떤 특성을 가진 것, 곧 생물학적인 괴짜가 있으면 자기네 집단에서 쫓아내버린다고 합니다.

  여러분이 떠받드는 온갖 도덕과 수행은 아무 의미가 없습니다. 《우파니샤드》의 현자들이 도덕이나 사다나에 관해 입도 뻥긋하지 않은 것은 그 때문입니다. 그런 반면 성자들은 모방하는 자들이요 남들에게서 주워들어 아는 사람들이기에 도덕과 수행을 강조했습니다.

  이런 일은 일어날 수밖에 없다고 하면 온갖 난관에도 불구하고 일어날 겁니다. 나는 그런 일은 유전적으로 정해져 있다고 보고 있습니다. 그런 사람의 경우에만 이런 일이 일어납니다.

그런 상태에 들고 싶다는 열망을 갖는 것이 쓸데없는 짓이라는 말씀인가요?

── 그런 열망은 여러분 의식의 일부입니다. 그런 열망은 끝장이 나야 합니다. 한데 그것을 그치게 하기 위해 여러분이 할 수 있는 일은 아무것도 없습니다. 달리 말해, 여러분은 사다나를 하지 않을 수 없으며 그런 길로 갈 수 밖에 없는 운명입니다. 설령 사다나를 버린다 해도, 그 때문에 내면에서는 갈등이 일어납니다. 여러분은 그 사다나를 다른 종류의 사다나로 바꿔치기 할 겁니다. 일테면 지두 크리슈나무르티의 새로운 꼼수 방편인 '선택 없는 알아차림choiceless awareness' 같은 것으로.

여러분은 여전히 바보 짓거리에 불과한 그런 방편들을 실행에 옮기기 시작합니다. 그런 방편들은 표현만 다르지 게임 내용은 똑같은 것들입니다. 하지만 그렇게 하는 과정 어딘가에서 이것은 자신이 바라는 그것이 아니라는 각성이 일어납니다. 그렇지 않은 사람들은 다음번에 지두의 강연을 들으면 깨닫게 될지도 모른다는 희망을 품고 여전히 그의 강연장으로 가는 짓을 계속 하겠죠. 하지만 그런 일이 일어날 가망성은 없습니다. 만일 어떤 일이 꼭 일어날 수밖에 없다고 한다면 지금 당장 일어나야 합니다.

여러분이 더 많은 믿음을 가지면 가질수록 이런 일이 일어나기가 더 어려워진다는 것이 문제입니다. 그래봤자 여러분의 전통에 더 많은 것이 추가되는 결과만 빚어내기 때문이죠. 이런 상태에 든 새 사람이 등장할 경우 여러분이 보존하기를 바라는 전통은 더 강화되고 공고해집니다. 그 사람을 여러분이 떠받드는 전통의 틀 속에 끼워 맞추려 들 테니까요.

이런 믿음 구조는 전통을 보호하는 데 관심이 있습니다. 그러나 이 새 사람은 자꾸 쌓기를 좋아하는 전통의 특성을 깨부수는 데 관심이 있습니다. 어떤 사람은 전통을 부수는데 여러분은 전통을 축적된 지혜의 일부로 만듭니다. 그 때문에 이런 상태로 드는 일이 더 어려워집니다.

이런 식의 획기적인 돌파를 이룬 특별한 개인의 혁명적인 발언들조차도 이미 여러분의 전통의 일부가 되었습니다. 여러분의 주의 깊은 경청은 이 돌파의 혁명적인 본질을 파괴하고, 그것을 전통과 지식의 일부로 만들었습니다. 여러분이 전통 그 자체이기 때문입니다. 여러분의 내면에서 작동하고 있는 그 경청의 메커니즘은 전통입니다. 전통은 그런 경청 과정을 통해서 스스로를 강화하고 공고히 합니다. 그래서 나는 내 입에서 나오는 말은 개나 재칼이나 고양이의 울음소리와 전혀 다르지 않다고 말합니다.

사람들이 내게서 나오는 얘기들을 받아들일 때가 되면 누군가 다른 사람이 등장해서 그것을 깨부숴야 할 필요성이 생깁니다. 내가 말을 하는 것은 그 때문입니다. 이런 표현 자체가 새로운 것이 생겨날 필요성을 빚어냈습니다. 이런 것이 바로 그 상태의 속성입니다. 목적(목적이란 게 있다고 한다면)이기도 하구요. 추종자들이나 신봉자들을 만들어내려는 게 아니라 새로운 어떤 것을 창조해내는 것. 새로운 어떤 것은 과거의 짐으로부터 여러분을 구해줄 겁니다. 그 새로운 것도 드러나는 순간 낡은 것이 됩니다.

왜 이 사람처럼 되려고 하나요? 무엇 때문에 한 사람에게서 다음 사람에게로 횃불을 건네주면서 위계구조를 유지하려는 짓을 할까요? 다른 사람의 뒤를 따르는 것은 동물의 특성입니다. 사람이 다른 사람의 뒤를 따르는 한 그는 사람이 될 수 없습니다. 인간을 동물로 남아 있게 한 주범은 문화입니다. 누군가의 뒤를 따라가는 것은 여러분에게 전혀 도움이 되지 않습니다.

여러분은 샹카라나 붓다의 싸구려 모조품이 되고 싶어 합니다. 여러분은 자기 자신이 되기를 원치 않습니다. 대체 왜 그러는 걸까요? 여러분은 인류의 구원자들과 성자들을 모두 합친 것보다도 훨씬 더 독특하고 특별한 존재들입니다. 그런데 어째서 그런 이들의 싸구려 모조품이 되고 싶어 하는 겁니까? 그런 이들은 신화일 뿐입니다. 그런 신화는 잊어주세요. 샹카라는 몇 백 년 전에 죽은 사람입니다. 여러분도 그만한 잠재력을 갖고 있습니다. 그러니 제일 먼저 해야 할 일은 샹카라를 버리는 겁니다. 물론 여러분이 샹카라의 가르침을 생계수단으로 활용하고 있다면 얘기가 달라집니다만.

여러분이 그런 상태에 든다면, 자기 자신이나 남들에게 자기가 자유로운 사람이라는 말을 하지 않을 거고, 누군가를 자유롭게 해주려고도 하지 않을 겁니다. 그냥 꽃처럼 거기 있을 따름입니다. (꽃이란 말에는 신비주의적인 요소가 좀 함축되어 있어서 사실 나는 꽃이란 말을 쓰고 싶지 않습니다.) 똥 무더기 위에 핀 꽃도 고유한 아름다움을 갖고 있습니다. 다른 꽃들과는 비교도 할 수 없이 아름답죠. 그것은 언제고 질 겁니다. 그래도 아무 상관없습니다.

여러분이 할 수 있는 일은 아무것도 없습니다. 하지만 여러분은 늘 뭔가를 하고 있고 또 하지 않으면 못 견디기에 이런 말을 해봤자 아무 소용없을 겁니다. 이런 상태에 관해 설명하는 것은 아주 위험한 일입니다. 그런 상태를 여러분이 살아가는 방식과 결부시키려 들기 때문이죠. 대체 왜 그러는 걸까요? 여러분은 그것을 자기 입맛에 맞게 바꾸거나 개선하거나 수정하고 싶어 하고, 내가 말한 내용과 관련해서 뭔가를 하고 싶어 하기 때문입니다. 대체 뭘 바꾸고 싶어 하는 거죠? 그것을 손가락으로 꼭 짚어서 정확히 말할 수 있나요? "이것이 바로 제가 변형되고 변화되기를 바라는 것입니다, 여기가 그렇게 되기를 바라는 뎁니다"라는 식으로?

어떻게? 그게 뭔데요? 그것을 볼 수 있나요? 손가락으로 꼭 짚어서 말할 수 있나요? 찾아낼 수 있나요? 여러분은 그렇게 할 수 없습니다.

여러분은 자기가 원하는 것은 뭐든 다 얻을 수 있습니다. 경험하고 싶은 것이 있다면 뭐든 다 경험할 수 있습니다. 그런 것들이 어디 있는지 모른다면 도와줄 사람이 어딘가에 늘 있습니다. 여러분은 기필코 찾아내야 합니다. 하지만 여러분이 뭘 경험하든 간에 그것들은 죄다 무가치합니다. 그것들은 이것이 아닙니다. 이것은 경험할 수 없는 것이기 때문입니다. 이 상태는 경험이 아닙니다.

깨달음(깨달음이라는 게 있다고 한다면)은 체험이 절대로 아닙니다.

그러므로 여러분에게는 이런 점이 분명해집니다. 깨달을 것이 없다는 것이 바로 이런 깨달음realization이라고. 자각은 깨달을 자기가 없다는 것을 제 힘으로 깨닫는 것을 뜻합니다. 그런 자각은 엄청난 충격으로 다가올 겁니다.

누구에게요?

―― 추구하는 사람에게. 그런 일이 백만 명 중의 한 명, 혹은 십억 명 중의 한 명에게 일어나는 건 그 때문입니다. 그런 일은 그 사람이 뭘 하거나 하지 않아서 일어나는 게 아닙니다. 여러분이 하는 모든 것이 장애가 됩니다.

'그곳'에 이르지 못한 상태에서는 추구하는 것이 전혀 무의미한 짓이라는 것을 이해하지 못합니다. 여러분이 그곳에 있을 때는 추구하는 주체가 여러분이 그렇게도 벗어나고 싶어 하는 자아라는 것을 알아차립니다. 추구하는 행위(즉, 목표에 도달하기 위해서 하는 사다리)로부터 동떨어진 '나'는 존재하지 않습니다. 여러분은 그 점을 이해하지 못하고 있습니다. '나'를 만들어내는 것은 바로 여러분이 본인 앞에 설정해놓은 목표입니다. 설령 그 목표가 사라진다 해도, 애써서 그 목표를 떨쳐내 버린다 해도, 여러분은 재빨리 그것을 다른 목표로 바꿔치기 합니다. '나'는 환상 없이는 살 수 없습니다. 그래서 한 환상을 다른 환상으로 바꿔치기 합니다. 환상이 사라지면 '나'도 사라집니다.

여러분이 목표를 받아들인다 해도 나는 아무 상관없습니다. 하지만 나는 목표 자체가 허구라고 말합니다. 여러분은 그것이 여러분이 이루고자 하는 것이라고, 따라서 이런저런 사다나가 필요하다고 말합니다. 나는 이룰 것이, 성취할 것이, 도달할 곳이 없으며, 따라서 여러분이 목표를 성취하기 위해서 하는 모든 짓이 다 무의미하다고 단언합니다. 나 자신도 온갖 사다나를 두루 섭렵하고 있었을 때는 그런 사실을 이해하지 못했습니다.

그런 사실을 하루라도 더 빨리 깨달을수록 좋습니다. 여러분이 사다나를 통해서 약간의 경험이라도 하게 되면 자신의 경험을 넘어서기가 아주 어려울 겁니다. 수행하는 과정 어딘가에서 자연스럽게 이런 사실에 눈뜨게 됩니다. 여러분은 그 사다나가 자신을 어디로도 인도해주지 못하리라는 것을 알아차리게 됩니다.

그러나 이제껏 해오던 짓을 통해 언젠가는 자신이 목표에 도달하리라는 희망이 여러분을 계속 내달리게 합니다. 그 수행 방편(즉 생각)은 시간에서 나오고, 인과에서 나오는 것이기 때문에 시간개념을 통해서가 아니면 어떤 것도 이해하지 못합니다. 그러므로 시간이 존재하지 않으면 일어날 것이 없으며, 따라서 미래에 어떻게 되리라는 얘기 따위는 더 이상 입에 올릴 수 없습니다. 무시간 혹은 영원함의 필요성을 만들어내는 것은 바로 시간이기 때문입니다. 시간은 미래를 의미합니다. 이 시간 개념이 떨어져나간다 해서 여러분이 일어나리라 기대하는 일이 지금 당장 일어나지는 않을 겁니다. 영원함이 떨어져나가고 나면 시간은 저절로 타버립니다.

여러분이 일어나기를 바라는 모든 것은 시간 개념 속에 있습니다. 여러분이 한 순간 이미 열락의 상태 속에 있다고 가정해봅시다. 그러면 내일 그런 상태에 들고 싶어 하지는 않을 겁니다. 여러분이 어떤 상태건 간에 들고 싶어 하는 상태가 있다고 한다면 그런 상태 속에 있는 게 아닙니다. 목표가 있으면 그 시점은 현재가 아니라 내일이기 때문입니다. 그러므로 이런 목표가 없다면 시간 속에서 무엇인가가 일어나리라 기대하는 생각 같은 것은 존재하지 않습니다. 시간이 없을 때는 일어날 게 없습니다. 거기서는 어떤 일도 일어나지 않습니다.

아트만[10]이 곧 브라흐만입니다. 앞의 말이 뜻하는 게 바로 이겁니다. 여러분이 미래에 성취하기를 바라는 브라흐만은 여기에 이미 있습니다. 여기서는 일어날 일이 없습니다. 성취는 시간 속에서 이루어지며, 따라서 원인과 결과에 붙잡혀 있습니다. 여러분은 결과를 얻기를 바라지만, 이 상태는 결과도, 일어남도, 성취도 아닙니다.

여러분이 이런 상태에 들기 위해 하는 모든 행위는 여러분을 고통스럽게 할 겁니다. 해탈moksha을 추구하는 것이 최고의 고통

---

10 아트만atman: 산스크리트어로 '호흡'이나 '숨'을 뜻하며, 나我, 개아個我, 진아眞我로 번역됨. 끊임없이 변화하는 '물질적인 자아'와 대비해 생사를 넘어 계속 존재하는 개체적인 실체로 여겨짐. 인도 철학에서는 우주의 근본원리인 브라흐만brahman(梵)이 개인의 본질인 아트만과 궁극적으로 하나이며 동일하다는 범아일여梵我一如를 주장함.

*dukkha*라고 내가 말하는 건 그 때문입니다. (웃음) 해탈을 추구하는 길에는 종착점이 없습니다. 영원히 이것을 찾아다녀도 끝내 얻지 못할 겁니다. 설사 여러분이 원하는 것을 얻었다 해도, 열락이나 지복이나 신 따위를 체험했다 해도, 항상 그보다 더 나은 체험이 존재합니다. 고요함(적정)을 체험한다 해도 영원한 고요함을 얻고 싶어 합니다. 항상 고요함 속에 있고 싶어 합니다. 하지만 우주만물의 본성상 영원한 것은 없습니다. 여러분은 그렇게 해탈한 사람들과 살아본 적이 없을 겁니다. (그런 사람이 과연 있는지 모르겠어요.)

이것은 원래 아주 간단한 일입니다. 너무나 간단해서 생각이 복잡한 사람들은 그걸 가만 내버려두려고 하질 않아요. 당연히 여러분이 할 수 있는 일은 아무것도 없습니다. 여러분은 저주를 받았어요. (웃음) 여러분은 구제불능이에요.

그러니 그냥 내버려두어라.
── 그냥 내버려두세요 Leave it alone.

우리는 내버려두는 것도 못합니다.
── 그럴 것 같네요.

가만 내버려둘 수 있다면 할 일을 다 해 마친 거네요.
── 그럼, 일어날 일이 없죠.

우리가 그걸 가만 내버려뒀다면 이곳에 오지 않았을 겁니다. 한데 여기 오니까 선생님은 "여기 와 봤자 어떤 것도 얻지 못해요"라고 말씀하시네요.

—— 나하고 한 평생 있어봤자 아무 일도 일어나지 않을 겁니다.

우리가 깨닫지 못한 건 우리가 할 수 있는 게 없다는…

—— 당신은 "내가 할 수 있는 게 없다"고 말할 수 없습니다. 당신이, "그것에 관해서 내가 할 수 있는 게 없다!"는 단계에 이르면 그때부터는 진짜로 어떤 것도 할 필요가 없습니다. 외부에서는 어떤 도움도 줄 수 없습니다.

내부에서도 도움을 줄 수 없나요?

—— 외부도, 내부도 존재하지 않습니다. 내부는 항상 외부와 관련되어 있습니다. 이해하겠어요?

앞에서 당신은 "그것에 관해서 내가 할 수 있는 일은 없다"는 문장을 제대로 끝맺지도 못했습니다. 한데 당신이 그 문장을 제대로 완결하기 전에도 (손가락을 딱 튕기면서) 그 문장은 이미 제 할 일을 마쳤습니다. 방아쇠 장치는 여러분의 일부입니다. 그 장치는 이미 존재합니다.

좀 어리석은 질문 같습니다만, 명상을 하십니까?

—— 전혀. 어떤 명상도 하지 않습니다. 뭐에 관해서 명상한단 말

입니까? 만트라를 염송하거나 명상을 한다는 게 어떤 것인지 예전에 이미 알아차렸습니다. 몇 가지 명상을 해봤을 뿐 초월명상이니 뭐니 하는 것들은 당연히 하지 않았죠. 몇 가지 명상을 해본 결과 명상은 자아중심적인 활동이라는 사실을 스스로 깨우쳤습니다. 여러분은 자아에서 자유로워지기를 바라지만 명상은 바로 그 자아를 강화시켜줍니다.

여러분은 무엇 때문에 명상을 하죠? 여러분은 무엇인가로부터 자유로워지고 싶어 합니다. 여러분은 무엇에 관해 명상을 하죠? 생각은 소리, 소음입니다. 소리란 뭘까요? 여러분은 이것을 보고, "이것은 녹음기"라고 말합니다. 그러니 생각이 바로 소리인 겁니다. 한데 생각은 끊임없이 흐르고, 여러분은 늘 그 생각들을 연결시키고 있습니다. 그것은 참을 수 없는 소음입니다. 어째서 여러분은 그 소음을 참을 수 없는 걸까요?

그래서 여러분은 만트라를 거듭 염송하는 것을 통해 더 큰 소음을 만들어내서 그것으로 생각의 소음을 덮어 가리고는 스스로 편안한 기분이 되죠. 그러고 나서 자기한테 뭔가 근사한 일이 일어났다고 생각합니다. 하지만 모든 명상은 자아중심적인 활동입니다.

나는 명상 상태에 관해서는 말하지 않습니다. 그런 것은 지두 크리슈나무르티가 할 일입니다. 그 사람은 명상 상태에 관해서 이러쿵저러쿵 이야기합니다. 좋아요, 만일 지금 이것이 명상 상태라고 한다면 나는 무엇에 관해 명상하고 있을까요? 나는 지금 이 순간에 (어떤 물건을 가리키며) 저것을 바라보면서 저것에 관해서 명상하고 있습니다. 저것의 반영이 여기 있습니다. 무엇인가가 움직이고 있습니다. 생명은 움직임입니다. 저기서는 늘 무슨 일인가가 일어나고 있으며, 저기서의 움직임은 여기서의 움직임입니다. 무슨 일인가가 일어나지 않는 순간은 없습니다.

밤에는 사방이 잠시 고요해지기도 하고 도마뱀들이 우는 소리가 들리기도 합니다. 우리는 그 소리에 귀 기울일 수밖에 없습니다. 만일 주위에 어떤 소음도 없다면 자기 심장이 뛰는 소리나 혈관에서 피가 강처럼 흐르는 소리에 귀 기울이게 됩니다. 그것은 소음입니다.

여러분은 미혹에 빠져서 그것을 옴카라omkara(신비로운 소리인 '옴om')라고 상상할 수도 있습니다. 하지만 그것은 옴카라가 아닙니다. 이 몸은 기계입니다. 인간의 몸은 달리는 차량엔진처럼 소음을 냅니다. 그런데 어째서 그것을 옴카라니 브라흐마나담brahman-adam이니 하고 말하는 걸까요. 그것은 인간 기계가 발하는 소음입니다. 만일 여러분이 자신의 심장 고동소리에 계속 귀 기울인다면 미쳐버리고 말 겁니다. 하지만 만일 어떤 다른 일이 일어나지 않는다면, 누가 기침을 하거나 코를 골거나 잠꼬대를 하지 않는다면, 우리가 귀 기울일 것은 심장 고동소리밖에 없습니다.

이 사람은 한 순간도 지루해 하지 않습니다. 나는 여러 시간 동안 여기 앉아서 저 시계추가 왔다 갔다 하는 것을 지켜볼 수 있습니다. 나는 지루할 수가 없습니다. 사실, 나는 지루함이 뭔지도 모릅니다. 저기서 시계추가 움직이고 있습니다. 내 전 존재가 그 움직임입니다. 나는 몇 시간이고 여기 앉아서 저것을 바라볼 수 있습니다.

여러분은 그런 것에 관심이 없습니다. 여러분은 다른 어떤 것, 어떤 명상법 같은 것에 관심이 있습니다. 나는 늘 명상상태 속에 있습니다. 나는, '저 움직임이 대체 어디서 일어나고 있는 거지?'라고 하면서 감탄하고 있습니다. 그것이 바로 현재 진행되고 있는 명상입니다. 여느 사람들처럼 그저 궁금해 하는 게 아닙니다. 나는 늘 경탄하고 감탄합니다.

안팎은 생각이 만들어냅니다. 생각의 움직임이 없으면 여러분은 안인지 밖인지 알지 못합니다. 여기 이것은 거울과도 같습니다. 이것은 사물들을 있는 그대로 비춰주는 살아 있는 거울입니다. 여기에는 어떤 자도 없습니다. 나는 어떤 것도 보지 않습니다. 그저 내 몸 전체가 사물들을 저 밖에서 존재하는 방식 그대로 비춰주고 있습니다.

사물을 인지하고 이름을 붙이는 메커니즘은 그것에 대한 필요성이 있을 때를 제외하고는 뒤로 물러나 있습니다. 사물을 인지하고 이름을 붙이는 생각의 움직임이 이렇게 부재한 상태가 바로 사마디(삼매三昧), 곧 사하자sahaja(자연스러운) 사마디입니다. 여러분은 사마디를 당사자가 빠져들어 갔다가 다시 나오는 것으로 상상합니다만, 실상은 전혀 그렇지 않습니다. 그 사람은 늘 거기 있습니다. 그 사람은 눈을 뜨고 있든 감고 있든 간에 자기가 보고 있는 게 뭔지 모릅니다.

　사마디 상태에 든 사람은 미친 사람과 어린 아이를 합쳐놓은 존재와 비슷합니다. 무분별한 사람들도 꼭 그처럼 행동하죠. 생각들의 연결 고리가 끊어지기 때문에 사물들의 연결 관계도 끊어지고, 행동들도 느낌들도 따로따로 분리되어 버립니다. 하지만 무분별한 사람의 생각에는 망상이나 환상이 끼어들어 존재하지도 않는 것을 봅니다. 그 점이 사마디 상태에 든 사람과의 유일한 차이점이죠.

　사마디 상태는 늘 경이驚異의 상태입니다. 그 사람은 자신이 보고 있는 게 뭔지 모르고 자기가 맡고 있는 냄새가 무슨 냄새인지도 모릅니다. 그러나 그의 감각 능력은 최고조에 달해 있어 모든 것을 더없이 민감하고 예리하게 받아들입니다.

어째서 저는 선생님이 말씀하시는 것 같은 상태에 들지 못하는 걸까요?

── 자신이 보는 모든 것을, 자신이 내면에서 느끼고 있는 모든 것을 경험해야 한다는 끊임없는 요구가 있기 때문입니다. 만일 그렇게 하지 않는다면 여러분의 자아가 최후를 맞이할 것이기에 자아는 끊임없이 그런 요구를 합니다. 여러분이 자기로 알고 있고 자기로 경험하고 있는 '나'는 자기 존재가 끝장나기를 원치 않습니다. '나'는 계속 이어지기를 바랍니다.

　그러므로 모든 영적 추구자들은 그런 연속성을 강화하는 방향으로 나아갑니다. 그것은 자아중심적인 활동입니다. 어떻게 자아중심적인 활동을 통해서 '자아'의 활동으로부터 자유로워질 수 있겠어요? 여러분의 모든 경험, 명상, 사다나, 여러분이 하는 모든 행위는 자아중심적 활동입니다. 그런 것들은 하나같이 자아를 강화시켜주고 자아에 운동량을 더해주기 때문에 여러분을 본래 목적과는 반대 방향으로 나아가게 합니다.

여러분이 자아로부터 자유로워지기 위해서 하는 모든 행동도 역시 자아중심적 활동입니다. 자유로워지기 위해서 하는 행동과 자아중심적 활동은 서로 다른 것들이 아닙니다. 여러분이 '있는 그대로 존재함being'이라고 부르는 상태에 이르기 위해 채택하는 방편도 역시 '되어감becoming'의 방편입니다[11]. 내 말이 이해가 가는지 모르겠네요. 따라서 being과 becoming 같은 것은 없습니다.

여러분은 늘 되어감의 과정 속에 있습니다. 여러분이 다른 누군가가 아니라 자기 자신이 되고 싶어 한다고 할 때 그것도 역시 되어감의 과정입니다. 이 자연스러운 상태에서는 할 일이 전혀 없습니다. 여러분이 자신을 있는 그대로 존재하는 상태에 들게 하기 위해 하는 모든 행위는 되어감의 과정입니다. 내가 지적하는 것은 그것뿐입니다.

그렇게 해서는 있는 그대로 존재하는 상태에 들 수 없나요?

── 그렇습니다. 여러분이 어떤 것을 하든, 어떤 레벨에서 어떤

---

[11] 불가佛家에서는 흔히 전자를 일승법一乘法, 후자를 이승법이라고 하여 이승법을 사도로 규정함.

방향으로 움직이든, 그 모든 것은 다 자아중심적 활동입니다. 자아라 놈은 아주 영리한 놈입니다. 그것은 유구한 역사를 통해 생존해왔기에 이 세상에 있는 온갖 속임수와 책략들을 훤히 꿰고 있습니다.

적지 않은 사람들이 이른바 깨달음이라고 하는 상태에 이르렀는데도 불구하고 어떻게 자아라고 하는 실체가 존재한다는 망상이 그토록 오래 지속될 수 있었을까요?

── 어떻게, 라구요? (웃음) 그런 망상은 분명히 존재합니다. 선행이든 악행이든 간에 아무튼 무엇인가를 할 때마다 여러분은 그런 망상을 강화시키고 있습니다. 우리는 늘 이런 '생각의 영역' 속에서 움직이고 있습니다. 여러분은 그 생각의 영역에서 각자의 지적 배경, 문화를 골라내며, 따라서 그렇게 골라낸 것은 안테나와도 같습니다. 그 안테나는 문화의 산물입니다. 여러분은 생각을 보호하기 위해 자신에게 이익이 되는 생각들을 골라잡습니다. 생각은 보호 메커니즘입니다.

그 메커니즘은 무엇을 보호하고 있을까요? 그 자체를 보호하고 있습니다. 그것은 자신이 해체되는 것을 방지하기 위해 무슨 짓이든 다할 겁니다. 그러므로 여러분이 이른바 영적인 수행을 한다 해도 그것은 결국 생각의 보호 메커니즘을 강화시키는 결과만 빚어낼 따름입니다. 영적인 수행도 그 메커니즘을 약화시키는 것이 아니기 때문에 여러분은 잘못된 길로 가고 있는 겁니다.

긍정적인 접근법도 부정적인 접근법도 존재하지 않습니다. 이른바 부정적인 접근법이 곧 긍정적인 접근법입니다. 여러분이 부정적인 접근법이라고 부르든 긍정적인 접근법이라고 부르든 상관없이 그것들은 모두가 접근법입니다. 그리고 이 상태에 들 수 있는 접근법이라는 건 없습니다. 여러분이 할 수 있는 건 아무것도 없습니다.

긍정적인 접근법들이 아주 실망스러운 것이라는 점이 입증되었기에 여러분은 부정적인 접근법을 택합니다. 여러분은 그 둘에 차이가 있다고 느낍니다. 하지만 여러분이 부정적인 접근법이라고 부르는 것조차도 긍정적인 접근법입니다. 여러분이 도달하고자 하는 목표가 긍정적인 목표이기에 여러분은 그것을 긍정적인 접근법으로 바꿔버립니다. 여러분은 부정적인 접근법을 통해서 뭔가를 이루고 싶어 하고, 성취하고 싶어 하고, 뭔가에 도달하고 싶어 합니다.

부정적인 접근법은 자체에 의해서 자체를 부정해야 합니다. 이것은 어떤 결말에 이르겠다는 생각이 내포된 긍정적인 목표를 지닌 부정적인 접근법이 아닙니다. 나는 늘 내가 말하는 내용을 부정하곤 합니다. 내가 어떤 말을 할 때 그 말은 내가 전하고자 하는 바를 모두 표현하지 못하기 때문에 나는 그 말을 부정해 버립니다. 그래서 여러분은 내가 모순된 이야기를 한다고 지적합니다. 한데 나는 추호도 모순된 얘기를 하는 게 아닙니다. 나는 처음 한 얘기를, 두 번째 한 얘기를, 다른 모든 얘기를 부정합니다. 가끔 내 말이 아주 모순된 것처럼 들리는 것은 그 때문입니다.

　나는 늘 내 얘기를 부정합니다. 어떤 목표에 이르겠다는 의도가 없이 그냥 부정합니다. 내 얘기에는 아무 목적도 없습니다. 나는 그저 내가 이야기하는 것을 여러분이 이해할 수 없다는 근본적인 상황을 지적하고 있을 따름입니다. 여러분이 내 얘기를 해석하지 않고 듣는다는 것은 불가능합니다. 나는 늘 평가기준을 깨부수려고 노력합니다. 평가기준이 없을 때는 내 말을 이해할 필요가 없습니다. 무슨 말인지 이해가 갑니까? 나는 늘 그런 점을 말하고 있는 겁니다.

　그 늙은이[12]는 '경청하는 법', '참된 들음'을 이야기하고, 여러분은 듣는 방법, 듣는 기술이 있다고 생각합니다. 한데 그런 것은 전혀 없습니다. 여러분은 내가 하는 말을 알아듣지도 못할 겁니다.

　여러분은 내가 하는 말을 긍정도, 부정도 할 수 없는 입장에 처해 있습니다. 여러분이 어떤 말을 받아들이는 것은 그것이 여러분의 평가기준, 자각이라든가 신의 현전처럼 여러분의 가설들과 맞아떨어지기 때문입니다. 그 평가기준이 바로 여러분 자신, 곧 '나'입니다. 그 평가기준 이외의 것은 존재하지 않습니다. 평가기준이 바로 '나'이기 때문에 평가기준이 사라지면 '나'도 사라집니다. 그것은 '나'의 종말입니다.

---

12 지두 크리슈나무르티.

여러분의 들음은 해석입니다. 여러분은 결코 누구의 말도 듣지 못합니다. 여러분이 해석을 동반하지 않은 상태에서 남의 말을 듣는다는 것은 불가능합니다. 그 해석은 여러분의 지적 배경의 일부며, 따라서 여러분이 해석하지 않으면서 무슨 말을 듣는다는 것은 불가능합니다.

다르게 듣는 법이 있나요? 예, 말과 완전히 독립된 형태의 들음이 있습니다. 하지만 그것은 의식적인 수준에서의 들음이 아닙니다. (그렇다고 무의식 상태라는 뜻은 아닙니다. 이 점을 분명히 짚고 넘어가야 합니다.) 그것은 소리에 대한 순수하고 단순한 육체적 반응입니다. 소리는 고막을 울리며, 따라서 그것은 진동에 지나지 않습니다. 그럴 때 우리는 얘기하는 이가 무슨 말을 하는지 참으로 모릅니다.

이런 상태는 생리적인 현상이며, 따라서 나는 이것을 생리적인 용어들로만 표현합니다. 심리적, 종교적, 영적인 용어들로는 표현하지 않습니다. 내가 이 상태를 순수하고 단순한 육체적, 생리적 용어들로 표현하는 것이 아주 중요하기 때문입니다.

만일 여러분이 이 대화를 녹음한 테이프를 재생시켜 들려준다면 나한테는 그 내용이 이해되지 않을 겁니다. 어제는 내가 방갈로르에서 얘기한 내용을 녹음한 테이프를 들으면서 이렇게 중얼거렸습니다. "이 자는 대체 무슨 얘기를 하고 있는 거지? 죄다 무의미한 헛소리뿐이잖아. 이 녀석의 말은 도무지 듣고 싶지가 않군." 그 테이프는 죽은 것입니다. 그것은 내 말일 수도 있지만 나한테는 아무 의미가 없습니다. 그것은 잊어주세요! 불태워 버리세요! 내던져버리세요!

그것은 여러분의 질문이라는 자극에 기계가 반응하는 것에 불과합니다. 여러분의 질문은 그에 대한 '대답'이라는 골칫거리를 불러일으킵니다. 나는 그런 일에 휘말려들지 않습니다. 나는 일관성을 유지하려고 애쓰지도 않습니다. 나는 앞에 내세울 어떤 관점도 갖고 있지 않으며 어떤 주제도 논하지 않습니다. 나는 단지 여러분의 자극에 반응하기만 할 뿐입니다.

여러분이 질문을 하면 즉시 그 내용이 접수됩니다. 나는 질문의 의미가 뭔지 새겨보지도 않습니다. 여러분이 질문하기도 전에 대답이 이미 존재합니다. 여러분도 그렇게 할 수 있습니다. 특별한 일이 아닙니다. 만일 여러분이 자기 일에만 푹 빠져 있지 않다면 그렇게 하는 건 쉬운 일입니다. 그것은 독심술이 아닙니다. 그것은 단지 반향실과도 같습니다. 저기서 일어나는 일은 여기서도 일어납니다. 한데 여러분은 그렇게 할 수 없습니다. 여러분은 모든 생각을 판독하고 싶어 하고 모든 것을 해석하고 싶어 합니다.

여러분은 생각의 도움을 받지 않고서는 내가 이야기하는 것을 경험할 수 없습니다. 달리 이야기하자면, 생각의 움직임이 존재하는 한 여러분은 내가 이야기하는 내용을 이해할 수 없습니다. 생각이 없으면 굳이 이해할 필요가 없습니다. 그런 의미에서, 세상에는 이해할 것이 하나도 없습니다.

생명은 두 개의 서로 다른 움직임들이 아니라 하나의 움직임입니다. 생명은 움직임이요 연속적인 흐름입니다. 하지만 여러분은 그런 흐름flux을 볼 수 없어서, "그것은 흐름이다"라고 말할 수 없습니다. 그런데 어째서 나는, 생명은 흐름이라고 말하는 걸까요? 내가 이런 말을 하는 것은 단지 여러분에게 그 흐름에 관한 감感을 전해주기 위해서일 뿐입니다. 한데 만일 여러분이 자신의 개념들과 관념들을 동원해서 이 말을 해석한다면 길을 잃고 말 겁니다. 사실, 여러분은 내가 말하는 내용을 알아듣지 못하고 있습니다. 전혀 이해하지 못하고 있어요.

한데 여러분이 이런 사실을 깨닫는다면 어떤 일이 일어날까요? 생각의 움직임이 없습니다. (이해하고 싶어 한다는 것은 생각의 움직임이 있다는 걸 뜻합니다.) 여러분은 이 인간이 무슨 얘기를 하는지 알아차리지 못합니다. 따라서 여러분의 내면에서는 내가 하는 말을 개념들을 동원해서 해석하고 설명하려들지 않고 그저 하나하나의 구와 단어들을 똑같이 반복하기만 하는 일이 일어날 뿐입니다. 이 인간의 말은 단지 소음에 불과하죠. 여러분은 반향실입니다. 일어나는 건 그것뿐입니다. '나'는 존재하지 않습니다. ('내'가 있을 때는 해석하는 일이 일어납니다.)

이것은 유기체의 순수하고 단순한 생리적 기능에 불과합니다. 생명이 존재하므로 반응이 있습니다. 자극과 반응은 서로 다른 두 움직임이 아닙니다. 여러분은 자극으로부터 반응을 떼어낼 수 없습니다. (자극에서 반응을 떼어내는 순간 분열이 일어납니다. 그럴 때 작동하는 것이 바로 분열적 의식입니다.) 따라서 그것은 하나의 움직임입니다.

생각과 생명은 서로 뒤섞여 흐르는 움직임입니다. 그러나 여러분의 내면에서는 늘 생명의 움직임과 평행선을 그리며 달리는 생각의 움직임이 따로 있는 것 같습니다. 그렇지 않다면 우리가 굳이 이렇게 앉아서 이런 얘기를 할 필요가 없었겠죠. 내 말을 귀담아듣거나 내 말을 이해하려고 애쓰는 일 같은 것도 없었을 겁니다. 여러분의 내면에 생각의 연속성이 존재하지 않았다면 우리가 이 방 안에서 벌이는 이런 상황은 더 이상 존재하지 않았을 겁니다. 여러분은 본인이 어떻게 기능하고 작용하는가를 설명해주는 자의 이야기에 귀 기울이고 싶어 하지도 않았을 겁니다. 뭐 하러 그러겠어요? 그 자가 그런 식으로 작용한다구? 그럼 잘 된 일이구만. 그러고 말겠죠. 여러분이 왜 그런 것에 관심을 갖겠어요? 무엇하러 그 사람과 관계를 맺겠어요?

여러분은 내 말을 귀 기울여 듣는 동안 헤매게 되어 있습니다. 여러분은 내가 무슨 말을 하는지 이해하고 싶어 하기 때문에 열심히 귀 기울여 듣습니다. 내 말이 추상적이거나 어려워서 그러는 건 아니죠. 하지만 여러분의 이해는 생각이라는 도구를 통해서 이루어지는데 그 도구는 이 상태를 이해하기에 적합한 도구가 아닙니다. 그 정교하고 민감한 도구를 여러분은 직관이라고 부릅니다. 한데 그것 외에 다른 도구는 없습니다. 만일 그것이 적당한 도구가 아니고 그 외에 다른 도구가 없다면, 그 논리적인 결론은 다음과 같습니다. 거기에 이해할 것이 있는가? 이해할 것이 없다.

나는 어찌 어찌해서 그런 점을 이해했습니다. 어떻게 이해했는지는 나도 모릅니다. 그래서 나는 여러분을 그리로 인도해줄 수가 없답니다. 나는 아무 원인 없이 이렇게 되었어요. 여러분은 자신에게도 이런 일이 일어나기를 바라기 때문에 그 원인에 관심이 있습니다. 그런 바람이 없다면 그 원인에 관심을 갖지 않았겠죠.

그러므로 나를 이해하는 게 문제의 핵심은 아닙니다. 나를 이해하는 건 불가능합니다. 그냥 가능하지가 않아요. 여러분이 이해할 수 있는 유일한 것은 그 틀 속에 있습니다. 평가기준과 관련된 틀 속에. 여러분은 내 말을 귀담아 들으면 들을수록 이 상태와 관련된 것들이 더욱더 분명해질 거라고 생각합니다. 그러나 여러분의 생각이 명료해지면 내가 말하는 것들을 이해하기가 더 어려워집니다. 그래서 여러분은 해마다 나를 만나러 오면서 뭔가가 더 선명해진다고 생각합니다만, 사실 그래봤자 뭔가를 이해할 가능성은 더 멀어지고 있습니다.

이해할 게 없어요. 어찌 어찌 하다 보니 이해하게 됐습니다만 어떻게 해서 그렇게 됐는지는 아무도 몰라요. 그리고 여러분에게 이런 상태를 알게 해줄 방도가 전혀 없습니다. 여러분은, "그럼, 왜 군이 말씀을 하시는 겁니까?"라고 묻습니다. 그야 여러분이 여기 있으니까요.

여러분이 더욱더 분명하게 알 수 있다고 생각하는 한, 나는 여러분이 아무것도 알지 못했다고 말할 겁니다. 지두 크리슈나무르티는 "알면 끝난다"고 얘기합니다. 앎은 그렇게 말하는 구조가 끝장난 것이기 때문에 만일 여러분이 알았다고 얘기한다면 알지 못한 겁니다. 여러분이 알 수 있는 앎은 없습니다. 달리 말해 앎이란 건 없습니다. 여러분이 이런 점을 더 확연히 이해할 수 있다고 생각하는 한, 자기 주위의 세상을 더 선명하게 알 수 있다고 생각하는 한, 나는 여러분이 아무것도 알지 못하고 아무것도 이해하지 못할 거라고 말합니다. 이런 대화는 여러분을 어디로도 데려다주지 않을 겁니다. 내 유일한 관심사는 이 모든 걸 끝내는 데 있습니다.

여러분과 나와의 차이는 여러분은 이해하려고 애쓰는데 나는 그렇게 하지 않는다는 데 있습니다. 논란을 벌여봤자 혼란만 더할 뿐입니다. 토론은 전혀 쓸데없는 짓입니다. 나는 그저 이 상태에 이르는 데 장애가 되는 점만 지적할 수 있을 따름입니다.

이런 대화는 일종의 준비 같은 건가요?

── 그렇지 않습니다. 나는 "묻고 추구해봐야 헛일이다"라는 얘기를 마르고 닳도록 합니다. 그런데도 여러분은 평생토록 배워 익힌 기법들을 이런 데다 적용하고 싶어 합니다. 여러분은 "붓다는 나무 아래 앉아서 앞으로 꼼짝도 하지 않겠다고 말씀하셨다"라고 얘기합니다. 붓다는 어떤 일도 당신한테 도움이 될 수 없다는 것을 알았고, 아마 바로 그때 무슨 일인가가 일어났을 겁니다. 여러분은, "붓다는 이렇게 했는데 왜 나는 그 분이 간 길을 그대로 따라가면 안 되나요?"라고 주장합니다. 하지만 여러분의 경우에는 얘기

가 전혀 달라집니다. 여러분은 붓다와 같은 위치에 있지 않습니다. 여러분은 아직도 무슨 일인가가 일어나기를 기대합니다. 여기서 중요한 것은 이해할 게 아무것도 없다는 점입니다.

선생님이 "나는 아무것도 알지 못한다"고 말씀하실 때 그 말씀에는 선생님이 아니신다는 뜻이 함축되어 있지 않나요?

── 그 말은 내가 앎이 없는 상태에 있다는 것을 알고 있다는 뜻이 아닙니다. "나는 아무것도 알지 못한다"는 말은 이 자연스러운 상태에서 나온 겁니다. 그 점에 관해서는 아주 분명히 해둬야 합니다. 그것은 내가 지금 보고 있는 게 뭔지 모른다고 스스로에게 말한다는 뜻이 아닙니다. 이 상태가 "나는 모른다"고 표현하는 겁니다. 이 상태 자체의 표현이자 서술입니다. "나는 모른다"고 말하는 누군가가 있는 게 아니라 이 상태가 스스로, "나는 정말 아무것도 모른다"고 말하는 거죠. 그런 겁니다!

"그런 겁니다"라는 말씀은 독단적인 말처럼 들리는군요.

── 여러분 쪽에서 내 말을 논리적인 틀이나 합리적인 틀에 끼워 맞춰 보려고 제아무리 노력하고 애써도 끝내 실패하고 말 때, 나로서는 여러분은 그것it의 본질을 끝내 이해할 수 없다고 말할 수밖에 없습니다. 이 상태는 논리를, 합리성을 넘어서는 겁니다. 여러분으로서는 내가 이것에 관해서 아무것도 모른다는 말을 받아들이는 것과 거부하는 것 중에서 택일할 수밖에 없습니다. 이건

긍정적인 얘기는 되지 못하겠죠. 여러분은 이 상태를 결코 체험할 수 없으니 체험하려고 애쓰지 마세요! 여러분에게 전혀 도움이 되지 않을 겁니다.

이것에 관해서는 두 길이 없어요. 내가 독단적이어서 그러는 게 아닙니다. 내 말은 독단적인 말이 아니에요. 나는 정말로 아무것도 알지 못해요. 이해하려고 애쓰는 그 구조, 곧 '나'는 끝내 이해하지 못할 것이기 때문에 그런 겁니다. 그런 의미에서의 그런 겁니다, 죠. 이 상태에서는 그래요. 나는 이것에 관해서 아무것도 이해할 수 없어요. 여기서는 그래요. 거기서도 역시 마찬가지여야 하는데 실은 그렇질 못하죠. 여러분은 여러분이 결코 이해할 수 없는 것을 여전히 이해하려고 애쓰고, 경험하려고 애쓰고 있으니까.

이 상태에서는 이해하는 데 어려움이 있습니다. (우리는 아주 간단한 영어를 사용하고 있습니다. 한데 과거의 현자들은 사람들이 서로 다른 언어를 쓰던 시절에 이야기를 했으니 오죽했겠어요. 당시에는 녹음기도 없었고 속기사도 없었죠. 제자들이 그 말을 열심히 귀담아듣고서 다른 이들에게 전했습니다.) 내가 종종, "내가 지금 뭘 가르치고 있는 건가요? 얘기를 좀 해주세요"라고 말하는 이유는 바로 그 때문입니다. 나는 내 가르침에 관해서 아무것도 몰라요. 내 상태에 관해서 아무것도 몰라요. 그렇다고 내가 잘 하면 알 수 있다는 뜻도 아닙니다. 나는 내가 알 수 없다는 걸 알고 있어요.

그 상태는 자체의 한계를 안고 있습니다. 그리고 그것it은 자신에게 한계가 있다는 것을 이해하고 있습니다. 한데 그것은 그런 점을 전혀 체험할 수 없습니다. 내가 하려는 얘기는 바로 그겁니다. 나는 내 상태에 관해서 아무것도 알지 못하기 때문에 긍정적인 애기도 부정적인 애기도 할 수가 없어요. 긍정적인 애기든 부정적인 애기든 모두가 생각의 장 속에 포함된 것들이기 때문이죠. 한데 여러분은 내 상태에 관해서 많은 얘기를 하고 있습니다. 여러분은 내 상태에 관해서 나보다 훨씬 더 많이 아는 것 같아요. 여러분이 어떻게 내 상태에 관해서 이러쿵저러쿵 애기할 수가 있죠?

사실, 여러분은 내 상태에 관해서 말을 하는 게 아닙니다. 그 모든 애기는 내가 한 말에 대한 해석일 뿐입니다. 여러분의 들음 자체가 해석이에요. 여러분은 내가 말하는 것을 있는 그대로 들을 수 없습니다. 만일 여러분이 내가 말하는 것의 메아리만 존재할 뿐인 상태에 있다고 한다면, 이해함 없이 그 말들을 그냥 복창하는 상태에 있다고 한다면, 여러분은 내가 무슨 얘기를 하는지 정말로 알지 못할 겁니다. 그리고 이해하려고 애쓰지도 않을 겁니다. 한데 만일 여러분이 뭔가 들은 게 있다면 여러분은 없는 얘기를 하고 있는 겁니다. 그래서 나는 여러분이 듣지 못하고 있다고 말하는 겁니다.

나는 여러분이 내 말을 전혀 들을 수 없다는 단순한 사실을 애기하고 있습니다. 중요한 것은 여러분이 내 말을 듣고 있느냐 듣고 있지 않느냐 하는 것이 아닙니다. 여러분은 내가 하는 말을 전혀 들을 수 없습니다. 여러분이 들은 것을 어떤 식으로 이해하든 간에 그것은 내가 말한 것이 아니라 여러분 자신이 그렇게 들은 것에 불과합니다. 그러니 내가 말하는 것은 여러분도 모르고 나도 몰라요. (웃음)

그런 걸 갖고 뭐라고 하는 건 아닙니다. 내 말은 그저 여러분은 들을 수 없기 때문에 듣지 않고 있다는 것뿐입니다. 여러분은 들을 수 없으니 들으려고 애쓰지 마세요! 내 얘기의 핵심은 그겁니다.

내 말에는 아무 논리도 없습니다. 굳이 한 가지 논리가 있다고 한다면 자체의 논리뿐이죠. 나는 그것$_{it}$에 관해서 아무것도 모릅니다. 하지만 여러분은 필연적으로 나를 여러분 생각의 논리적 구조에 끼워 맞춰야 합니다. 그렇지 않으면 그 논리적 구조, 합리적인 구조는 최후를 맞이하고 맙니다. 여러분은 합리화해야 하며, 그렇게 하는 것이 바로 여러분의 '나'입니다. 하지만 그것$_{it}$은 합리성하고는 아무 상관도 없는 겁니다. 여러분의 논리와는 아무 상관도 없어요. 그렇다고 해서 그것이 비논리적이고 비합리적인 것이라는 뜻은 아닙니다.

여러분은 뭘 이해하고 싶어 하는 거죠? 이해할 게 아무것도 없습니다. 그게 바로 내가 이야기하고 있는 이해입니다. 만일 여러분이 그것의 본질이 뭔지, 내가 말하고 있는 게 뭔지를 이해한다면, 여러분은 이미 그 자리에 가 있습니다. 그것은 새로운 것, 전혀 새로운 것일 겁니다. 여러분은 전혀 색다른 방식으로 그것을 드러낼 겁니다. 여러분은 붓다가 말한 것을, 예수가 말한 것을, 지두 크리슈나무르티나 유지 크리슈나무르티가 말한 것을 앵무새처럼 반복하지 않을 겁니다. 그것은 새로운 것일 테고, 완전히 다른 방식으로 스스로를 드러낼 겁니다.

그것it은 어떻게 드러날까요? 나도 모르고 여러분도 모르고 아무도 모릅니다. 만일 어떤 이들이 나를 자기네의 틀에다 끼워 맞춘다면 그건 그 사람들의 일입니다. 우리는 그런 일에 어떤 특권이나 기득권도 갖고 있지 않습니다.

여러분은 아마 내 말을 어떤 틀에 끼워 맞춰놓고는 과거에 이런저런 사람도 이와 똑같은 말을 했다고 주장할 겁니다. 내가 가는 데마다 겪는 재난이 그겁니다. 지두 크리슈나무르티 사람들이, 라마나 마하리쉬 사람들이, 그 밖의 사람들이 와서 이구동성으로, "댁은 우리 선생님과 같은 말을 하고 있어요!"라고 합니다. 내가 같은 얘기를 한다는 것을 그 사람들이 도대체 어떻게 안다는 겁니까? 자기네 스승이 무슨 얘기를 하고 있는지 과연 알고나 있을까요? 그 사람들은 우선 자기네 스승이 무슨 말을 하고 있는지, 그 말의 배후에 무엇이 있는지를 알아야 합니다. 그런 다음에라야 자기네 스승이 하는 말과 내가 하는 말을 비교해볼 수 있습니다. 나는 그 사람들의 스승이 한 말 같은 것은 전혀 하고 있지 않은데.

나는 나를 어느 누구와도 비교하지 않습니다. 무엇하러 나 자신을 현자들이나 성자들, 구원자들과 비교합니까? 만일 그렇게 한다면 그것은 내 생애 최대의 비극이 될 겁니다. 그렇지 않습니까? 나는 나 자신을 전혀 비교하지 않습니다. 내가 말하는 것은 과거에 누군가가 말했던 것과 같은 것이 아닙니다. 내가 과거에 누가 그런 말을 했는지 어떻게 알겠어요?

여러분은 나를 그런 틀에 끼워 맞추려고 애를 쓰고 있습니다. 여러분은 반드시 그렇게 해야 합니다. 그렇게 하지 않을 경우에는 여러분의 '내'가 최후를 맞게 될 겁니다. 그것은 위험한 순간이죠. 그러니 여러분은 "그 사람은 말도 안 되는 얘기를 하고 있어, 허접하고 너절한 얘기를!"이라고 하면서 나를 완전히 무시해야 합니다. 아니면, 나를 여러분이 갖고 있는 특별한 배경에다, 다른 누군가의 틀에다 끼워 맞춰놓고는, "그 사람은 우리 스승과 같은 얘기를 하고 있어"라고 해야 합니다. 그렇게 하지 않는다면 여러분이 누군가의 가르침을 받고 만들어낸 싸구려 신들은 폭삭 무너지고 말 겁니다. 여러분은 반드시 이 둘 중의 하나를 해야 합니다.

선생님이 전하고자 하는 메시지는 뭔가요?

—— 아주 간단합니다. 여러분은 여기서 아무것도 얻지 못할 것이라는 것. 여러분은 시간 낭비를 하고 있는 겁니다. 그러니 빨리 짐을 꾸려갖고 떠나세요! 그게 내 메시지입니다. 나는 줄 게 아무것도 없어요. 여러분은 얻어갈 게 하나도 없습니다. 그런데도 계속 여기 앉아 있다면 시간만 허비하는 거죠. 여러분이 해야 할 딱 한 가지 일은 일어나서 가는 겁니다. 아직도 내가 뭔가를 줄 수 있을 거라고 생각하고 있다면 하늘나라가 도래할 때까지 거기서 계속 죽치고 앉아 있어야 할 거예요. 나는 줄 게 없어요. 여러분이 받아

갈 게 없어요.

나는 거룩하고 성스러운 일을 하고 있지 않습니다. 그런 일은 취미 없어요. 나는 줄 게 없으니 계약위반 같은 걸 거론할 것도 없죠. 나는 아무것도 바라지 않아요. 어떤 사람들은 내가 자기만족을 위해서 얘기하고 있다고 생각할지도 모릅니다. 만일 내가 그런 것 때문에 얘기를 하고 있다면 그것은 내 비극, 내 불행이 될 겁니다. 그러니 나가세요. 여러분은 내 비극에 연루되고 싶은 마음이 추호도 없잖아요.

선생님은 세상을 더 나은 곳으로 만들기 위해 여기 계시는 건가요?

—— 그렇지 않습니다. 나는 여러분에게 아무것도 주지 못해요. 나는 여러분이 바라던 것을 끝내 얻지 못하리라는 걸 잘 압니다. 만일 여러분이 무슨 일인가가 일어날 거라 생각하고 몇 날이고 몇 주고 몇 년이고 주구장창 앉아서 하늘나라가 도래하기를 기다리고 있어도 그런 건 오지 않을 겁니다. 그러니 가고 싶은 데로 가서 하고 싶은 것을 하세요! 여러분에게 아주 분명하게, 명료한 언어로 딱 부러지게 얘기합니다. 지금이고 앞으로 어느 때고 간에 여러분에게 전할 게 하나도 없다는 것을.

참 놀라운 일이요. 내가 이렇게 단호하게 이야기하는데도 계속 여기서 죽치고 있네. 이건 여러분의 장례식이요. 여러분은 존재하지 않는 것을 좇고 있어요. 전환될 것이, 변화될 것이, 이해할 것이 없어요. 여러분이 나처럼 되고 싶어 하는 한, 지금 상태 그대로 남아 있으면서 같은 질문만 거듭 반복할 거고 매번 같은 대답만 들을 겁니다. 모든 질문에 대한 단 하나의 답, 곧, "묻는 짓을 그만 두세요!"라는 답을.

앞으로 사람들이 어떻게 살아가야 한다고 생각하세요?

—— 지금하고 뭐가 달라지겠어요. 살인자는 여전히 살인자로 남을 겁니다. 물론 그는 그 대가를 치러야하겠죠. 사람들은 살인을 불법화했지만 살인은 여전히 증가일로에 있습니다. 나는 여러분의 내면에 살인자가 잠복해 있다는 것을 알고 있습니다. 만일 여러분이 자신이 원하는 것을 얻을 수 없다면, 누군가가 여러분이 간절히 얻고자 하는 것을 얻지 못하게 훼방을 놓는다면, 여러분은 주저하지 않고 온갖 수단을 다 동원해서 그 사람을 처치해버릴 겁니다. 그게 전부입니다.

문화culture에 관한 여러분의 온갖 이야기들은 내게 아무 의미가 없습니다. 모든 문화는 죽이고 죽음을 당하는 일들을 기반으로 해서 세워졌습니다. 심지어는 대학에서도 그런 것들을 가르치고 있습니다. 나는 여러분을 두려워하지 않습니다. 여러분은 나를 죽일 수 있습니다. 그것은 여러분의 특권이죠.

여러분은 지금과 다른 사람이 될 수 없습니다. 변하기 위해 온갖 시도를 다 해봐도 결국은 성공하지 못할 겁니다. 그러니 자기 자신으로부터 도망치는 짓을 그만두세요! 이렇게 말해봤자 무슨 소용이 있겠어요. 그래봤자 끝내 그런 짓을 그만두지 않으려 들 텐데. 나는 그만 두라고 얘기하지만 여러분은 그 말을 믿지 않고, "어쩌면 변화할 수 있는 방법이 있을지도 몰라"라고 생각합니다.

나는 여러분에게 행동의 자유가 없다고 확신합니다. 나는 거기서 한 술 더 떠 여러분은 유전자에 의해 통제받고 있다고 얘기합니다. 그러면 여러분은 당연히 내 그런 말이 이론에 불과하다고 말할 겁니다. 여러분은 자신이 뭔가를 할 수 있다는 희망을 품고 있습니다. 세상에는 영적인 일을 하는 사람들이 많이 있는데, 그 사람들은 여러분에게 뭔가를 할 수 있다는 확신을 심어주며, 그 때문에 여러분은 그런 데로 달려갈 겁니다. 손바닥 뒤집는 것처럼 간단한 일이죠.

내 확신에는 변함이 없습니다. 그런데도 여러분은 그것을 이론으로 치부해버립니다. 좋아요, 여러분은 마음대로 가서 자신의 운을 시험해볼 수 있습니다. 하지만 결국은 스스로 깨닫게 될 겁니다. "그 녀석의 말이 옳았어!"라고. 나는 그저 내 노래를 부르면서 유유히 사라질 겁니다.

내가 볼 때 그것은 아주 분명한 귀결입니다. 세상에는 여러분을 도와줄 수 있다고 주장하는 자들이 너무도 많습니다. 여러분은 그런 데 가서 한번 운을 시험해보고 싶을 겁니다. 하지만 나는 담뱃갑에 찍혀 있는 경고문을 닮은 다음과 같은 준엄한 단서를 달고 싶습니다. '여러분은 누구에게서든 아무것도 얻지 못할 것이다. 얻을 것이 도무지 없으니까.'

내가 깨달음 같은 것은 없으니 X나 Y가 깨달은 사람이냐 아니냐 하는 질문 같은 것은 성립될 수 없다고 말하는 건 그 때문입니다. 한데 여러분은 죄다 한 통속이라 그와 같은 것들을 쫓아다닙니다. 깨달음이니 깨달은 사람이니 하는 것은 여러분이 투영해낸 것이며 여러분의 관념이 만들어낸 겁니다. 여러분이 망상을 굴려서 갖다 붙인 것 말고 다른 것은 없습니다.

자연스러운 상태에 든 분은 자비로운가요?

── 그것은 여러분이 생각으로 지어낸 이미지입니다. 그런 사람들은 냉정하고 무관심합니다. 연민compassion[13]은 영적인 일을 하는 사람들의 속임수요 장사용 멘트입니다. 여러분은 여기 있는 이 사람이 자신이 연민으로 가득 차 있다는 것을 알고 있으리라 생각하나요?

만일 그렇다면 그것은 연민이 아닙니다. 여러분은 온갖 것에 이름 붙이기를 좋아합니다. 연민이라는 것은 어떻게 작용하나요? 누가 내게 말 좀 해봐요. 여러분은 이 사람에게서 어떤 종류의 연민을 봅니까? 내가 자비롭다는 것은 여러분이 갖다 붙인 말에 지나지 않습니다.

연민은 논의할 만한 것도 찬양할 만한 것도 아닙니다. 만일 여러분이 단체를 발족시킨다고 할 경우 회원들이 모은 돈의 90퍼센

---

[13] '자비慈悲'에서 '비悲'에 해당하는 것으로 '자慈'가 동등한 이들에 대한 사랑인 반면, '비'는 자기보다 못한 이들이나 생명들에 대한 따뜻한 연민을 뜻함.

트는 관리직이 씁니다. 그래서 미국에는 수많은 단체들이 있지요. 부유한 상류사회 여자들이 떼로 몰려가 기금을 모으곤 하는데, 그 기금의 90퍼센트도 역시 관리직이 씁니다. 여러분이 할 수 있는 일은 기껏해야 그 정도입니다. 여러분은 세상을 바꾸지 못할 겁니다. 여러분은 이 세상을 변화시킬 소명을 타고나지 못했어요.

나는 사회를 변화시키는 일에 흥미가 없습니다. 내 말에는 사회적인 내용이 전혀 들어 있지 않아요. 이 세상이 뭐가 잘못됐다는 거죠? 어째서 여러분은 세상을 바꾸고 싶어 하죠? 이 세상은 놀랍도록 아름다워요! 여러분은 자신의 관념으로 지어낸 세상에 살고 싶어서 이 세상을 바꾸고 싶어 하는 겁니다. 진짜 문제는 여러분이 자기 자신을 바꾸고 싶어 하는데 그렇게 하는 것이 불가능하다는 것을 알고서 세상을 자기가 원하는 틀에 맞출 수 있게 하기 위해 세상을 변화시키고 싶어 하는 데 있습니다.

선생님의 말씀에 사회적인 내용이 들어가 있지 않다구요? 사람들은 세상의 향상과 행복을 이야기합니다. 깨달은 이가 존재하는 것만으로도 세상이 정화된다고 하죠. 그가 순수한 진동을 발하면, 그 공간이 깨끗해진다구요.

── 그으래요? 진짜로? 네 이웃을 네 몸처럼 사랑하라는 말을 한 사람의 이름 아래, 최근에 벌어진 온갖 전쟁에서 흘린 피를 다 합친 양보다 더 많은 피가 흘렀는데도. 당신은 그것을 사회적인 내용이라고 부르나요? 사람들은 끝없이 다투고 싸웁니다. 거기에 어떻게 사회적인 내용이 들어가 있을 수 있나요?

여러분은 좋은 사람, 선량한 사람, 무구한 사람이 되고 싶어 합니다. 여러분은 늘 내일이나 모레에는 다른 어떤 존재가 되었으면 합니다. 하지만 내세에 가서도 여러분은 지금과 같은 얘기를 할 겁니다. 내세야말로 이 세상의 모든 스승이 여러분에게 약속하는 것이죠. (그 사람들은 노상 약속만 합니다.) 그러면 그때까지는 밥을 벌어먹을 수가 있고, 여러분의 신뢰를 얻을 수가 있죠. 만일 그 사람이 얻을 게 전혀 없다고 말한다면 여러분은 그 사람 곁을 떠나버릴 겁니다. 그래서 나는 전혀 걱정할 필요가 없어요. 아무튼 여러분은 내 곁을 떠날 테니까. 여러분을 이곳으로 데려온 요인이 결국은 여러분을 다른 데로 데려갈 게 분명하거든요.

여러분은 뭔가를 얻는 데 관심이 있는데 그걸 끝내 얻지 못할 겁니다. 세상에는 잘못된 희망, 잘못된 약속이라는 것들이 있습니다. 나는 그런 것들을 주지 않아요. 하지만 영적 스승이라는 이들이 어떤 희망이라는 걸 만들어낸 바람에 여러분은 계속 달려갑니다. 그것은 달리는 호랑이 등에 올라탄 것과도 같아서 내리고 싶어도 내릴 수가 없어요.

깨달음으로의 여행 같은 건 없습니다. 그런 여행길로 여러분을 인도해주는 척 하는 사람들이나 그런 여행을 하려고 시도하는 사람들 모두가 다 스스로를 속이고 있는 겁니다. 여러분은 나하고 같이 걸을 수 없습니다. 어떻게 나하고 같이 걸을 수 있겠어요? 여러분은 가시덤불이나 돌멩이들에 잔뜩 겁을 집어먹고 있는 판인데.

여러분은 숙련된 가이드를 만나고 싶어 합니다. 나는 그리로 가는 길의 지형을 모릅니다. 여러분은 샌들을 신은 사람은 늘 걷는 게 고통스럽기 때문에 그런 사람하고는 절대로 같이 여행하지 말라고 경고하는 금언도 듣지 못했나요? 나랑 같이 여행했다간 골치 아픈 일에 말려 들 겁니다. 나는 그곳의 지형도 모르면서 그냥 가고 있을 뿐입니다.

여러분은 많은 얘기를 할 수 있습니다. "착하게 살아라, 지혜로워져라"처럼 명백한 진실 같은 것들을. 하지만 이것this에는 어떤 사회적인 내용도 들어 있지 않습니다. 이것은 세상을 바꾸고 변혁시키는 데, 새로운 인간형이나 세상을 창조하는 데 쓰일 수 없습니다. 그런 얘기들은 죄다 헛소리들입니다.

어떤 사람들은 일부 사람들을 돕기 위해 그런 일을 할 수도 있을 겁니다. 그런 건 괜찮습니다. 할 수 있으면 하세요. 그런대로 효과가 있다면 그것도 괜찮은 일이죠. 하지만 아무 효과가 없으리라는 것을 잘 알면서 그런 일을 권하거나 제안하는 것은 옳지 않습니다. "사람들에게 갖고 놀만한 새로운 장난감을 주도록 하자. 전통적인 방법들은 모두 실패했으니 여기 새로운 장난감, 일본에서 특별히 수입한 장난감을 갖고 놀아라"라는 식의 짓거리들.

여러분은 지금 뭘 하고 있죠? 아무것도 하지 않고 있습니다. 여러분은 새로운 구, 새로운 단어, 새로운 관용구들을 복창하고 있을 뿐입니다. 여러분이 하는 짓이 죄다 그런 것뿐입니다.

여러분은 그 모든 짓이 의식에 때를 묻히는 짓이라는 사실을 받아들이지 않습니다. 여러분이 성스럽고 특별하다고 여기는 모든 것, 붓다 의식과 예수 의식과 크리슈나 의식 같은 것들은 죄다 의식에 낀 때나 오물입니다. 의식은 <u>스스로를 씻어내야</u> 합니다. 그 온갖 때, 거룩하고 성스러운 모든 것은 사라져야 합니다.

그런 것들이 말끔히 사라질 때 여러분은 본래 면모를 회복합니다. 그렇지 않으면 의존하는 상태가 계속되죠. 여러분은 특별한 어떤 것을 체험하고 조직체를 만들어냅니다. 이런 조직체들은 이천만 달러가량을 모으고, 남들에게 그런 어리석은 체험을 널리 전하고 직접 경험하도록 하기 위해 책을 펴내곤 합니다.

교회에 가는 것과 여기 오는 것 사이에 어떤 차이가 있나요?

── 기본적으로 동기는 같습니다. 여러분은 새로운 스승, 바이블, 교단, 교회를 찾아다닙니다. 여러분이 할 수 있는 건 그게 전부입니다. 기본적으로 다 같습니다. 여러분은 가톨릭교회에서 한 발짝도 벗어나지 못했습니다. 여러분이 관심을 갖고 있는 게 종교적인 요소 정도라면 그걸 굳이 기독교 이외의 다른 데서 찾을 필요가 없습니다. 위대한 스승의 심오한 가르침은 어느 종교에나 다 있습니다.

내가 말하고자 하는 것은 낯선 땅, 낯선 종교에서 찾으려 드는 것은 무의미한 짓이라는 겁니다. 새로운 수행법, 시스템, 관용어 등을 배워 익혀서 그 새로운 언어로 생각하고 말하기 시작하면 아마 자신이 위대해진 것 같은 느낌이 들기도 하겠죠. 하지만 기본적으로 그런 건 무의미한 짓입니다.

선생님은 제 어리고 미숙한 꿈들을 모조리 박살내버리셨습니다.

── 아니, 아니, 그렇게 단정할 수는 없어요. 그 꿈들은 여전히 그대로 있습니다. 여러분에게는 아주 강력한 회반죽이 있거든요. 만일 여러분의 구조물에 약간의 균열이 생기면, 여러분은 즉각 거기에 그 회반죽을 발라버릴 겁니다. 그것은 아주 강력한 효과를 갖고 있어요. 그것은 수십 수백만 년에 걸친 운동량을 갖고 있어요. 그것은 온갖 술수를 주르르 꿰고 있어요. 그것은 운동량을 얻기 위해 온갖 술수를 짜낼 수 있습니다. 그것의 속성이 원래 그래요. 그것이 그렇게 농간을 부리는 것에 여러분이 할 수 있는 일은 아무것도 없습니다.

여러분은 사십년 동안 그것에 관해 논란을 벌일 수 있습니다. 하지만 내 장담하건대 여러분은 어디에도 이르지 못할 겁니다. 만일 누군가가 여러분을 어딘가로 데려다줄 수 있다고 주장한다면, 그 자는 여러분을 속이고 있는 겁니다. 경우에 따라서는 그 사람이 정직한 사람일지도 모릅니다. 하지만 모든 정직한 사람들을 믿지 마세요! 내쫓아버리세요! 이 분야에서 정직한 사람은 아무도 없습니다. 외부의 어떤 힘도 여러분을 도와줄 수 없습니다.

스와미(성자)들의 가르침을 완전히 부정하시는 건가요?

── 부정하는 게 아닙니다. 나는 여러분에게, "스와미한테 가세요, 그러면 그 사람은 뭔가를, 여러분이 원하는 걸 줄 겁니다. 행운을 빌어요!"라고 말하고 있는 겁니다. 그것뿐입니다.

한데 나는 여러분에게 분명히 말할 수 있습니다. 이것this은 얻지 못할 것이라는 걸. 이것은 여러분이 얻을 수 있는 것이 아닙니다. 여러분에게 행운이 따르기만을 바라요. 나는 이것이 누군가가 줄 수 있고, 여러분이나 다른 누군가가 얻을 수 있는 것이 아니라는 걸 잘 알고 있습니다. 나는 줄 수 없어요. 만일 줄 수 있다고 약속하는 사람이 있다면 그 사람은 그저 장담만 하고 있는 겁니다. 그리고 그 사람은 여러분을 오랫동안 이용해먹을 겁니다. 그 사람은 그저 여러분을 속이고 있는 겁니다. 그 사람은 물건을 인도해 줄 수 없어서 "후생에"라거나 "앞으로 십년 뒤에"라고 말합니다. 그렇게 해서 본인의 안전을 도모하는 거죠.

우리더러 뭘 하라는 건가요? 우리가 뭘 해야 하죠?

── 나는 여러분에게 어떤 것도 하라고 요구하지 않아요. 내가 안고 있는 문제는 여러분이 어느 지점에 있는지 내가 제대로 알지 못한다는 데 있습니다. 여러분은 지금 어디에 서 있나요? 여러분은 무슨 근거로 여러분이 나와 다르다고 생각합니까? 나는 여러분과 전혀 다르지 않습니다. 그럴 수가 없습니다.

여러분은 이것this에 관심을 가질 수가 없습니다. 어떻게 그럴 수가 있겠어요? 내가 당면하고 있는 문제가 그겁니다. 어떻게 하면 여러분이 이런 종류의 것에 관심을 갖게 할 수 있는가 하는 것. 여러분은 이것과는 전혀 다른 것, 아주 근사한 것, 판타지에 관심이 있습니다. 여러분은 온갖 종류의 판타지에 빠져 있을 가능성이 있습니다. 이것이 판타지로 비치지 않는다면 여러분은 다른 종류의 판타지에 관심을 갖게 될 겁니다.

어떻게 여러분이 스스로를 없애는 일에 관심을 가질 수가 있겠어요? 내가 안고 있는 문제가 그겁니다. 여러분이 '나'로 알고 '나'로 경험하는 놈은 연속성에 관심이 있습니다. 그놈은 온갖 술수를 훤히 꿰고 있어요. 여러분은 그놈을 이길 수가 없습니다.

사람들은 한 가지 질문만 합니다. 그들의 모든 질문은 하나의 질문, 곧 "어떻게 하면 제가 선생님이 갖고 계신 것을 얻을 수 있을까요? 어떻게 하면 좋을까요?"로 축약할 수 있습니다. 그 '어떻게?'를 통해서 '나'라는 구조는 연속성을 얻고 영구히 자리를 잡습니다. 어떻게 하면 좋겠느냐구요? 여러분이 그걸 얻을 방법은 전혀 없습니다. 그래도 '어떻게'에 관심이 있다면 스와미들이 여러분을 도와줄 겁니다.

선생님과 함께 지내는 사람들은 대체로 제가 어울리기에 좋은 부류의 사람들이 아닙니다. 선생님과 어울리다 보면 사람이 야박하고 쌀쌀하고 거만해지는 것 같습니다. 저는 따뜻하고 사교적이고 다정한 사람들이 좋습니다.

── 나는 자제심을 극복하고 다른 사람들과 원활하게 감정교류를

하는 등의 자기표현 분야에는 도통 관심이 없습니다. 나는 사람들이 나에 관해, 그러니까 자연스러운 상태라는 것에 관해 알아보려고 찾아올 때 상황에 따라 적절히 반응할 뿐입니다. 심리적 변화, 이른바 의식의 확장 등에 관심이 있는 사람들이라면 인카운터 그룹(집단상담 그룹)이나 정신과의사를 찾아가고, 내가 프로이트 식 사기라고 부르는 그 밖의 짓거리들에 참여하는 것이 좋겠죠.

결국 그 자들이 얘기하는 이른바 의식의 성장이라는 것은 그 사람들에게 행복을 가져다주지도, 성생활을 개선시켜주지도 못할 겁니다. 기껏해야 새롭고 더 화려한 방식으로 불행해지는 법을 배우는 것으로 끝나고 말겠죠. 나는 그런 것에는 전혀 관심 없습니다. 나는 우선 사람들이 나를 찾아온 이유에 관심이 있습니다. 그리고 그 사람들이 뭘 해도 그 자연스러운 상태에는 이를 수 없다는 점을 지적해주죠.

아무튼 나를 찾아오는 사람들은 오래 머물지 않습니다. 그들은 몇 번 들르거나 몇 달 정도 이곳에 머물렀다가는 평소 생활로 돌아갑니다. 아니면 자기네가 찾는 것을 안겨주겠다고 약속하는 사람들한테 가거나. 그런 사람들 중의 일부는 요즘 미국의 아바타(신의 화신)인 부바 프리 존 Bubba Free John 의 열렬한 추종자가 됩니다. 둘 중의 어느 길로 가든 나는 상관하지 않습니다.

하지만 나는 사람들을 속이는 짓만은 절대로 하지 않습니다. 무슨 일이 있어도 그들에게 뭘 줄 수 있다는 식의 얘기는 하지 않을 겁니다. 무차별적인 앎 undifferentiated awareness 을 얻는 수련을 하거나 관찰자와 관찰대상이 하나가 되는 수련을 하라는 식의 엉터리 잠꼬대 같은 얘기를 해서 그 사람들을 혹하게 하지도 않을 거구요.

그럼 선생님을 따르는 사람들이 따분하고 성마른 사람들이라도 괜찮으세요?

—— 나로서는 아무래도 상관없습니다. 설혹 당신이 백만장자로 여덟 명의 여자 친구와 놀아나는 사람이라 해도 나는 개의치 않습니다. 당신이 외톨이에 성질이 괴팍하고 땡전 한 푼 없고 암으로 죽어가는 사람이라 해도 상관하지 않습니다. 나는 뭐든 있는 그대로 다 좋습니다. 비참함, 가난, 죽음과 더불어 있어도 행복합니다. 많은 돈과 심리적인 만족감을 갖고 있어도 역시 행복합니다. 여러분이 내게 일어났던 것 같은 생물학적인 전환을 겪지 않는 이상 여러분이 안고 있는 진짜 문제들에 대한 해결책은 찾을 수 없을 겁니다. 내가 그런 전환을 겪었기 때문에 여러분이나 다른 그 누구보다 더 우월하다고 여겨서 이렇게 말하는 건 아닙니다. 그와는 정반대죠. 내가 우월하다거나 열등하다는 생각은 단 한 번도 한 적이 없습니다. 그런 생각이 전혀 떠오르지 않는 것이야말로 이 총체적인 변환의 한 특징입니다.

선생님의 가르침을 한마디로 요약한다면 무엇이라 할 수 있을까요?

—— "나는 당신을 도울 수 없습니다."

하지만 사람들은 여전히 선생님을 찾아옵니다. 스위스에서도, 인도에서도. 선생님은 어떤 식으로든 사람들을 돕는 게 분명합니다. 아니면 사람들이 그렇게 생각하고 있거나. 그렇지 않다면 찾아올 리가 없죠.

── 어떤 사람들은 호기심에서 찾아오기도 합니다. 하지만 나를 이해하겠다는 진지한 바람을 갖고서 찾아오는 사람들한테 내가 해줄 수 있는 말이라고는, 내게는 할 말이 아무것도 없다, 입니다. 나는 아무도 도와줄 수가 없습니다. 여러분에게는 도움이 필요 없습니다. 여러분은 도움을 받기는 고사하고 완전히 무력한 처지에 놓여 있어야 합니다. 그리고 만일 내 도움을 통해서 그런 무력한 처지에 놓일 수 있게 되기를 바란다면 또다시 엉뚱한 길에서 헤매게 될 겁니다.

선생님의 상태와 대부분 사람들의 존재 상태 간의 차이점을 말씀해주실 수 있을까요?

── 약간의 차이가 있다고 생각합니다. 기껏해야 털끝만큼만.

하지만 선생님의 몸은 생물학적인 변화를 겪었잖습니까.

── 그렇죠. 하지만 나는 은밀한 곳에 숨겨진 비밀 같은 건 갖고 있지 않습니다. 나는 내놓을 게 아무것도 없어요. 내가 제시해줄 수 있는 것이라고는 모든 탐구는 모든 철학적 논의와 마찬가지로 쓸데없는 짓이다, 문답하는 것이 불가능하다, 누구든 간에 질문해봤자 아무 소득도 없다고 확언해주는 것뿐입니다. 더 이상 의문이

일어나지 않는 존재 상태에 대한 이해야말로 내가 말하는 의미에서의 이해입니다.

그것은 곧 생각 없는 상태인가요?

—— 그것은 생각과 생명이 둘이 아니라 하나인 상태입니다. 그것은 지적인 상태가 아니라 느낌의 상태와 더 비슷한 상태입니다. 하지만 내가 말하는 '느낌 feeling'은 여러분이 사용하는 느낌이라는 말과는 의미가 다릅니다. 그것은 추구함이 없는 상태입니다. 사람들은 늘 무엇인가를 얻으려 합니다. 돈, 권력, 섹스, 사랑, 신비체험, 진리, 깨달음 등을. 그리고 사람들을 자신의 자연스러운 상태에서 벗어나게 하는 것은 바로 이런 추구입니다. 나는 비록 자연스러운 상태 속에 있기는 하나 그것은 내 자연스러운 상태지 다른 사람의 그것이 아니기 때문에 다른 사람들을 도와줄 수가 없습니다.

만일 제가 추구하는 짓을 그친다면 제 안에서 변화가 일어날 것이라는 말씀인가요?

—— 맞아요, 그렇게 될 겁니다. 하지만 "변화가 일어날 것"이라고 말해주면 뭐하겠어요? 그렇게 장담하는 게 여러분에게 무슨 소용이 있겠어요? 아무 짝에도 쓸모없죠. 그건 하나마나한 소리로 들릴 테니 여러분은 내 말을 듣지 않을 겁니다.

남의 말에 귀 기울이는 것이야말로 여러분이 이날 평생토록 해온 일입니다. 여러분의 불행은 거기서 비롯됐죠. 여러분 각자는 유일무이한 존재들입니다. 다른 사람처럼 되려고 할 이유는 전혀 없습니다. 여러분은 어떻게 해도 다른 사람이 될 수 없습니다. 남의 말을 듣고 싶어 하고 이해하고 싶어 하고 다른 누구처럼 되고 싶어 하는 식으로 바라는 것은 사회가 완벽한 인간을 만들어내는 데 관심이 있기 때문에 생겨났습니다.

하지만 완벽한 인간 같은 건 없으며, 그것이 바로 우리의 문제입니다. 우리가 할 수 있는 것이라고는 자기 자신이 되는 것뿐이며 누구도 여러분에게 그렇게 되도록 도와줄 수 없습니다. 여러분은 남에게서 스키 타는 법이나 자동차 고치는 법 같은 것들은 배울 수 있지만 정작 중요한 것들은 배울 수 없습니다.

붓다나 예수에게서도 배울 수 없나요?

── 어째서 그런 사람들에게 신경을 씁니까? 그 사람들은 죽은 사람들입니다. 그런 사람들은 강물에 던져버리세요. 하지만 여러분은 그렇게 하지 못하죠. 계속해서 남(그 사람이 누구든 아무 상관없습니다)의 말에 귀 기울이고, 남의 말을 자꾸 들음으로써 언젠가는 그 회전목마에서 벗어나게 되기를 바랍니다.

여러분은 부모님 말을, 학교 선생님 말을 귀담아듣습니다. 그 사람들은 여러분에게 착한 사람이 돼라, 성실한 사람이 돼라, 화내지 마라, 하고 얘기하는데 그런 말들은 도움이 되지 않습니다. 그래서 여러분은 요가를 배우러 갑니다. 그러다 이윽고 어떤 늙은이[14]가 와서 여러분에게 선택 없는 알아차림을 해보라고 합니다. 아니면 어떤 영적 지도자를 찾아갔는데 그 사람이 기적을 행할 수도 있습니다. 그 사람[15]은 아무것도 없는 허공에서 싸구려 장신구들을 끄집어내고, 여러분은 그런 마법에 꼴까닥 빠집니다. 아니면 그 사람이 여러분의 몸을 건드리자 눈앞에 푸른빛이나 초록빛이나 노란빛이 아른거릴 수도 있습니다. 여러분은 그런 걸 경험하고 그 사람이 깨달음을 체험하도록 도와줄 수 있으리라 기대합니다.

하지만 그 사람은 여러분을 도와줄 수 없습니다. 그것it은 붙잡을 수 있고, 담아둘 수 있고, 드러낼 수 있는 게 아닙니다. 여러분이 그런 상태의 절대적인 무력감을 이해할지, 누군가가 여러분을 도울 수 있다고 생각할 때 그 사람은 필연코 여러분을 잘못된 길로 인도하리라는 걸 이해할지 어떨지 잘 모르겠네요. 그 사람이 사기꾼적인 성향이 별로 없고 힘이 강하면 강할수록, 깨달음에 더 가까이 간 사람일수록, 여러분에게 고통과 해악을 안겨줄 가능성은 더욱더 높아집니다.

환생에 흥미가 있으세요?

—— 그보다 더 흥미로운 질문이 있습니다. "당신은 태어났나요Are

---

14 지두 크리슈나무르티.
15 사이 바바.

you born?" 이 질문에 답할 수 있습니까? 자기가 태어났다는 걸 확신할 수 있나요? 자신의 탄생을 경험할 수 있나요? 그럴 수 없죠. 당신은 남들의 탄생과 죽음은 경험할 수 있습니다. 그리고 언젠가는 자신의 죽음을 경험하리라고 생각합니다. 하지만 당신이 자신의 죽음을 경험하리라는 보장은 없습니다. 죽음의 자리에서는 자신의 탄생과 죽음을 이해하는 데 관심이 있는 당신의 사고구조는 존재하지 않을 겁니다. 그러므로 생명 자체에는 시작도 끝도 없습니다. 그것은 시작도 없고 끝도 없는 움직임이며, 당신은 단지 그것의 표현일 뿐입니다. 당신은 새나 벌레나 구름처럼 생명의 한 표현에 지나지 않습니다.

하지만 저는 자신을 의식하는데 반해서 벌레는 그렇지 못하니 그 점에서는 차이가 있잖습니까.

── 당신은 생각을 통해서 스스로를 의식합니다. 한데 내가 생각이라고 할 때 그것은 의식적인 사고뿐만이 아니라 당신을 관통하는 생명을 여러 가지 느낌으로, 즐거움과 고통으로 변형시키는 조절기능도 함께 가리킵니다. 이런 생각은 당신의 것이 아닙니다. 그것은 당신이 남들에게서 배운 것이고 간접적인 것이며, 모두의 것입니다. 당신은 모든 사람의 것입니다. 그런데 왜 자연스러운 것을 받아들이지 않나요? 만일 당신이 그 자연스러운 것을 받아들인다면 모든 것은 그 자체의 리듬을 타고 흐릅니다. 그럴 때는 할 일이 없고 조종하거나 통제할 게 없고 요청할 게 없습니다. 아무것도

할 필요가 없습니다. 당신은 할 일을 다 해 마쳤습니다.

하지만 언덕에 앉아서 하릴 없이 빈둥거릴 수만은 없지 않겠습니까.

── 어디에 있든 상관없이 계속 빈둥거리세요. 언덕 위에서만 그럴 게 아니라 여러 가지 활동을 하는 가운데서도 계속 빈둥거리세요. 한데 당신은 언젠가는 어떤 기적을 통해서나 누군가의 도움을 통해서 그것$_{it}$에 관해 뭔가를 할 수 있다는 생각에서 놓여나지 못합니다. 당신은 그것을 어떻게도 할 수 없으니 그것과 그냥 직면하세요. 기적이란 건 없습니다! 아무도 당신을 도와줄 수 없어요!

만일 아무도 도와줄 수 없다면…

── 여러분은 스스로를 돕는 법을 모릅니다. 그게 핵심이에요. 아무도 나를 도와줄 수 없다는 것과 스스로를 돕는 법을 모른다는 것은 서로 다른 것이 아닙니다. 만일 여러분이 정말로 외부의 누구도 자신을 도와줄 수 없는 순간에 이르면 여러분의 전면적인 무력감도 역시 자동적으로 사라집니다. 그것은 동전의 양면과도 같습니다.

여러분은 아직까지도 일말의 기대감을 갖고 있습니다. 여러분이 여기 있다는 사실은 아직도 희망을 버리지 않았다는 걸 뜻합니다. 그리고 여기로 오지 않았다면 아마 인도에 있는 다른 누군가를 찾아갔겠죠. 이 지상을 걸어 다니는 신의 화신 혹은 신 그 자신이라고 자처하는 이를. 아마 그 사람은 허공에서 장신구들을 끄집어내는 묘기를 부릴 테지만 그래봤자 그게 무슨 소용이 있습니까?

만일 여러분이 희망을 품고 있지 않다면 어떤 사람의 말에도 귀 기울이지 않을 것이고 어떤 책도 떠들어보려 하지 않을 겁니다. 오만해서가 아니라 어떤 형태의, 어떤 레벨의 외적인 존재도 완전히 자취를 감춰버리기 때문이죠.

"어떻게 해야 좋을지 모르겠어. 나는 무력해, 완전히 무력해." 자신이 완전히 무력하다고 생각하는 한 여러분은 외부의 힘에 의지하는 마음을 버리지 않을 겁니다. 그런 의존적 자세는 한 방에 끝장날 수 있습니다. 외부의 힘들에 대한 의존증이 대번에 끝장나고, 그와 더불어 자신이 무력하고 그것it을 어떻게 해야 좋을지 모르겠다는 생각도 역시 사라집니다. 하지만 여러분은 무슨 일인가가 일어나기를, 자신에게 어떤 은총 같은 것이 내려오기를 기다리고 있습니다. 여러분은 여전히 외부의 힘에 의지하고 있습니다.

다시 한 번 분명히 말하는데 여러분의 외부에는 어떤 힘도 없습니다. 그렇다고 해서 여러분이 책에서 읽은 그 대단한 신들이 지닌 특성들을 모조리 갖추고 있다는 뜻은 아닙니다. 하지만 여러분의 외부에는 어떤 힘도 없습니다. 이 우주에 어떤 힘이 있다고 한다면 그것은 바로 여러분 자신에게 있습니다.

선생님의 말씀이 맞다고 확신합니다.

── 이것은 확신의 문제가 아닙니다. 사실입니다. 그리고 당신은 그런 사실을 체험할 수 없습니다. 당신이 확신한다고 스스로에게

말하는 한 그 확신은 별로 대단한 게 아닙니다.

지금 여기서, 제 외부에 어떤 힘도 존재하지 않나요?

―― 그 힘은 당신이 체험할 수 없는 것이기에 당신은 그 힘이 저절로 드러나게 가만 내버려두질 않습니다. 그 힘을 체험하고 싶어 합니다. 그런데 그게 어떻게 가능하겠어요? 그 힘은 생생하게 살아 있는 것입니다. 그것은 생명의 고동이요 맥박입니다. 당신은 그 생명의 한 표현입니다. 당신이 어떻게 그것을 체험할 수 있겠어요? 당신의 체험을 가능케 해주는 사고구조는 죽은 것입니다. 생명은 살아 있는 것이고 사고구조는 죽은 것이기에 사고구조는 생명을 절대로 체험할 수 없습니다. 그 둘 사이에는 어떤 관계도 성립할 수 없습니다. 당신은 살아 있는 것이 아니라 죽은 것들만 체험할 수 있습니다. 생명은 저절로 드러나야만 합니다. 생명은 누구도 당신에게 가르쳐줄 수 없는 것입니다. 남한테서 그것을 얻을 필요가 없습니다. 이미 갖추고 있으니까요.

그렇습니다, 하지만 만일…

―― "그렇습니다, 하지만…"이란 말은 성립하지 않습니다. 당신은 '그렇습니다yes'라고 말해놓고 '하지만but'으로 다음 문장을 시작할 수 없습니다. '하지만'이라는 말이 들어가지 말아야 합니다. 만일 '그렇습니다'가 진심에서 우러난 '그렇습니다'라면, 그 말은 내면의 그것을 해방시켜줍니다. '그렇습니다'는 희미해져서 무화無化

되며, 이미 존재하는 그것이 드러나기 시작합니다. 한데 만일 '하지만'이라고 말하면, 생각과 경험과 희망의 죽은 구조에 연속성을 부여해주는 꼴이 됩니다. '그렇습니다yes!'는 그런 구조 전체를 날려버립니다.

외부의 어떤 존재도 여러분을 도와줄 수 없습니다. 이 세상 그 누구도, 이 모든 것에 관해 너무나 많은 말을 하고 있는 이 인간도 도와줄 수 없습니다. 이 인간은 여러분을 도와줄 수는 없으나 최소한 정직하기는 합니다. 그렇게 해서 외부의 모든 존재는 숨통이 끊어졌습니다. 거기까지 도달하기가 그렇게 어렵습니다. "이제 내게서는 모든 외부의 힘이 종말을 고했다!"

그렇게 되고 나서는 누구한테도 찾아가지 않습니다. 제아무리 거룩하고 성스러운 사람이라도 그 사람을 찾아가서 그 사람 말에 귀 기울이지 않습니다. 그 사람은 신들 중의 신일 수도 있습니다. 그 사람은 "나는 전 인류를 해방시키러 왔다"고 할 수도 있습니다. 하지만 당신은 그곳에 가지 않습니다. 무슨 말인지 아시겠어요? 그저 호기심 때문에 찾아간다면 그건 문제가 다릅니다. 당신은 외부 사람, 어떤 소스로부터도 구하거나 찾지 않습니다.

당신은 자기 자신한테로 돌아오며, 참으로 모르는 상태가 됩니다. 당신은 알고 싶어 합니다. 그래서 거듭거듭 묻습니다. 그 물음에 단단히 붙잡힙니다. "어떻게 하면 내가 이것this thing 을 이해할 수가 있을까?"

외부로부터 어떤 답도 구하지 않고 안에서 어떤 답도 나오지 않을 때는 그 물음이 어떻게 될까요? 그 물음은 그대로 머물러 있을 수 없습니다. 그것은 저절로 용해됩니다. 그것은 도망칠 수가 없기 때문에 생각의 이온화가 일어나며, 그것이 바로 에너지, 곧 생명입니다.

선생님은 지두 크리슈나무르티와 7년을 함께 보냈다고 들었습니다. 그런데 선생님이 현재 상태가 되는 데 그 분이 아무 영향도 미치지 않았다는 말씀인가요? 선생님에게 그 세월은 완전히 쓸모없었나요?

── 완전히. 간혹 나를 찾아온 사람들 중에 그런 질문을 하는 사람들이 있습니다. 그러면 나는, "크리슈나무르티와 함께 있었는데도 불구하고 이런 일이 일어났죠"라고 대답합니다. 만일 이런 일이 필연적으로 일어날 일이라면 나나 내 스승들에도 불구하고 일어날 수밖에 없습니다. 그 사람한테서 영향 받은 일은 전혀 없었습니다. 영향을 받기는 고사하고 이런 상태에 들기가 아주 힘들어졌습니다. 분명히 말하지만, 그런 경우는 과거의 짐을 벗어던지고 자기 자신이 되지 못하게 방해하거나 그럴 가능성을 망쳐버립니다.

어떻게 과거의 짐을 벗어던질 수 있겠어요? '짐을 벗는다'는 말에는 당신이 해방되기 위해 뭔가 할 수 있는 일이 있다는 뜻이 함축되어 있습니다. 과거로부터 해방되기 위해 할 수 있는 일은 아무것도 없습니다. '짐을 벗는다'는 말은 그저 과거가 더 이상 작동하지 않는 그 상태에 관한 설명에 불과합니다.

그런 상태에 들었을 때 과거는 당신의 행위에 영향을 미칠 수가 없습니다. 그 행위는 더 이상 당신의 행위가 아닙니다. 당신은 그 행위에 관해서 아무것도 모릅니다. 그것은 생명 그 자체의 활동이라 당신이 조종하거나 조작할 수 있는 것이 전혀 아닙니다.

그와 동시에 나는 그것이 신비주의적인 것이거나 종교적인 것이 아니고 순수하고 자연발생적인 행위도 아니라는 점을 지적하고 싶습니다. 그런 것들과는 무관합니다. 감각 활동이 작동하고 있는 한 무슨 일인가가 일어난다는 의미에서 생명은 늘 작용하고 있습니다. 한 가지 감각이 아니라 수백 수천만의 감각이 인간 유기체에게 영향을 주고 있습니다. 인간 유기체는 그런 감각들과 분리되어 있지 않습니다. 그것은 하나의 전자기장입니다. 그것은 하나의 장이지만, 당신을 따로 분리시켜 홀로 동떨어지게 해서 작은 전자기장을 만들어내는 것은 바로 생각입니다.

생각을 알아차리는 것을 통해서 생각의 제약에서 벗어날 수 있나요?

―― 생각을 어떻게 관찰한단 말입니까? 그런 훈련을 정말로 해보긴 한 겁니까, 아니면 그런 발상을 그냥 받아들이기만 한 겁니까? 여러 조건의 제약을 받는 생각을 주시하는 사람도 역시 제약 받는 존재니, 그런 짓을 하는 어리석음과 모순됨을 모르겠어요? 나는 그런 짓을 한다고 해서 생각의 제약에서 벗어날 수 있다고는 보지 않습니다. 당신은 아무것도 할 수 없어요. 생각의 제약에서 자신을 해방시킨다는 그런 식의 여행길에 따라 나서지 마

세요.

하지만 당신은 여전히 해보려고 애쓰고 있죠. 당신은 그런 발상들을 받아들입니다. 누가 그런 얘기를 하던 간에 그런 얘기는 죄다 거짓말입니다. 그뿐만이 아니죠. 당신이 그런 발상의 타당성을 직접 검증해보지 않기 때문에 그런 얘기는 당신을 쉽사리 혹하게 만듭니다.

당신은 생각의 제약에서 결코 자유로워질 수 없을 겁니다. 누구의 말도 믿지 마세요. 제약받지 않는 마음 같은 것은 없습니다. 마음은 여러 조건의 제약을 받습니다. 만일 마음이라는 것이 존재한다면, 그것은 필연코 제약을 받을 수밖에 없습니다. 열린 마음 같은 것은 없습니다. 신지학회에서 우리는 "열린 마음open mind"이라는 말을 복창하곤 했습니다. 그 말은 얼마나 웃기는 말인지! 마음은 결코 열릴 수 없습니다. 그것은 닫혀 있어요. 나는 열린 마음이나 제약받지 않는 마음은 둘째 치고 마음 같은 것이 존재한다는 말도 받아들이지 않습니다. 생각과 경험의 전체성이라는 것도 존재하지 않습니다. 생각들과 경험들은 따로따로 떨어져 있습니다.

당신은 생각 없는 상태, 즉 고요함 혹은 적정을 어떻게 체험할 수 있나요? 그게 내 의문입니다. 그 생각 없는 상태를 대체 어떻게 체험할 수 있단 말입니까? 당신은 생각으로부터 결코 자유로워지지 못할 겁니다. 생각 없는 상태 같은 것이 존재한다고 할 때 그것은 당신이나 그 누구도 결코 체험할 수 없습니다. 어떤 것을 체험하든 간에 그것은 죄다 생각이 빚어낸 것입니다.

우리는 '시간과 영원'이라는 글을 쓰곤 하는데 이건 참 웃기는 얘기죠. 무시간 혹은 영원함이라는 개념을 만들어내고 그것을 추구하게 만드는 놈이 바로 시간입니다. 시간은 이런 식의 추구를 통해서 지속됩니다. 시간의 유일한 관심사는 연속성입니다.

추상개념들은 사람을 아주 헷갈리게 합니다. 여러분이 '청정무구함innocence'이라는 말이나 그 밖의 이런저런 추상적인 용어들로 이야기를 시작한다면, 반드시 헤매게 되어 있습니다. 추상개념은 사람들을 오도할 가능성이 아주 큽니다. 여러분은 곧잘 청정무구함에 관해서 이야기합니다. 그런데 여러분은 청정무구함에 관해서 뭘 알고 있나요? 그런 상태에서는 자기가 보고 있는 게 뭔지도 모릅니다. 자기 아내를 보면서도 누군지 모릅니다. 그런 상태에서 관계라는 게 존재할 수 있나요? 아내라는 게 존재할 수 있나요? 자식들이 존재할 수 있나요?

여러분은 청정무구함에 관해서 이야기할 수 있습니다만 마음이라는 게 없다면 어째서 청정한 마음에 관해 사설을 늘어놓습니까? 마음이 어디 있습니까? 조건의 제약을 받지 않는 마음은 어디 있습니까? 이런 말들은 사람을 아주 헷갈리게 만듭니다. 그런 말들은 전혀 도움이 되지 않을 겁니다.

내 관점에서는 마음이라는 것이 존재하지 않습니다. 마음은 신화입니다. 마음이라는 것이 존재하지 않으므로 크리슈나무르티가 이야기하는 '마음의 전환'은 아무 뜻 없는 말입니다. 근본적으로 전환하든 다른 어떤 식으로 전환하든 간에 전환될 게 도무지 없습니다. 깨달을 자아가 없습니다. 깨닫거나 자각할 것이 없기 때문에 이런 토대 위에 건설된 종교적 구조 전체가 붕괴되고 맙니다.

내가 보기에 크리슈나무르티는 오늘날 우리가 세계 도처의 시장에서 만나는 모든 추악한 성자들과 똑같은 게임을 벌이고 있습니다. 크리슈나무르티의 가르침은 말도 안 되는 헛소리입니다. 그의 가르침은 속이 텅 빈 허당입니다. 그 사람은 어떤 일도 일어나게 하지 못합니다. 어떤 사람이 60년, 70년, 혹은 100년 동안 그의 말에 귀 기울인다 해도 그 사람에게는 끝내 아무 일도 일어나지 않을 겁니다. 크리슈나무르티의 모든 말이 다 가짜고 사기니까요. 만일 성공한 영적 스승을 평가하는 잣대가 추종자들의 숫자라고 한다면, 크리슈나무르티는 난쟁이급에 해당할 겁니다. 그 사람은 말주변만 좋은 사람입니다. 그 사람은 새로운 올가미를 고안해 냈습니다.

사람들이 담배를 피우고 싶어 하기 때문에 자기네 상표의 담배를 팔러 다니는 행상인들이 어디에나 있습니다. 그 사람들은 저마다 자기가 파는 담배의 질이 최고라고 주장합니다. 크리슈나무르티도 여기저기 돌아다니면서 자기가 파는 담배는 니코틴이 없다고 주장합니다. 그러므로 문제는 구루들에게 있는 게 아니라 여러분에게 있습니다. 만일 여러분이 담배를 피우고 싶어 하지 않는다면 모든 담배가 싹 다 사라지고 말 겁니다.

구루들은 세상에서 둘도 없는 최악의 이기주의자들입니다. 모든 구루들은 추종자들에게 하찮은 경험을 제공해주는 싸구려 복지단체나 다름없는 이들입니다. 구루 놀이는 꽤 짭짤한 수익이 생기는 장사입니다. 다른 방법으로 일 년에 2백만 달러를 벌어보려고 해 보세요, 잘 되는가. 자기 재산을 전혀 갖고 있지 않다고 주장하는 크리슈나무르티조차도 8천만 달러를 보유한 제국의 총수랍니다.

선택 없는 알아차림 choiceless awareness 은 잠꼬대 같은 소리입니다. 선택하지 않고 알아차리는 자가 대체 누구란 말입니까? 여러분은 그걸 직접 검증해봐야 합니다. 그 빅토리아조의 신사는 자기 주위에 20년 된, 30년 된, 혹은 40년 된 죽은 나뭇가지 같은 영적인 단체들을 그러모았습니다. 그런 게 다 무슨 소용이 있습니까?

나는 그 사람하고 여러 해를 함께 지냈는데, 분명히 얘기하지만 그 사람은 위대한 배우입니다. "여러분, 우리 함께 여행해 봐요." (웃음) 하지만 여러분은 결코 그 사람하고 여행을 할 수 없습니다. 그건 늘 벌어지는 일입니다. 여러분이 그 사람과 더불어 체험하는 것은 생각이 명료해지는 현상입니다. 그리고 여러분의 '내'가 바로 그 생각이죠. 그 사람은 공상적 사회개량주의자입니다. 그 사람은 그런 짓을 오래 전에 그만뒀어야 했습니다.

여러분은 내 말을 받아들여야 합니다. 나는 내가 여러분하고 다르다는 생각은 단 한 번도 한 적이 없습니다. 그렇기 때문에 여러분이 여기 앉아서 여러 가지 질문을 할 때마다 나는 스스로에게 반문합니다. '왜 저 사람들은 내게 이런 질문을 하지?' 그런 질문들에는 답이 없습니다. 이 세상의 누구도 그런 질문들에 답해줄 수 없습니다. 누가 어떤 답을 해주든 간에 그것은 여러분을 오도합니다. 여러분은 잘못 지도받고 잘못 인도되어 40년이나 50년 세월을 헛되이 보내고 말 겁니다.

나는 위대한 스승을 따랐던 많은 사람들을 알고 있습니다. 그 중의 상당수는 오륙십년 동안 크리슈나무르티 곁에 있었던 사람들인데, 그 사람들이 내게 찾아와서 묻곤 합니다. "제가 그 분의 말씀을 들으면서 40년을 허송한 건가요?"

내가 그 질문에 뭐라고 대답해주는 게 좋을까요? 그 대답은 본인들 자신이 해야 할 겁니다. 나는 굳이 대답해줄 필요가 없습니다. 당신들은 50년을 허송세월한 뒤 다시 50년을 헛되이 보낼 겁니다. 당신들은 여기로 올 수 있습니다만, 여기서는 아무 일도 일어나지 않을 거고, 아무 향상 발전도 없을 겁니다. 당신들은 나한테서 아무것도 얻지 못할 겁니다. 내가 안전한 사람인 건 바로 그 때문이죠. 나는 나 자신의 삶을 삽니다. 누군가가 찾아오면 나는 이렇게 말합니다. "내가 뭘 해드리면 좋을까요? 내가 할 수 있는 건 별로 없습니다. 감사합니다, 안녕히 가세요."

다음 대화에 참여한 이들은 지두 크리슈나무르티가 UG의 스위스 집 근처에서 매해 여름마다 열곤 하는 수행캠프에 참여한 동안 UG의 집을 찾아온 이들이다.

우리는 슬픔이 뭔지 알고 싶습니다.

── 여러분이 원하는 것을 얻지 못하는 것이 슬픔이죠. 여러분이 원하는 것은 행복, 건강, 깨달음 등이지만 그게 뭔지는 중요하지 않습니다. 여러분도 알다시피 그것은 늘 변합니다. 그러니 그저 원하는 것을 얻지 못하는 것이 슬픔이라 할 수 있죠.

그 때문에 신경증적인 상태가 되는 걸까요?

── 마음(마음이라는 게 있다면)의 본질은 신경증적입니다. 마음은 동시에 두 가지를 원하기 때문이죠. 따라서 모든 사람은 노이로제 환자입니다. 두 가지를 원하는 한 여러분은 노이로제 상태 속에 있습니다. 그리고 여러분이 그 두 가지를 얻을 수 없을 때는 정신병자가 되어 난폭해집니다. 꼭 어디 가서 누군가를 때린다는 건 아니지만, 아무튼 여러분의 내면에는 폭력성이 잠재해 있기 때문에 스스로를 파괴할 겁니다.

여러분이 불행해지는 것은 존재하지 않는 것을 찾아다니기 때문입니다. 행복이란 건 존재하지 않습니다. 그와 마찬가지로 깨달음 같은 것도 역시 없습니다. 여러분은 지난 수천 년에 걸쳐서 많은 스승과 성자와 구원자들이 나타나 깨달음이란 게 있으며 자기네가 바로 깨달은 사람이라고 주장했다고 말할 수도 있습니다. 하지만 그런 자들은 한 몫에 몰아서 강물에 집어던져버리세요! 나로서는 아무래도 상관없습니다. 깨달음은 없다는 것을 깨닫는 것이 바로 깨달음이랍니다. (웃음)

생각은 멈추지 않습니다. 생각과 생명이 서로 다른 게 아니기 때문에 생각은 늘 일어나게 마련입니다. 장차 생각에서 해방될 거라는 상상은 하지 마세요. 생각이 일어나건 말건 간에 여러분 자신을 절대로 생각과 동일시하지 마세요. 여러분의 내면에는 자기 자신과 생각의 움직임을 동일시할 주체가 없습니다. 생각은 상황에 따라 일어날 수도 있고 일어나지 않을 수도 있습니다. 한데 생명과 생각이 둘이 아니기 때문에 생각은 늘 일어날 겁니다. 생각은 어떻게도 할 수 없습니다. 생각이라는 도구가 무엇인가를 이해하는 데 쓸 수 있는 것이 아니라는 것을 알게 될 때, 생각은 저절로 느려져서 자연스러운 리듬에 따라 흐르게 됩니다. 그렇게 될 때 생각은 여러분에게 문젯거리나 부담이 되지 않습니다.

여러분은 생각이라는 도구를 통해서 누군가의 가르침을 이해하려 애씁니다만, 그렇게 하려는 것이야말로 생각의 소산입니다. 누군가의 말에 귀 기울이는 동안 여러분은 자신이 잘못된 도구를 사용하고 있다는 사실을 깨닫지 못합니다. 그 도구를 통해서는 누군가가 말하는 내용을 이해할 수 없습니다. 여러분이 맨 먼저 이해해야 할 것이 바로 그런 점입니다.

여러분이 무엇을 하든 그것은 여러분이 얻고자 하는 것을 얻는 데 방해가 됩니다. 여기서 여러분이 뭘 얻고 싶어 하는지는 중요하지 않습니다. 여러분이 하는 모든 일은 생각에 연료를 덧보태주고 운동량과 타성을 더해주는 결과를 빚어냅니다. 그러니 어떻게 해야 생각의 흐름이 느려지거나 멈추게 될까요? 그리고 언제쯤 그렇게 하는 게 좋을까요? 내일이나 모레? 여러분은 흔히, '내일은 이해하게 될 거야'라고 생각합니다. 한데 내일은 없습니다. 그런 일은 내일이 되어도 일어나지 않을 겁니다. 지금이 아니면 절대로 일어나지 않습니다.

그러므로 여러분은 "자신이 이해하고 싶어 하는 것을 이해하지 못하도록 가로막는 것이 무엇인지 알아보기로 결심합니다." 여러분이 이해하고 싶어 하는 것을 이해하지 못하도록 가로막는 것은 바로 여러분이 사물과 현상을 이해하는 데 사용하는 그 도구입니다. 이것은 내 가르침이거나 어느 누구의 가르침도 아닙니다. 이것은 단지 움직일 수 없는 사실입니다. 여러분은 이해하는 데 적합한 도구가 아닌 것을 통해서 무엇인가를 이해하려고 애쓰고 있습니다.

따라서 이제 여러분을 계속 애쓰게 만드는 유일한 것은 희망입니다. '내일 저 인간과 이 문제를 의논해보면 아마 이해할 수 있을 거야.' 하지만 그것은 해결책이 아닙니다. 이해하지 못한다면, 그것으로 끝입니다. '나는 모르겠어. 이 문제를 풀 어떤 방법도 없는 것 같아.' 사람들이 흔히 이런 상황의 예로 드는 것이 개가 제 꼬리를 물려고 뱅뱅 도는 것입니다. 그런 상황은 거듭되며, 그러는 동안 여러분은 자신이 어딘가로 가고 있다는 느낌을 받습니다.

이것은 불행한 상황입니다. 여러분은 어디로도 가고 있지 않습니다. 그것은 전혀 길이 아닙니다. 그럼 길이란 건 무엇일까요? 길은 없습니다. 내가 무슨 말을 하면 여러분은 그것을 재빨리 길로 바꿔버려 결국은 생각에 운동량을 더해주기만 합니다. 그런 것은 길이 아닙니다.

진정한 길은 자기 자신의 길이어야 합니다. 그러므로 모든 길을 다 버려야 합니다. 다른 누군가의 길을 따라가는 한 그 길은 생각의 소산이며, 따라서 사실은 새 길이 아닙니다. 그것은 전에 늘 다니던 옛 길입니다. 전에 하던 게임을 새로운 방식으로 하는 것뿐입니다. 그것은 새로운 게임이 아니라 예전에 늘 해왔던 낡은 게임입니다. 하지만 여러분은 새로운 게임을 하고 있다고 생각하죠. 자신이 하고 있는 짓의 어리석음을 알아차릴 때 여러분은, "내가 지난 삼십년, 사십년, 오십년 동안 대체 뭘 해왔던 거지!"라고 개탄하게 될 겁니다.

내가 저 산을 보는 데 20년이 필요할까요? 그렇지 않죠. 그것을 어떻게 보는지는 나도 모릅니다. 여러분이 산이라고 하는 것 앞에 설 때 어떤 일이 일어나는지 여러분은 모릅니다. (나는 지금 그 상태를, 실제로 어떤 일이 일어나는지를 설명하고 있습니다. 내가 이야기하고 있는 작용이 바로 그것입니다.) 그 산은 여러분에게 작용합니다. 산이 여러분에게 작용할 때 어떤 일이 일어나는지, 여러분의 내부에서 그 작용이 어떻게 일어나는지를 여러분은 결코 이해하지 못할 겁니다. 여러분이 내가 말하는 것을 이해하려면 그 과정을 직접 거쳐봐야 합니다. 여러분이 그 과정을 거쳤다면 지금 여기에 있지 않을 것이고, 이런 식의 질문도 하지 않을 겁니다.

지금 그것을 보세요. 그렇지 않으면 결코 보지 못할 겁니다. 희망은 여러분으로 하여금 계속 애쓰게 만듭니다. '아마 다음번에는 이해할 수 있을 거야.' 여러분은 자신이 보고 있는 것에 눈의 초점을 맞추려 애쓰고 있습니다. 그리고 무엇인가를 어제 봤던 것보다 더 선명하게, 또렷하게 봅니다. 여러분이 완전한 주의집중의 자세로 좀 더 조심스럽게 보면 자신이 보고 있는 것이 더 선명해집니다.

한데 여러분이 그런 식으로 부리는 온갖 묘기, 온갖 노력은 속임수에 불과합니다. 여러분이 하고 있는 것은 생각을 선명하게 하는 일에 지나지 않으니까요. 여러분은 어떤 것도 보고 있지 않습니다. 그런 식으로 해서는 어떤 것도 볼 수 없습니다. 보는 데는 시간이 걸리지 않는 법인데. 따라서 여러분은 어떻게 하면 좋을까 하고 궁리합니다. 누군가가 "꽃을 보라"고 해서 여러분은 꽃의 모든 윤곽과 이파리, 색깔 등을 봅니다. 그런데 그게 제대로 보는 방식이 아니라면 어떻게 봐야 할까요? 언제 꽃을 제대로 보게 될까요?

여러분은 우선, '나는 저 꽃을 저 인간이 설명하는 식으로는 볼 수 없어. 사실, 나는 그 방법을 몰라. 사실, 나는 내가 보고 있는 방식 이상의 다른 방식으로는 그것을 볼 수 없는 것 같아.'라고 인정하는 지점에 이르러야 합니다. 그것은 남이 일러준 것들이 사라져야 한다는 걸 뜻합니다. 남이 여러분에게 그 꽃을 보는 법에 관해 말해준 모든 것이 다 사라져야 합니다.

그때 비로소 여러분은 자신이 그 꽃을 보는 방식에 관해 다룰 수 있습니다. 그런 뒤에는 그 문제에 완전히 사로잡힙니다. 여러분은 그 문제를 어떻게 해야 좋을지 전혀 알지 못합니다. 여러분은 어떤 것도 할 수 없어, "이건 불가능한 일이야!"라고 개탄하는 지점에 이르러야 합니다. 여러분은 자신이 되고 싶은 것을 다루기에 앞서 그 문제를 먼저 다뤄야 합니다.

'지각知覺하는 자가 없는 지각'. 그것은 개념이며, 따라서 여러분이 할 수 있는 것은 그것에 관해서 생각해보는 것뿐입니다. '지각하는 자가 없는 지각'이란 무슨 뜻일까요? 보는 자가 없는 봄은? 나는 이런 표현들을 사용하지 않습니다. 나는 감각들을 해석하는 자가 없다고 말합니다. 감각들은 순수하고 단순한 감각들로 남아 있습니다. 그것이 감각이라는 앎조차도 없습니다. 봄, 맛봄, 감촉함, 냄새 맡음, 들음은 모두가 감각입니다. 이 다섯 가지 감각은 작용하고 있습니다. 이 감각들이 해석하는 과정 없이 감각들로 그대로 남아 있을 때 어떤 일이 일어날지 여러분은 결코 알지 못할 겁니다.

여러분은 이 감각들을 일일이 해석하고 설명하고 있습니다. 그러니 해석하는 짓을 그치려면 어떻게 해야 할까요? 한데 만일 여러분이, "해석하는 짓을 그치려면 어떻게 해야 할까요?"라고 물으면 길을 잃고 말 겁니다. 아마 그칠 방법이 없을 겁니다. 만일 누군가가 그쳤다고 말한다면, 지옥으로나 꺼지라고 하세요. 그 자는 맛이 간 자이거나 미치광이, 혹은 환각제에 취해서 원숭이처럼 남의 말이나 흉내 내는 자일 겁니다. 내가 보기에는 참답지 않은 얘기를 하고 있는 겁니다.

여러분은 용기를 갖고 있지 못합니다. 자신의 실상을 받아들이고 싶어 하지 않아요. 내가 이야기하는 내용은 여러분이 현재 기능하고 있는 방식과는 전혀 무관합니다. 여러분은 내일부터는 내가 보는 방식대로 사물을 보고 싶다고 생각하겠죠. 어쩌면 나는 나 자신을 속이고 있는지도 모르겠습니다.

그러니 "이것이 내가 사물을 보는 방식이다. 이것은 내가 알고 있는 유일한 방식인 것 같다. 그 인간이 어떤 식으로 지각하는지 나는 모른다"라는 식으로 과감하게 나오고, 이 인간은 그냥 내버려두세요. 이 인간이나 다른 누군가를 비난하는 것은 쓸데없는 짓입니다. 자기 자신을 나무라는 짓도 마찬가지입니다. 자기 자신을 나무라서 좋을 게 뭐 있겠어요?

한데 여러분은 현재 그렇게 하고 있습니다. 그러니 당연히 그런 짓을 그쳐야죠. 아니 그칠 게 아니라 작용하는 속도를 늦춰야 합니다. 여러분은 모든 것을 어떻게 해야 좋을지 모르는 지점에 이르러야 합니다. '나는 아무것도 할 수 없어. 이것이 내가 알고 있는 유일한 방식이야. 다른 어떤 방식도 알지 못해. 그 인간이 말하는 내용은 도무지 이해가 가질 않아.'라고 하는 지점에.

다른 사람이 "이렇게 한 번 해봐"라고 하면 그렇게 한번 해봅니다. 하지만 어디에도 이르지 못한 것 같은 기분입니다. 따라서 그저 희망에만 매달립니다. "어쩌면 내일쯤에는 그 인간이 바라는 대로 하는 데 성공할지도 몰라." 하지만 여러분은 이해하려고 노력하는 일에 남은 평생을 보내게 될 겁니다. 그런데 여러분이 그 모든 것이 하릴없는 짓이라는 것을 알아차린다면 하던 짓들을 그 칠지도 모릅니다. 아니, 사실은 뚝 그치는 것이 아니라 느려지게 되겠죠.

나는 다양한 비유들을 사용할 수 있습니다. 예컨대 꽃의 비유 같은 것들을. 이 인간 의식은 말로 자신을 표현하고자 하는 본성을 갖고 있습니다. 말은 곧 그것의 향기입니다. 뭘 하거나 하지 않아서가 아니라 그저 우연히 이런 상태에 들어선 극소수 사람들이 있어서 이야기를 합니다. 그 사람들의 이야기는 각자가 살아온 배경이 본인들에게 영향을 미쳤기에 서로 다를 수밖에 없습니다.

여러분은 자리에 둘러 앉아 이 사람 말과 저 사람 말을 비교해 보고, 이 사람은 다른 이들과 비슷한 소리를 하는데 저 사람은 그렇지 않다는 식으로 얘기합니다. 그런데 여러분은 그 사람[16]이 무슨 말을 하고 있는지 어떻게 안다는 겁니까? 나는 이걸 묻고 싶습니다.

무엇보다 우선, 여러분은 그 사람이 무슨 얘기를 하는지 모르고 있습니다. 만일 여러분이 알았다면 해마다 이곳으로 그 사람을 찾아오지 않았을 겁니다. 그 사람은 자기가 삶의 기쁨을 위해서 말한다고 얘기합니다. 한데 나는 모르겠어요. 여러분은 그 사람한테 그 점을 물어봐야 할 겁니다. 그 사람은 여러분이 어디에도 이르지 못했다는 걸 알고 있어요. 그리고 (아주 솔직하게 말해서) 여러분

---

16 지두 크리슈나무르티.

이 어떻게 해도 자신이 원하는 것을 이루지 못하리라는 것도 알고 있습니다. (웃음)

  그것은 엄연한 사실입니다. 여러분은 어떻게 해도 그것을 이루지 못할 텐데, 그것은 이룰 것도 도달할 곳도 없기 때문입니다. 이것이 바로 나를 찾아와서 내 말에 귀 기울이려 애쓰는 여러분 같은 이들에게 내가 전하려고 하는 내용입니다. 뭔가를 얻거나 성취하고 싶어 하는 한, 깨달은 사람이 되고 싶어 하는 한, 여러분은 깨달은 사람이 되지 못할 겁니다. 깨달은 사람이 되고 싶어 벌이는 이 온갖 짓거리들을 그칠 때 우리는 그것을 일러 깨달음enlightenment이라고 합니다. 그래서 나는 깨달음이라는 말을 쓰고 싶지가 않습니다.

그렇다면 깨달음이라는 게 있겠네요!

── 굳이 그것을 그렇게 부르고 싶다면 그렇게 하세요. 나는 모릅니다. 나는 한 번도, '나는 깨달은 사람이요 자각을 이룬 사람'이라고 생각한 적이 없습니다. 그게 대체 무슨 뜻일까요? 나한테는 그것이 아무 의미도 없는 말입니다. 그러니 내게는 깨달음에 관한 얘기를 하거나 머리를 꼿꼿이 치켜들고 이리저리 돌아다니면서, "다 내게 와서 내 말을 들어라, 나는 깨달은 사람이다, 너희 모두를 해방시켜주겠다"라고 얘기하는 건 전혀 부질없는 짓입니다. 그런 건 성자 같은 사람들이 할 일이지 나하고는 아무 상관없습니다.

  여러분은 모두 호기심에서 이곳에 왔을 겁니다. 여러분은 깨달은 사람들과 같은 얘기를 하기도 하고 다르게 얘기하기도 하는, 성질 사납고 난폭하며 지두 크리슈나무르티를 맹렬히 비난하는 별난 사람이 있다는 얘기를 들었을 겁니다. 아마 호기심이 여러분을 이곳으로 인도했을 테지만 진짜 무슨 이유로 왔는지는 나도 모르죠. 호기심에서 왔다고 해도 괜찮습니다. 내가 짜릿한 흥분을 맛보기 위해 이렇게 하고 있다고 생각해도 괜찮습니다. 하지만 나는 흥분을 맛보기 위해 이러고 있는 게 아닙니다. 그래봤자 내가 얻을 게 뭐 있다고?

좋아요, 내가 즐거움을 맛보기 위해 이렇게 하고 있다고 잠시 가정해봅시다. 그렇다면 여러분은 내가 여러분을 이용하는데 왜 그걸 가만 내버려두는 거죠? 이곳을 떠나세요! 내게 이용당하지 마세요. 여기서 나가세요! 나는 그저 여러분을 여기서 모조리 내쫓고 싶어요.

나는 이러는 데서 어떤 즐거움도 맛보지 못합니다. 내일 여러분이 오지 않는다 해도 내게는 아무 상관없습니다. 하지만 여러분은 이런 말을 믿지 못하죠. 여러분이 알고 있는 것이라고는 오로지 즐거움뿐이니까. 지금 나는 즐거움이 나쁜 것이라고 얘기하는 게 아닙니다. 그러니 즐거움을 나쁘게 보지 마세요. 만일 여러분이 남자들이 창녀집에 가는 것과 꼭 같은 이유로 여기 왔다는 사실을 인정한다고 한다면, 그것은 여러분에게 엄청난 충격을 안겨주는 일이 될 겁니다.

그 둘 사이에는 아무 차이가 없습니다. 사람들이 매일 아침마다,

일요일에는 아홉시만 되면 그 텐트(자넨에서 지두 크리슈나무르티가 강연을 하는 장소)로 달려가는 것도 사실은 똑같은 이유에서입니다. (웃음) 여러분은 그렇게 하는 것을 본인들이 좋아하는 세련된 언어로 표현할 수도 있겠죠. 내가 점점 더 입성이 사나워진다고 말할지도 모르구요.

그 사람이 하는 모든 말은 잡소리에 불과합니다! 나는 그 텐트에서 그렇게 생각하고는 그냥 나와 버렸습니다. 나는 다시는 그 사람 말을 들으러 가지 않을뿐더러, 앞으로 이 세상 누구의 말도 듣지 않겠다고 결심했습니다. 그렇게 해서 그 사람을 찾아가는 일은 끝났습니다. '내가 뭣 때문에 여기 왔지? 내가 뭣 때문에 저 사람 말을 듣고 있는 거지?'

여러분은 아마 변화가 일어난 사람에 관한 얘기를 듣고 여기로 찾아왔을 겁니다. 여러분은 그 얘기를 듣고 혹해서 한숨도 잘 수가 없었을 겁니다. 한데 그런 생각이 바로 진짜 장애입니다. '섹스에 관한 생각에 사로잡히는 건 싫어. 자각, 신의 현전, 깨달음에 관한 생각에 사로잡히는 게 좋아.' 여러분은 후자가 훨씬 더 차원 높은 것이라고 생각할 테지만 사실은 둘 다 똑같습니다.

한 가지를 확실히 해둬야겠습니다. 내가 하는 이런 말은 생각에서 나오는 게 아닙니다. 나는 지금 논리적으로 확인된 전제를 제시하고 있는 게 아닙니다. 이것은 어떤 생각도 없이, 어떤 사고구조도 거치지 않고 그저 자연스러운 근원에서 분출해 나오는 말입니다. 그러니 받아들여도 좋고 내버려도 좋습니다! 내버리는 편이 본인한테 훨씬 더 좋을 걸요.

이것은 지두 크리슈나무르티가 구사하는 것과 같은 '부정적인 접근법'이군요.
── 문제는 여러분이 부정적인 접근법이라고 부르는 것이 긍정적인 접근법이라는 점입니다. 여러분은 말로만 부정적인 접근법이라고 하지 사실은 그 모든 것을 긍정적인 접근법으로 바꿔버렸습니다. 만일 그것이 부정적인 접근법이라면, 중간 어딘가에서 스스로를 부정해야 합니다. 부정적인 접근법을 사용하려면 그렇게 하는 일이 꼭 필요합니다. 하지만 불행하게도 여러분은 그 모든 것을 긍정적인 접근법으로 바꿔버렸습니다.

지두 크리슈나무르티가 그렇게 한 것이 아닙니다. 이 사고구조는 긍정적 사고의 소산이기 때문에 그 구조는 건드리는 것마다 모조리 긍정적인 것으로 바꿔버립니다. 따라서 여러분이 무슨 말을 듣든 간에 그것들은 모조리 방법으로, 시스템으로 변합니다. 여러분은 그런 방법이나 시스템을 통해서 무엇인가를 얻고 싶어 합니다.

예컨대 누군가가 마음이라는 게 있으며 자기 마음을 제약에서 벗어나게 해야 한다는 말을 했다 칩시다. 그렇다면 자기 마음을 제약에서 벗어나게 하려면 어떻게 해야 할까요? 여러분은 이 뜻 모를 말을 통해서 괜히 자기 마음을 구속하려 들 겁니다. 여러분은 그런 사실만 알면 됩니다. 그 사람을 나무라진 마세요.

나는 죽을 때까지 지금 하는 것 같은 노래를 부를 겁니다. 누가 듣거나 말거나 나한테는 아무 상관없습니다. 죽고 나면 이 자를 가만 내버려둬 주세요. 이 인간하고 어떤 관계도 엮지 마세요. 자기가 얻고 싶어 하는 것을 얻기 위해, 모종의 목적지에 도착하기 위해 이 인간을 이용하는 순간 여러분은 스스로를 속여서 과거와 똑같은 게임에 빠져들게 할 겁니다. 여러분은 이런 점을 알아야 합니다. 알면 끝납니다. 완결이죠.

하지만 여러분은 한 가지를 깨닫지 못하고 있습니다. 자신이 거듭거듭 그 텐트로 찾아간다는 사실을. 그래봤자 자신의 생각만 명료하게 만드는 것뿐인데. 그리고 여러분은 이른바 그 명료화를 통해서 생각의 연속성에 힘을 보태줘 왔습니다. 그런 게 바로 실제로 일어난 일입니다.

여러분은 희망에 의지해서 하던 짓을 계속 하려고 합니다. 그런 것은 습관이 되고 판에 박힌 일상이 됩니다. 교회에 가는 대신에 그 텐트에 갑니다. 그저 그런 짓만 반복합니다. 만일 자신이 하는 짓이 얼마나 어리석은 짓인지를 알아차린다면, '도대체 내가 뭘 하고 있는 거지? 나는 저 사람하고 아주 다른 사람인데 뭐 하러 저 사람의 말을 듣고 있는 거지?'라는 통찰이 일어날 가능성이 있을 겁니다.

선생님은 영적인 강연에 반대하시는 것 같습니다.

── 어제 어느 한 책에 수록된 비유를 내 친구들에게 이야기해줬습니다. 영적인 강연을 들으러 가는 사람들, 영적인 성격을 지닌

책을 읽는 사람들, 뭔가를 얻기 위해 초월적인 데 관심을 갖는 사람들은 몸을 따뜻하게 하려고 붉은 황토 주위에 모여앉아 있는 원숭이들 같은 사람들이라는 비유를. 붉은 황토가 뭔지 알 겁니다. 색깔은 빨개도 온기는 전혀 없죠.

영적인 강연이나 영적인 책을 통해서 얻을 수 있는 건 아무것도 없습니다. 내 얘기를 열심히 듣는 이들에게 내가 줄곧 지적해온 것이 그겁니다. 성취할 것이 없고 도달할 곳이 없습니다. 그러니 이렇게 요란법석을 떨 이유가 어디 있겠어요? 여러분이 원하는 게 뭔가요? 찾아다니는 게 뭔가요? 내가 궁금해서 묻는 겁니다.

만일 여러분이 뭔가를 찾아다니고 뭔가를 원한다면, 맨 먼저 해야 할 일은 여러분이 붙잡거나 매달릴 수 있을 만한 모든 걸 내던져버리는 겁니다. 그 모든 것을 완전히 짓밟아버려야 합니다. 그렇지 않으면 자기 자신이 될 기회는 없습니다.

만일 여러분이 어떤 길을 따라가고 있다면, 그 길이 어떤 길이든 간에 여러분은 늘 헤매게 될 겁니다. 반드시 잘못된 길로 들어서게 될 겁니다. 만일 나한테서 들은 말을 갖고 뭔가를 만들어낸다면 여러분의 몸과 영혼은 길을 잃고 헤매게 될 겁니다. 그리고 만일 신이라는 것이 있다면 그는 순수한 자비심에서 반드시 여러분 모두를 구해줄 겁니다. 나한테서 여러분을 구해주겠죠.

여기서 다시 분명히 짚고 넘어가야 할 것이 있습니다. 나는 여러분을 해방시켜주기 위해 여기 있는 게 아닙니다. 내가 누구기에 여러분을 해방시켜줍니까? 여러분은 무엇으로부터 자신을 해방시키고 싶어 하나요? 여러분은 자신이 이미 갖고 있는 것을 달라고 요구하고 있습니다. 그러니 난 단지 여러분이 잘못된 길에 들어섰다는 점만을 지적해줄 뿐입니다. 그러면 또 여러분은 내게, "어떤 것이 옳은 길인가요?"라고 묻습니다.

여러분은 자신이 잘못된 길로 들어섰다는 사실을 받아들일 자세가 되어 있습니까? 그것은 여러분이 따라다니는 스승과 여러분이 그 사람과 관련해서 생각하고 있는 모든 것이 사라져야 한다는 것을 뜻합니다. 그것을 창밖으로 내던져버릴 준비가 되어 있나요? 여러분은 언젠가는 그것이 자신이 이르고 싶어 하는 곳으로 인도해줄 것이라는 기대와 희망을 품고 있습니다. 그런 기대와 희망이 문제입니다.

여러분의 스승은 사라져야 합니다. 그 스승이 누구든 상관없습니다. 자신이 읽고 있는 책에서도 필히 벗어나야 합니다. 여러분과 같은 입장에 있는 이들의 상당수는 이런 점을 지적해주면 상처를 받을 겁니다.

여러분이 서가에 즐겨 꽂아놓곤 하는 책이 있을 겁니다. 지두 크리슈나무르티가 쓴 《아는 것으로부터의 자유 Freedom from the Known》라는 책. 제목이 아주 근사하죠. 그래서 여러분은 그 책을 읽습니다. 한데 여러분이 자유로워지기 위해서 벗어나야 할 것이 바로 그 책입니다. 여러분은 그 책에서 읽은 것으로부터 자유로워져야 합니다. 만일 그 양반이 스스로를 자유롭게 하지 못했고, 그와 아울러 여러분을 그 책에서 읽은 내용으로부터 자유롭게 해주지 못했다면 그 양반은 실패한 겁니다.

여러분은 그 사람을 비난하기보다 자기 자신을 나무라고 싶어 하겠죠. 그것이 바로 오늘 여러분이 처한 불행한 상황입니다. 그것은 그 사람 탓이 아니라 여러분의 탓입니다. 그러니 그 사람은 가만 내버려두세요.

우리가 그런 식으로 찾아다니는 짓을 그칠 때 무엇을 얻게 되나요?

── 미리 보장을 받아두고 싶어 하네요. 길은 여러분이 어떤 목적지에 도달하려 하고 있다는 것을 뜻합니다. '길path'이라는 말은 신비한 말입니다. 여러분이 따르고 있는 길은 어떤 건가요? 예를 들자면, 누군가가 여러분에게, "이것이 길입니다. 여러분은 온갖 제약에서 자유로워져야 합니다. 그것이 바로 길입니다"라고 얘기하고 있습니다. 하지만 그 길은 항상 여러분을 잘못 인도하고 있습니다. 그 길은 여러분을 어디로도 데려다주지 못합니다. 여러분은 자기 자신에게서 벗어나고 있습니다. 여러분은 자기 자신이 되어야 합니다. 그런데 그 사람의 길은 여러분을 자기 자신이 아닌 다른 어떤 것으로 변화시키려고 하고 있습니다. 여러분은 어째서 자기 자신이 아닌 다른 어떤 사람이 되고 싶어 하는 건가요? 그런 마음만 없다면 어떤 사람의 말에도 귀 기울이고 싶어 하지 않을 텐데.

여러분은 모든 사람에 대한 느낌으로 가득 차 있는 사람이 되고 싶어 합니다. 예컨대 어떤 사람이 사랑에 관해 이야기 하고 있습니다. 그래서 여러분은 그 사랑의 정체가 뭐든 간에 아무튼 그 사랑으로 가득 차고 싶어 합니다. 여러분은 그 친구가 얘기하는 내용에 관해서나 다른 누군가가 이야기하는 내용에 관해서 아무것도 모릅니다. 그렇기 때문에 그저 그런 사랑으로 충만한 상태가 되기만을 바랍니다. 여러분은 예컨대 자신이 사랑이라고 생각하는 것의 백배쯤 되는 것을 상상하고 있습니다. 그 바람에 자기 자신이 되는 일은 더 어려워집니다. 미래에나 가능한 일이 될 뿐이고.

그것은 길이 아니군요. 그런데 우리는 그것으로 길을 만들고 있습니다.
── 만일 여러분이 어디로도 가고 싶어 하지 않는다면 굳이 길을 찾으려 들 필요가 어디 있겠어요?

옮긴이의 말

남의 노래를 부르지 말라

　'깨달음'이란 말은 우리 삶에 으레 따라오기 마련인 고통과 괴로움에 지치고, 스스로가 자진해서 만든 사슬에 묶인 많은 사람을 혹하게 하는 말입니다. 깨달음은 흔히 자각, 해탈, 해방, 대자유 등의 동의어로 쓰이며 경우에 따라서는 섹스의 쾌감을 훨씬 더 능가하는 깊은 엑스터시, 법열, 희열, 지복을 동반하는 것으로도 인식되고 있습니다.

　하지만 이미 오래 전부터 많은 이들 사이에서 명상이 유행처럼 번지고, 수행하는 이들이나 그 주변사람들이 쓴 책들이 곧잘 베스트셀러가 되는 상황에서도 깨달은 상태가 진실로 어떠한지 아는 이는 별로 없는 것 같습니다. 제가 과문해서 그런지는 몰라도 오랜 수행 전통을 가진 우리 사회에서 이른바 깨달았다고 하는 이들이 자신의 상태를 말로나 혹은 책으로나 속속들이, 적나라하게 드러내고 밝힌 경우가 제가 알기로 거의 없다시피 하기 때문입니다. (말로 전하기 어려운 일이기 때문이었을 수도 있습니다). 그 때문인지는 몰라도 '깨달음'이란 말은 암암리에 신비롭고 비전적인 것으로 치부되어 우리네 일상과는 아주 먼 이상한 이상향 혹은 도저히 다다를 수 없는 신기루 같은 것이 되고 말았습니다.

사정이 그러니 누가 깨달았다고 주장해도 정말로 그런지 어떤지 식별할 만한 안목을 가진 사람이 거의 없어 제가 아는 어떤 이는 정치판보다 더 많은 사기꾼이 판치는 곳이 도道판이라고 주장하기도 합니다. 제아무리 오래 수행하고 세상에 그 이름이 널리 알려진 이들이라 해도 그들이 정말로 해탈하고 대 자유를 얻었는지는 의문이 아닐 수 없습니다. 《그런 깨달음은 없다》는 바로 이런 의문을 가감 없이 밝혀주는 책입니다.

처음에 이 책의 번역의뢰를 받았을 때는 크리슈나무르티의 책이라 해서 지두 크리슈나무르티의 책인 줄 알았습니다. 그의 책은 비교적 쉬운 편이라 저는 금방 번역할 수 있을 것이라 생각했는데, 막상 원서를 받아들고 보니 U.G. 크리슈나무르티의 책이었습니다. 저로서는 생소한 이름이었습니다. 그리고 번역을 하면서 지두의 책이라면 부딪치지 않았을 어려움을 몇 번 겪었습니다. 언어로는 도저히 닿을 수 없는 세계를 이야기한 것을 번역하는 과정에서 오는 어려움이었습니다. 하지만 저는 지두의 책이 아니라 UG의 책을 만난 걸 큰 행운으로 여깁니다.

이 책의 1부는 바로 UG가, 본인이 든 '그 상태'가 어떤 것인지 궁금해 하는 이들의 질문을 받고 자신의 라이프 스토리를 있는 그대로 진솔하게 밝히는 내용으로 되어 있는데, 그 내용은 명상과 수행에 관심이 있는 이들이라면 누구나 읽어보라고 권하고 싶을 만큼 더없이 생생합니다. 그것은 마치 세상에서 보기 드문 현자를 취재 대상으로 삼은 한편의 인생극장, 혹은 휴먼다큐멘터리처럼 리얼합니다.

그는 자신이 '생명의 본원적인 자연스러운 상태'를 회복하기까지의 과정을 하나하나 세밀하게 짚어나가고, 그 과정에서 사람들이 품고 있는 깨달음에 대한 터무니없는 미신을 하나하나 깨부수면서 말을 이어나갑니다. 그런 대목을 읽다보면 그 동안 우리가 개념으로만 대충 알고 있는 이른바 깨달음이라는 것이 얼마나 진실과 거리가 있는 것인가를 새삼 실감하게 됩니다.

그 대표적인 것이 수행을 통해서 우리의 골칫거리인 '생각'을 없앨 수 있는 것(무심과 관련하여)처럼 이야기하는 인도의 많은 구루들을 단칼에 쳐버리면서 '생각을 없앨 수 있는 것처럼 말하는 것이야말로 수많은 사람들을 미혹시키는 큰 사기'라고 분개하는 대목입니다. 그는 생각은 생명(근원)과 하나라서 절대로 없앨 수 없고, 다만 우리가 본래의 자연스러운 상태에 들어서면 저절로 느려지면서 제 리듬을 따라 흘러가게 된다고 말합니다. 생각을 없애려고 하는 것이 생각이요, 바로 거짓 자아라고.

그렇기에 UG는 그가 이 책에 나오는 내용을 설파하던 1980년 무렵 '세계의 스승'으로 칭송받던 지두 크리슈나무르티의 가르침이 지닌 추상성과 모호성, 그리고 진실과 한참 거리가 있는 공허한 가르침(UG의 견해입니다)을 맹렬히 비판하고, 아무것도 없는 허공에서 귀금속 장신구들을 끄집어내는 신묘한 마법을 선보여 많은 이들을 깜짝 놀라게 한 사이 바바 같은 이를 싸구려 곡예사나 사기꾼 정도로 치부해버리고 맙니다.

UG는 자기 자신의 말도 끊임없이 뒤집는 일을 서슴지 않습니다. 그는 자신의 말도 그 말을 들은 사람들의 관념 회로를 거치면서 기존 사회에서 통용되는 낡은 틀에 맞게 금방 왜곡되리라는 것을 너무나 잘 알고 있기에 금방 금방 뒤집어엎어 버림으로써 듣는 이들을 당혹하게 만들고 그들을 어디로도 갈 수 없게 만듭니다. 그는 사람들이 자기 말을 들어도 들을 수 없고 이해해도 이해한 것이 아니며, 봐도 진짜로 본 것이 아니라고 서슴없이 단언합니다. 그래서 자기 말을 들어봤자 시간 낭비만 될 뿐이니 그냥 가라고 합니다.

그의 진실성과 성실성은 그가 자연스러운 상태에 들기 전까지 자신에게 여러 가지 이상한 능력이 있다는 것을 알았고 많은 신비 체험을 했어도 체험이 몽땅 빈 것이요 죽은 것에서 나온 것임을 잘 알고 있었기에 절대로 혹하지 않고 한 번도 돌아보지 않았다는 데서 잘 드러납니다. 그는 다른 이들의 과거, 현재, 미래를 훤히 알 수 있었지만 그런 능력을 이용하지 않았습니다. 자기 몸에서 섬광이 번쩍번쩍 일고, 눈꺼풀이 전혀 깜박거리지 않고, 성기에서 어떤 에너지가 나와 마치 몸 안에 통로가 있기라도 한 것처럼 머리로 올라오는 등의 이상한 체험을 해도 그런 현상들을 깨달음 등과 전혀 결부시키지 않았습니다. 그런 것들은 일시적인 현상일 뿐, 그것

It이 아니니까요.

우리 사회에서 흔히 '그 본원적인 자연스러운 상태'에 드는 접근법으로 대표적인 것이 이른바 불교적 접근법입니다. 저는 삼십대 초반에 제가 알고 있는 것이 너무 보잘 것이 없어서 제가 한없이 왜소하게 여겨졌습니다. 그리고 만일 이 세상이 제가 그때 보고 듣고 알고 있는 것 정도에 지나지 않는 것이라면 이 세상은 더 이상 살 가치가 없는 곳이라 여기고 그 이상의 뭔가가 있는지 알아보기 시작했습니다. 이런 갈증 때문에 영적인 많은 책을 읽고 스승들을 찾아다녔고, 그런 과정에서 만난 것이 불교적 접근법입니다. 붓다의 길path이라고 해도 좋겠습니다.

한데 UG의 이 책을 읽다보면 가끔 웃음이 나옵니다. 특히 4장을 읽을 때. 한참 그의 문맥을 따라가다 보면 과거 한문경전의 그 미로처럼 복잡하고 난해해 보이는 중층적 내용들이 왜 그리 자연스럽고도 쉽게 전달되는지. UG는 과거 심술 사나워 보이는 달마 이래 중국 조사들의 그 난해한 선문답과 비슷한 이야기를 할 때가 적지 않습니다.

제자들이 깨닫고 싶어서 흔히 스승에게 "제가 깨닫고 싶은데 어떻게 하면 좋겠습니까?" 하고 물으면 스승은 "깨달아서 뭐하게?"라고 퉁방을 줍니다. 제자가 이에 굴하지 않고 재차 "어떻게 하면 좋겠습니까?"라고 물으면, 스승은 "하면 틀려"라고 합니다. 이제 제자가 재빨리 머리를 굴려, "그럼 하지 않으면 되겠군요"라고 하면, 스승은 "하지 않으면 더 틀려"라고 쳐버립니다. 눈 밝은 스승과 어리석은 제자 사이에서는 대개 이런 식의 문답이 끝없이 이어지고 결국 제자는 오도가도 할 수 없는 상태에 이르고 맙니다. 그 자리를 흔히 죽을 자리라고 합니다. UG와 질문자들 사이에서도 이와 비슷한 문답이 오갑니다. 물론 UG는 불교하고 아무 상관도 없는 이입니다.

과거 조사 어록에 나오는 문답과 UG의 이 책에 나오는 문답의 본질은 같은데 그 전달되는 형식은 대단히 다릅니다. 한문으로 된 불교경전 내용이 한없이 심오하고 난해한 것으로 여겨지는 이유의 대부분은 소리글자로 된 인도 현자들의 가르침이 중국으로 들어가면서 뜻글자인 한문으로 옮겨지고, 그것이 다시 소리글자인 우리말로 옮겨지면서 삼중의 왜곡이 일어났기 때문입니다. 심오하긴 할지 몰라도 난해할 것까지는 없는 내용들이 이러한 역사적 전달회로에서의 이중 삼중의 왜곡 때문에 까닭 없이 추상적이고 어려운 것이 된 거죠. UG의 얘기는 전혀 어렵지 않습니다. 소리글자인 영어를 뜻글자라는 중간 회로를 거치지 않고 역시 소리글자인 한글로 직접 옮긴 것이니까요.

이 책에서 UG는 우리의 의식 속에 아주 오랜 동안 동안 켜켜이 쌓여온 전통과 문화의 사슬에서 벗어나야 비로소 그 자연스러운 상태를 회복할 수 있다고 이야기합니다. 그리고 이런 상태에 들기 위해 에고 혹은 거짓 자아를 부수려고 하는 모든 노력이 다 부질없으며(바로 에고가 그런 장난을 하니까), 생각에서 벗어나려고 무슨 수를 써도 다 헛일이 되니 애쓰지 말라고 합니다.

사람들은 흔히 그런 상태에 들기 위해 온갖 방편을 다 사용합니다. 명상을 하고, 요가를 하고, 참선을 하고, 십년 동안 물구나무를 서거나 못으로 된 침대 위에서 자는 식의 온갖 고행도 합니다. UG는 그런 온갖 짓이 아무 소용도 없으며 자아를 강화시켜주는 역할만 한다고 이야기합니다. 중국이나 한국의 눈 밝은 조사들도 역시 지금 현재의 자신을 뜯어고쳐 다른 무엇인가가 되는 것을 지향하는, 즉 되어감becoming 혹은 이승二乘의 길을 배격하고 막 바로 근원을 밝히라고 합니다. 그것을 깨닫지 못하는 제자를 깨우쳐 주기 위해 중국의 어떤 조사는 기와장을 갈아서 거울을 만들려고 하는 우스꽝스러운 작태를 시연해 보여줬습니다.

UG 역시 되어감과 관련된 온갖 수행방편을 배격하고 온갖 스승의 말과 가르침이 다 헛소리라고 단언합니다. 그의 얘기를 직접 들어보기로 하죠.

여러분의 외부에는 어떤 힘도 없습니다. 이 우주에 어떤 힘이 있다고 한다면 그것은 바로 여러분 자신에게 있습니다. (중략) 그 힘은 당신이 체험할 수 없는 것이기에 당신은 그 힘이 저절로 드러나게 가만 내버려두질 않습니다. 그 힘을 체험하고 싶어 합니다. 그런데 그게 어떻게 가능하겠어요? 그 힘은 생생하게 살아 있는 것입니다. 그것은 생명의 고동이요 맥박입니다. 당신은 그 생명의 한 표현입니다. 당신이 어떻게 그것을 체험할 수 있겠어요? 당신의 체험을 가능케 해주는 사고구조는 죽은 것입니다. 생명은 살아 있는 것이고 사고구조는 죽은 것이기에 사고구조는 생명을 절대로 체험할 수 없습니다. 당신은 살아 있는 것이 아니라 죽은 것들만 체험할 수 있습니다. 생명은 저절로 드러나야만 합니다. 생명은 누구도 당신에게 가르쳐줄 수 없는 것입니다. 남한테서 그것을 얻을 필요가 없습니다. 이미 갖추고 있으니까요.

이미 있는 것을 다시 찾으려드는 것은 UG의 말대로 어리석은 짓이겠지요. 그래서 그는 남의 노래를 따라 부르려 하지 말라고 이야기합니다. 그가 말하는 '자연스러운 상태'는 우리가 이미 갖고 있는 것이라 남에게서 달라고 요구할 이유가 전혀 없으며, 우리가 산을 보는 데 아무 시간이 걸리지 않는 것처럼 그런 상태에 이르는 데도 시간과 노력이 전혀 들지 않으니까요.

진정한 길은 자기 자신의 길이어야 합니다. 그러므로 모든 길을 다 버려야 합니다. 다른 누군가의 길을 따라가는 한 그 길은 생각의 소산이며, 따라서 사실은 새 길이 아닙니다. 그것은 전에 늘 다니던 옛 길입니다. 전에 하던 게임을 새로운 방식으로 하는 것뿐입니다. (중략) 나는 죽을 때까지 지금 하는 것 같은 노래를 부를 겁니다. 누가 듣거나 말거나 나한테는 아무 상관없습니다. 죽고 나면 이 자를 가만 내버려둬 주세요. 이 인간하고 어떤 관계도 엮지 마세요. 자기가 얻고 싶어 하는 것을 얻기 위해, 모종의 목적지에 도착하기 위해 이 인간을 이용하는 순간 여러분은 스스로를 속여서 과거와 똑같은 게임에 빠져들게 할 겁니다. 여러분은 이런 점을 알아야 합니다. 알면 끝납니다. 완결이죠.

    끝으로, 이 옮긴이의 글에서 UG에 관해 언급한 내용은 'UG의 말'이 아니라 'UG가 말했다고 제가 믿은 내용'이니 이 점에서도 역시 착오 없으셨으면 합니다. UG가 말했듯이 우리가 보고 들을 때는 생각의 작용 때문에 있는 그대로 보고 듣지 못하며 항상 해석하는 작용이 끼어든다는 점에서 어떻게 봐도 잘못 본 것이고 어떻게 들어도 잘못 들은 것입니다. 모든 이해는 오해입니다. UG 자신의 말도 그것it 아니니까요. 그러니 그저 직접 보시기 바랍니다.

2015년 2월, 부여에서

김 훈

찾아보기

|ㄱ|

가슴샘/흉선 76~77, 96, 198
감각/오감 61, 83, 93, 97~99, 103, 122, 205~207, 211, 236, 308, 319
— 시각/보다 64~66, 85, 95, 98~101, 104, 109, 117~118, 235~236
— 청각/듣다 65, 98, 101~102, 272~273, 281~282
— 후각/냄새 맡다 63, 105, 268
— 미각/맛보다 62~63, 104~105
— 촉각/촉감 65~66, 103~104
감정 77, 97, 119
강화의 메커니즘 117, 184, 241, 252, 257, 265, 268, 270,
개성 106, 195~196, 200
거룩함 18, 80, 82, 214, 250, 285, 292, 306
고요함(적정) 96, 120, 263, 309
고통/괴로움 59, 69~72, 231, 262, 301
공空 233
공포/두려움 14, 112, 180, 210, 221~222, 250
과거 41, 81~82, 121, 128, 151~153, 158~160, 199, 214, 239~241, 244, 246~247, 257, 307~308
과거 · 현재 · 미래 41, 239~240
과거로부터의 해방 128, 246, 307
과거의 짐 151, 153, 158~159, 257, 307
관찰자/주시자 83, 204~205, 212, 297, 308

구원자 135, 148, 161, 203, 249, 258, 283
그것it 17~18, 249, 279~280, 282~283, 301, 303~304, 334, 339
긍정적/부정적 271, 281, 325
기능하는 방식 61, 85~86, 91~92, 109, 124~125, 171, 276
기적 146~147, 149, 301, 303
길path/marga 54, 93, 202~203, 247, 316~317, 327~330
깨달은 사람 14, 86, 90, 107, 161, 183, 187, 234, 288, 314, 322
깨달음 8, 14, 94, 125, 165, 220, 227, 259~260, 288, 290, 301, 314, 322
깨달음의 사회적 가치 220
꽃 106, 128, 154, 157~159, 163, 167~168, 195~196, 198, 200, 202, 207, 258~259, 321

|ㄴ|

나는 모른다 96, 188, 233~235, 279~280
나의 종말 59, 180, 204, 251, 272
남과 다름 59~60, 164, 294
내분비선 57, 76, 78, 94, 96, 197~198, 200
내세 117, 180, 227, 290
내일 124, 227, 262, 290, 316, 320
노력 16~17, 80, 115, 123, 247~248,

252, 255
뇌하수체 76, 78, 198
느낌 feeling 77, 96~98, 112, 217, 299

| ㄷ |

대응과 반응 209~210
도덕 113, 220, 225~226, 255
도울 수 없음 167, 171, 191, 253, 293, 297~299, 301, 303, 306
동일시 315
되어감 becoming 269, 337
두려움/공포 14, 112, 180, 210, 221~222, 250

| ㄹ |

라마나 마하리쉬 30, 32~34, 71, 154~155, 246
라마누자 137, 155
라마크리슈나 24, 45, 154, 161

| ㅁ |

마음/정신 mind 36~37, 97, 196~197, 201, 209, 309~310, 314, 325
마인드 컨트롤 122
만트라 mantra 254, 265
명상 24~27, 46~47, 122~123, 264~267, 269
모른다/몰라 85, 188, 234~236, 279~280, 318
목표 260~262, 272
몸 26, 65~66, 75, 103~104, 108, 197
무드라 mudra 73
무아경 26, 125, 244, 251

문화의 산물 8, 103, 114, 128, 157~163, 193~199, 201, 203, 228, 258, 270, 286
묻는 자와 물음 174, 176~178, 181, 188
미래 112, 183, 240, 261
믿음 225, 256~257

| ㅂ |

반응 78, 96~97, 209, 212, 225, 242, 275
변화 60~61, 73, 87, 93~94, 114, 117, 160, 201, 208, 227, 299, 329
보는 자 118, 297, 319
부재상태 117, 248, 267
부정적인 접근법 271, 281, 325
분리라는 착각 54, 56, 58, 81~82, 96~97, 111, 118, 192~193, 196, 217, 234, 245, 308
분열증 196, 275
불행의 이유 251, 300, 314
붓다 25, 55, 137~138, 148, 278, 300
브라흐만 31, 137, 262
빛 94~95, 301

| ㅅ |

사고구조 305, 325
사기꾼들 14, 165, 231, 332
사다나 sadhana 19, 80, 124, 241, 246, 255~256, 261, 269~270
사랑 221, 288, 330
사마디/삼매 26, 47, 85, 267~268
사이 바바 146~147, 301
사회 속의 사람 114, 121, 199, 216~217, 220, 225, 289

삶의 의미와 목적 177, 230
삶의 전체성 139
상태 state가 아님 236
생각 8, 26, 57~58, 60, 72, 79, 92~94, 103, 107~108, 110, 114~115, 118, 121~122, 188~194, 196~197, 203~206, 211~213, 225, 229, 234, 241, 265, 267, 270, 274~276, 299, 302, 308~309, 315, 324, 333
생각 없는 상태 115, 191, 299, 309
생각을 그치게 하기 190~191
생각을 알아차림 192, 213, 308~309
생각의 연속성 8, 57~58, 60, 204, 276, 326
생각의 파괴성 122
생리적 현상 26, 57, 60, 185, 273
생명 life 92~93, 96, 113, 115, 180, 187~189, 193, 210, 213, 266, 274~276, 299, 302, 305, 307~308, 315
– 생명과 생각 276, 315
– 생명은 에너지 193
– 생명은 움직임 113, 266, 275
샹카라 55, 137~138, 148, 258
서구인/서양 130, 132, 138
선腺(gland) 57, 76, 78, 94, 96, 197~198, 200
선택 없는 알아차림 6, 256, 301, 312
성자 saint 24, 30~31, 81, 147, 212, 229~230, 245~246, 255, 311, 314, 322
성자와 현자의 차이 245~246, 255
세계의 스승 7, 38
세상 속에서 167, 216
세상은 환영이자 현실 216~217, 236~237

세상의 구원 130, 154, 158, 161, 285, 289, 291
섹스 sex 26~28, 31, 107~109, 140~141, 199, 211~212, 214~215, 224, 246, 324
스승의 도움 301
슬픔 314
승화 108, 212, 214
시간과 영원 261, 310
시간의 함정 93, 124, 261~262, 310
신 God 14, 76, 90
신경증 196, 225, 314
신비체험 26, 41, 52, 125, 245, 299
신의 화신/아바타 avatar 146~147, 149, 219, 296, 303
신체적인 반응 75, 96, 212
심리적 변화 87, 296
심리학 36, 79, 129, 133, 193

| ㅇ |

아트만 124, 262
안과 밖 267
알아차림 123, 173, 213
어떻게 how 라는 질문 20, 184, 191, 201~203, 295, 304
언어 102, 132, 239, 292
에너지 71, 79, 96, 110, 176, 188, 193, 214, 228~229, 307
연민/자비 288
연속성의 착각 8, 57, 58, 60, 93, 97~98, 121, 123, 178, 180~182, 204, 268, 276, 295, 306, 310, 326
열린 마음 309
영원 112, 117, 165~166, 261, 263, 310
영적 추구 17, 183, 185, 231, 233, 260,

262~263, 268
영적인 사업 9, 87, 90, 129, 287~288, 312
영적인 수행 19, 80, 124, 241, 246, 255~256, 261, 269~270
영적인 지식 224
영향을 주고받음 75, 78, 97, 135, 156, 201, 213, 219, 242, 308
옴 OM 266
완벽한 인간 114, 157, 208, 300
욕망/탐욕 27, 29~30, 113, 228~229
위대한 유산 151
위험인물 161~162, 220~221, 223
유일무이한 사람 164, 195, 200, 207, 246, 250~251
유일한 의문/질문 122, 203
유전적 통제 194, 200, 255, 287
은총 18, 304
의식 78~83, 99, 101, 156, 160, 187, 193, 199~201, 236, 241~245
의식의 때 17~18, 81, 292
의식의 확장 101, 242, 296
이기심과 이타심 226~227
이름 붙이기 267
인간 유기체의 특성 108, 195~198, 207, 210, 275, 308
인간 의식 156, 193, 199, 201, 244
인간 진화의 마지막 산물 128, 202, 207
인과와 무관함 17, 123, 160, 202, 207, 253, 254
있는 그대로의 나 29, 90, 160, 218, 269

| ㅈ |

자각 15, 55, 83, 87, 92, 96, 123, 158, 220, 232, 260, 272, 311, 322, 324

자기 자신이 되기 258, 269, 300, 307, 329~330
자기라는 중심 8, 57, 59~60, 204
자아 97, 112, 184, 204, 260, 262, 265, 268, 270
자아로부터의 자유 269
자아의 연속성 182, 268
자아중심적 265, 268~270
자연스러운 상태 8~9, 16, 42, 74, 87, 91~95, 97~98, 100, 105~106, 108~109, 114~115, 123, 125, 163, 165, 212~214, 220, 230, 234, 241, 269, 279, 288, 296, 299
자유/해방 34, 69~70, 90, 151~152, 154, 245, 258, 265, 287, 307~309, 328~329
잠 113, 236
재난 calamity 이라 부르는 체험 8, 42, 69, 165~166
전통의 족쇄 152, 161, 186, 250, 256~257
정상인 195, 216~218
정신과 물질 139
정화 80, 255
제대로 본다는 것 317~320, 338
조정자 coordinator 60, 66, 83, 97~98, 213
존재함 being 117, 269
종교의 정체 87, 129, 138~139, 157, 201, 215, 225, 292, 311
종교적인 체험 31, 83, 93, 244
주의집중 178, 318
죽은 것 96, 106, 115, 273, 300, 305~306, 312
죽음 19, 61, 68, 110~112, 179~181, 286, 302

죽음의 체험 111~112, 180, 302
중얼거림 118~119, 190
지금 이 순간 239~240, 316~317
지두 크리슈나무르티 6~7, 22, 38~39, 51, 53~54, 256, 265, 272, 277, 301, 307, 310~313, 321, 323~325, 328
지복/열락 26, 69, 93, 120, 141, 244, 249, 263
지속/지속성 122, 124, 186, 195~196, 310
지식과 경험 117, 240~241, 244
지식으로부터의 자유 249, 328
지혜/즈냐나 125, 152, 247
진리의 추구 16, 231~233
진화/진화론 151, 194, 202
질문의 재구성 170, 172, 174, 274
질문이 멈춘 상태 109

| ㅊ |

차크라 74, 76, 78, 197~198
체험구조 111~112, 123~124, 231~232, 235, 237
체험이 아닌/체험할 수 없는 91, 111, 117, 120, 204, 233~235, 239~240, 244, 248, 280~281, 304~305, 309
초능력/신통력 41, 146, 195
추구search 15~17, 130, 183~185, 232~233, 260, 262~263, 278, 299, 310
추상개념 310
침묵 55

| ㅋ |

클러치가 떨어진 상태 62~63

| ㅌ |

탄생 112, 301~302
태극권 111
투리야turiya 236

| ㅍ |

평가기준 272, 277
평범한 사람 207, 216
포기 247
폭력/폭력성 30, 95, 108, 210, 314
폭발 8, 57~61, 71, 81, 87, 204~205
프라나야마pranayama 101
프로이트 129, 165, 296
피안beyond 117

| ㅎ |

해법 183
해탈moksha 26, 180, 262~263
행복 69, 114, 297, 314
현자sage 81, 134, 146, 148, 166, 230, 245~247, 255
현재도 없다 239~240
호흡 101, 242, 262
화학적 변화 59~60, 94, 159~160, 197, 207
환생/윤회 23, 112, 149, 199, 301